EuropaInstitut

AN DER UNIVERSITÄT ZÜRICH

Herausgeber:
Christian Schwarzenegger, Rolf Nägeli

4. Zürcher Präventionsforum –
Illegale und schädliche Inhalte
im Internet und in den neuen Medien –
Prävention und Jugendschutz

Schulthess § 2012

Bibliografische Information der Deutschen Nationalbibliothek
Die Deutsche Nationalbibliothek verzeichnet diese Publikation in der Deutschen Nationalbibliografie; detaillierte bibliografische Daten sind im Internet über http://dnb.d-nb.de abrufbar.

Alle Rechte, auch die des Nachdrucks von Auszügen, vorbehalten. Jede Verwertung ist ohne Zustimmung des Verlages unzulässig. Dies gilt insbesondere für Vervielfältigungen, Übersetzungen, Mikroverfilmungen und die Einspeicherung und Verarbeitung in elektronische Systeme.

© Schulthess Juristische Medien AG, Zürich · Basel · Genf 2012
   ISBN 978-3-7255-6518-4

www.schulthess.com

Vorwort

Internet, Mobiltelefonie und andere Medien sind allgegenwärtig. Die Nutzung dieser Medien durch Kinder und Jugendliche nimmt ständig zu. Die Wahrscheinlichkeit, dass sie dabei pornografischen, Gewalt darstellenden, rassistischen oder zu kriminellem Verhalten anleitenden Inhalt begegnen, ist nicht zu unterschätzen. Vielfach sind diese illegalen und schädlichen Inhalte ohne genügende Alterskontrolle zugänglich. Viele Eltern, Lehrer sowie andere mit der Betreuung von Kindern und Jugendlichen betraute Personen sind ratlos und besorgt zugleich.

Welche Wirkung haben Pornos und Gewaltdarstellungen auf Kinder und Jugendliche? Was genau sind Phänomene wie das Cyber-Mobbing, Cyber-Bullying oder Cyber-Stalking und wie häufig kommen sie vor? Welche Konsequenzen haben solche Inhalte auf das Verhalten und die Entwicklung der Kinder und Jugendlichen? Wie kann man allfälligen schädlichen Einflüssen vorbeugen? Tragen die Host- und Access-Provider dabei eine Mitverantwortung? Bedarf es weitergehenden strafrechtlicher Verbote oder eines Jugendmedienschutzgesetzes? Welche Rolle spielt die Europäische Union und welche Massnahmen werden durch sie gefördert? Diesen und weiteren Fragestellungen wurde im Rahmen des Vierten Zürcher Präventionsforum nachgegangen.

ROLF NÄGELI, Leutnant, Chef des Kommissariats Prävention der Stadtpolizei Zürich, setzt sich in seinem Beitrag mit der polizeilichen Sicht auf illegale und schädliche Internet- bzw. Medieninhalte auseinander.

PETRA GRIMM, Professorin für Medienforschung und Kommunikationswissenschaft und Dekanin der Fakultät Electronic Media an der Hochschule der Medien Stuttgart, legt ihr Augenmerk auf Ausmass und Auswirkungen von Porno- und Gewaltkonsum im Web durch Kinder und Jugendliche. Dabei werden Ergebnisse aus der „Porno im Web 2.0"-Studie vorgestellt. Handlungsbedarf wird für die Risikofelder „Cyber-Mobbing" und „Internetpornografie" festgestellt.

CHRISTIAN SCHWARZENEGGER, Professor für Strafrecht, Strafprozessrecht und Kriminologie an der Universität Zürich, befasst sich mit weicher Pornographie im Internet und in der Mobiltelefonie. Es werden die Möglichkeiten für Prävention und Jugendschutz mittels altersbegrenzten Zugangs dargelegt.

THOMAS VOLLMER, Stv. Leiter Kinder- und Jugendfragen, Bundesamt für Sozialversicherungen, Projektleitung „Prävention und Jugendgewalt", Bern, stellt das nationale Programm Jugendschutz und Medienkompetenzen vor. Die Situation des Kinder- und Jugendschutzes in der Schweiz und die Massnahmen welche der Bund in diesem Bereich trifft, werden erläutert. PATRIK GRUBER, wissenschaftlicher Mitarbeiter, Bundesamt für Justiz, Bern, zeigt die Anstrengungen des Bundes im Bereich der Repression. Aktuelle Gesetzgebungsprojekte mit Bezug zu Pornografie und Gewaltdarstellungen in den neuen Medien werden vorgestellt.

GIAN EGE und SANDRA MUGGLI, Assistenten am Lehrstuhl von Prof. Dr. Christian Schwarzenegger für Strafrecht, Strafprozessrecht und Kriminologie an der Universität Zürich, stellen in ihrem Beitrag die Bemühungen der Europäischen Union bezüglich des Jugendschutzes im Internet und den neuen Medien zusammen. Als spezielles und zentrales Element tritt das mehrjährige Aktionsprogramm „Safer Internet Programm" in den Mittelpunkt der Ausführungen.

RONJA TSCHÜMPERLIN, Leiterin ECPAT Switzerland, Fachstelle gegen Kinderprostitution, Kinderpornografie und Kinderhandel der Stiftung Kinderschutz Schweiz, Bern, liefert einen Überblick über das Präventionsangebot in der Schweiz. Dieses unterteilt sich in: Medienspezifische Schutzmassnahmen, medienspezifische Selbstregulierungsmassnahmen, Information und Sensibilisierung sowie Bildungsangebote.

MARCO GERCKE, Direktor des Cybercrime Research Institute und Honorarprofessor an der Universität Köln, wendet sich einer technischen Massnahme im Kampf gegen illegale Internetinhalte zu: dem Sperren von Internetseiten. Kern des Beitrags bildet die Aufarbeitung des schwierigen Diskussionsprozesses in Deutschland.

ROLAND ZURKIRCHEN, Leiter der Fachstelle für Gewaltprävention, Schul- und Sportdepartement der Stadt Zürich, befasst sich mit dem Thema „Cyberbullying in Schulen am Beispiel der Stadt Zürich". Es wird auf das Vorkommen von Mobbing und Cyberbullying in Zürcher Schulen eingegangen und Handlungsmöglichkeiten aufgezeigt. Es geht insbesondere darum auch die Schulen in die Verantwortung zu nehmen.

Bei der Durchführung des Dritten Zürcher Präventionsforums haben uns zahlreiche Personen und Institutionen tatkräftig unterstützt. Die Herausgeber danken *Bruno Sommer,* Adjutant, Chef Kriminal- und Verkehrsunfallprävention, sowie dem Europa Institut an der Universität Zürich, insbesondere *Andrea Kuster,* für die professionelle Tagungsorganisation. Die Herausgeber danken ausserdem lic. iur. Denise Schmohl und MLaw Dominique Ott für die kritische Durchsicht des Textmanuskripts.

Zürich, im November 2011　　　　　　Christian Schwarzenegger/Rolf Nägeli

Inhaltsübersicht

Illegale und schädliche Inhalte im Internet und in den neuen Medien – Prävention und Jugendschutz aus der Sicht der Polizei   1

Lt Rolf Nägeli, Chef des Kommissariats Prävention, Stadtpolizei Zürich

Porno und Gewalt im Web und deren Konsum durch Kinder und Jugendliche – Ausmass und Auswirkungen auf das Verhalten   17

Prof. Dr. Petra Grimm, Professorin für Medienforschung und Kommunikationswissenschaft und Ethikbeauftragte an der Hochschule der Medien, Stuttgart

Weiche Pornographie im Internet und in der Mobiltelefonie (Art. 197 Ziff. 1 StGB) – Prävention, Jugendschutz durch altersbegrenzten Zugang *(adult verification systems)* und die Verantwortlichkeit der Provider   33

Prof. Dr. Christian Schwarzenegger, Professor für Strafrecht, Strafprozessrecht und Kriminologie an der Universität Zürich

Prävention statt Regulierung – Das Nationale Programm Jugendmedienschutz und Medienkompetenzen   109

Thomas Vollmer, Stv. Leiter Kinder- und Jugendfragen, Bundesamt für Sozialversicherungen, Projektleiter Jugendschutzprogramme, Bern

Ausgewählte Gesetzgebungsprojekte mit Bezug zu Pornografie und Gewaltdarstellungen in neuen Medien im Bereich der Repression   121

lic. iur. Patrik Gruber, wissenschaftlicher Mitarbeiter, Bundesamt für Justiz, Bern

Safer Internet Programm und andere Massnahmen der EU zum Jugendschutz im Internet und in den neuen Medien   137

Gian Ege, Assistent am Lehrstuhl von Prof. Dr. Christian Schwarzenegger für Strafrecht, Strafprozessrecht und Kriminologie an der Universität Zürich, und Sandra Muggli, Assistentin am Lehrstuhl von Prof. Dr. Christian Schwarzenegger für Strafrecht, Strafprozessrecht und Kriminologie an der Universität Zürich

EU Safer Internet Programme – Empowering and Protecting Children Online   189

Dr. Michael Busch, Directorate-General for Information Society and Media, European Commission, Luxembourg

Übersicht über die Präventionsprogramme der Schweiz   199

lic. iur. Ronja Tschümperlin, Leiterin ECPAT Switzerland, Fachstelle gegen Kinderprostitution, Kinderpornografie und Kinderhandel der Stiftung Kinderschutz Schweiz, Bern

Die Diskussion um Internetsperren im Kampf gegen Kinderpornographie in Deutschland – Ein Trauerspiel in acht Akten   207

Prof. Dr. Marco Gercke, Direktor des Cybercrime Research Institute und Honorarprofessor an der Universität Köln

Cyberbullying in Schulen am Beispiel der Stadt Zürich   217

Roland Zurkirchen, Leiter der Fachstelle für Gewaltprävention, Schul- und Sportdepartement der Stadt Zürich

Illegale und schädliche Inhalte im Internet und in den neuen Medien – Prävention und Jugendschutz aus Sicht der Polizei

Rolf Nägeli

Inhalt

I.	Abstract	2
II.	Allgemeine Zahlen zum Internet	2
III.	Zahlen der aktuellen JAMES-Studie 2010	4
	1. Traditionelle Delikte	6
	2. Delikte gegen die Netzwerk-Infrastruktur	6
IV.	Illegale und schädliche Inhalte	7
V.	Permanente und grenzenlose Verfügbarkeit von Daten aus dem Internet am Beispiel von Pornografie	8
VI.	Konsum und aktiver Upload im Web 2.0	9
VII.	Internetchat	12
VIII.	Cyberbullying/Cybermobbing/Mobbing/Flaming	13
IX.	Virtuelle Welten	14
X.	Was bedeutet das für die Polizei?	14
XI.	Prävention	15

I. Abstract

Als Einstieg in das Thema möchte ich aufgrund von aktuellen Zahlen zur Verbreitung und Nutzung des Internets aufzeigen, wie aktiv wir diese neuen Medien nutzen. Nur so können wir verstehen, mit welchen unvorstellbaren Datenmengen die heutige Jugend, aber auch Erwachsene in ihrem täglichen Umgang mit diesen Medien konfrontiert werden. Und nun gilt es herauszufinden, welche dieser Milliarden von Inhalten sind illegal oder schädlich für Jugendliche? Dass die Jugendlichen die neuen Informations- und Kommunikationsmittel rege nutzen, zeigen die Zahlen der soeben veröffentlichten JAMES-Studie 2010. Anhand von verschiedenen Beispielen wird aufgezeigt, dass es sehr wohl eine Rolle spielt, ob gewisse Inhalte einer erwachsenen Person zugänglich gemacht werden oder eben einer Person unter 16 Jahren. Was für die einen legal ist, kann für die anderen bereits illegal oder eben schädlich sein. Und hier stellt sich mit Recht die Frage, ob die gängigen Vorgaben oder Sicherheitsmechanismen der Altersfreigabe oder -beschränkung überhaupt etwas nützen und wie es bei Medieninhalten, welche durch die Nutzer selber produziert und anschliessend veröffentlicht werden, aussieht? Wie schnell können jugendliche Opfer zu Tätern werden, wenn sie von der Rolle des Konsumenten zum Anbieter oder Autor wechseln. Dies kann nur allzu schnell passieren beim Musik-Download und in den verschiedensten Internetchats. Ich werde viele Fragen aufwerfen und hoffe, dass möglichst viele davon im Laufe des Tages durch nachfolgende Referenten beantwortet werden.

II. Allgemeine Zahlen zum Internet

Schauen wir uns zum Einstieg in das Thema ein paar aktuelle Zahlen an. Am 11. Juli 2010 erreichte die Weltbevölkerung, gemäss Angaben des letzten Weltbevölkerungstags, mit 6.894.270.000 Menschen einen neuen Höchststand[1]. Dies entspricht einer Zunahme von rund 1.1 Prozent gegenüber dem

---

[1] <http://www.weltbevoelkerung.de/presse/presseinformationen192.shtml?navanchor=10049>.

Vorjahr. Gleichzeitig sprechen wir von rund 1.970.000.000 Internet-Usern[2] weltweit, was einer Zunahme von rund 14 Prozent gegenüber dem Vorjahr entspricht. So könnten wir sagen, dass statistisch gesehen etwa jeder 4. Mensch Zugang zum Internet hat. Und wenn wir vom Internet und den neuen Medien reden, sprechen die Zahlen eine ebenso eindrückliche Sprache. So haben wir derzeit rund 1.88 Mrd. E-Mail-Nutzer, welche pro Tag rund 294 Mrd. E-Mails verschicken und rund 255 Mio. Webseiten von denen etwa 5 Mio. Pornografie beinhalten.

Internet Pornography Statistics	
Pornographic websites	4.2 million (12% of total websites)
Pornographic pages	420 million
Daily pornographic search engine requests	68 million (25% of total search engine requests)
Daily pornographic emails	2.5 billion (8% of total emails)
Internet users who view porn	42.7%
Received unwanted exposure to sexual material	34%
Average daily pornographic emails/user	4.5 per Internet user
Monthly Pornographic downloads (Peer-to-peer)	1.5 billion (35% of all downloads)
Daily Gnutella "child pornography" requests	116,000
Websites offering illegal child pornography	100,000
Sexual solicitations of youth made in chat rooms	89%
Youths who received sexual solicitation	1 in 7 (down from 2003 stat of 1 in 3)
Worldwide visitors to pornographic web sites	72 million visitors to pornography: Monthly
Internet Pornography Sales	$4.9 billion

Abbildung 1: Internet Pornography Statistics (Quelle: http://internet-filter-review.toptenreviews.com/internet-pornography-statistics.html)

Die Internet Pornography Statistics[3] zeigt uns aktuelle Zahlen und Statistiken zu Pornografie und illegalen Inhalten im Internet. Diese Zahlen verdeutlichen eindrücklich, dass wir regelrecht von Pornografie überflutet werden und die Datenmenge stetig zunimmt.

Die Fangemeinde von Facebook[4] beträgt rund 600 Mio. Menschen (alleine in der CH rund 2.2 Mio.) die monatlich ca. 30 Mrd. Inhalte (Links, Notizen,

---

[2] <http://news.aiciti.ch/redirect/?id=6214>.

[3] <http://internet-filter-review.toptenreviews.com/internet-pornography-statistics.html>.

[4] <http://de.wikipedia.org/wiki/Facebook>.

Fotos usw.) hochladen. Gleichzeitig twittern[5] rund 175 Mio. Menschen, welche wiederum pro Jahr rund 25 Mrd. Tweets verschicken. Ja, dann kommen noch die 152 Mio. Blogs dazu und wenn wir uns dann auch noch die Zahlen von YouTube[6] zu Gemüte führen, wo täglich ca. 100 Mio. Clips angeschaut und pro Minute über 48 Stunden Videomaterial[7] hochgeladen werden, was rund 10 Prozent des gesamten Internet-Datenverkehrs ausmacht, verlieren wir den Überblick total. Und jetzt stellt sich uns die Frage, wie viele und vor allem welche dieser Milliarden von Inhalten sind verboten, illegal oder schädlich für unsere Jugend?

III. Zahlen der aktuellen JAMES-Studie 2010

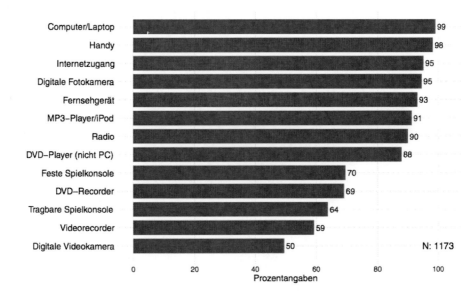

Abbildung 2: Statistik JAMES-Studie 2010 (Quelle: <http://www.swisscom.com/NR/rdonlyres/B03FE1392B7441DFA95903FBCB6D17A3/0/Bericht_JAMES_2010_de.pdf>)

---

[5] <http://de.wikipedia.org/wiki/Twitter>.

[6] <http://www.hdm-stuttgart.de/redaktionzukunft/beitrag.html?beitrag_ID=217>.

[7] <http://youtube-global.blogspot.com/2011/05/thanks-youtube-community-for-two-big.html>.

Die Studie verdeutlicht eindrücklich, dass heute praktisch in jedem Haushalt, in welchen Jugendliche zwischen 12- und 19 Jahren leben, ein Computer steht, von denen 95% über einen Internetanschluss verfügen. Hier war für mich die Aussage am erschreckendsten, dass von diesen Jugendlichen rund 75% einen solchen Computer mit Internetanschluss in ihrem Kinderzimmer benutzen. Dadurch wird in diesen Zimmer praktisch ein zusätzliches Fenster eingebaut, über welches ungehindert und von den Eltern nicht bemerkt allfällige Pädokriminelle oder eben ungefiltert Pornografie eindringen können. Gleichzeitig besitzen auch über 98% dieser Jugendlichen ein Mobiltelefon (Smartphone), welche mittlerweile ebenfalls den Zugang zum Internet ermöglichen. Und wenn wir uns anschauen, wie die heutige Jugend das Internet nutzt, sind doch immerhin rund 89% täglich online, dann können wir davon ausgehen, dass sie mit solchen Inhalten konfrontiert werden.

Aber auch die Tatsache, dass die heutigen Jugendlichen relativ locker und unbeschwert mit ihren persönlichen und privaten Daten in Social Networks umgehen, birgt verschiedenste Gefahren.

Noch vor dem Namen (85%) wird das Geschlecht (89%) auf den SN-Plattformen[8] veröffentlicht. 82 Prozent der Befragten geben an, dass sie Fotos bzw. Videos von sich selbst auf ihre Profile stellen. 77 Prozent verraten ihr Alter, 50 Prozent ihre Hobbys. Fotos oder Videos von anderen Personen (Freunde oder Familie) werden von 45% hochgeladen. Angaben zum Wohnort (24%), der Schule (38%) oder auch Informationen zur Kontaktaufnahme (E-Mail-Adresse: 42%; Instant Messenger Nummer: 9%; Telefonnummer 4%) werden ebenso veröffentlicht.

Dies zeigt aber ganz klar, dass es sich dabei oft um eine Gratwanderung handelt zwischen legalem und illegalem Handeln.

Dem steht die Schweizerische Gesetzgebung gegenüber. Hier eine Auswahl an Delikten, mit welchen wir auch im Cyberspace konfrontiert werden und solche, die wir nur im Cyberspace begehen können.

---

[8] Social Networks.

1. Traditionelle Delikte[9]

Gewaltdarstellungen (Art. 135 StGB), Betrug (Art. 146 StGB) unwahre Angaben über kaufmännische Gewerbe (Art. 152 StGB), Erpressung (Art. 156 StGB), Kursmanipulation (Art. 161bis StGB), üble Nachrede (Art. 173 StGB), Verleumdung (Art. 174 StGB), üble Nachrede oder Verleumdung gegen einen Verstorbenen und einen verschollen Erklärten (Art. 175 StGB), Beschimpfung (Art. 177 StGB), Verletzung des Geheim- oder Privatbereichs durch Aufnahmegeräte (Art. 179^{quater} StGB), Inverkehrbringen und Anpreisen von Abhör-, Ton- und Bildaufnahmegeräten (Art. 179^{sexies} StGB), Missbrauch einer Fernmeldeanlage (Art. 179^{septies} StGB), Drohung (Art. 180 StGB), Nötigung (Art. 181 StGB), sexuelle Handlungen mit Kindern (in der Variante des Einbeziehens, Art. 187 StGB), Pornographie (Art. 197 StGB), sexuelle Belästigung (Art. 198 StGB), Anleiten zur Herstellung von Sprengstoffen und giftigen Gasen (Art. 226 StGB), Schreckung der Bevölkerung (Art. 258 StGB), öffentliche Aufforderung zu Verbrechen oder zu Gewalttätigkeit (Art. 259 StGB), Störung der Glaubens- und Kultusfreiheit (Art. 261 StGB), Rassendiskriminierung (Art. 261bis StGB), wirtschaftlicher Nachrichtendienst (Art. 273 StGB), Veröffentlichung amtlicher geheimer Verhandlungen (Art. 293 StGB),Verbreitung oder Kopieren eines urheberrechtlich geschützten Werkes (Art. 67 und 69 URG), unlautere Werbe- und Verkaufsmethoden und anderes widerrechtliches Verhalten (Art. 3 UWG i.V.m. Art. 23 UWG), Auskundschaften und Mitteilen von Fabrikations- und Geschäftsgeheimnissen (Art. 6 i.V.m. Art. 23 UWG).

2. Delikte gegen die Netzwerk-Infrastruktur

Unbefugte Datenbeschaffung (Art. 143 StGB), Unbefugtes Eindringen in ein Datenverarbeitungssystem (Art. 143bis StGB), Datenbeschädigung sowie Herstellung und Verbreitung von Computerviren (Art. 144bis StGB), Betrügerischer Missbrauch einer Datenverarbeitungsanlage (Art. 147 StGB), Erschleichen einer Computerleistungen („Zeitdiebstahl", Art. 150 StGB), unbefugtes Beschaffen von Personendaten aus einer Datensammlung

---

[9] © 2003, Schwarzenegger, Rechtswissenschaftliches Institut, Universität Zürich. <www.rwi.uzh.ch/schwarzenegger/home.htm>.

(Art. 179^{novies} StGB), Nötigung durch unverlangte oder massenhaft versandte E-Mails oder Denial of Service Attacken (Art. 181 StGB), bei schweren Beeinträchtigungen der Kommunikationsnetze auch Störung von Betrieben, die der Allgemeinheit dienen (Art. 239 Ziff. 1 Abs. 1 StGB).

Damit wird die Polizei heute konfrontiert und es stellt sich schnell die Frage, genügen unsere Gesetze oder braucht es hier internationales Recht?

Ich möchte an dieser Stelle aber nicht weiter auf die Strafverfolgung im Internet und deren Probleme eingehen, sondern bewusst den Fokus auf die Möglichkeit des Jugendschutzes und der Prävention legen. Cybercrime wäre ein tagesfüllendes Thema für sich.

IV. Illegale und schädliche Inhalte

Zuerst stellt sich aber erneut die Frage, was verstehen wir unter den Begriffen schädliche und illegale Inhalte und gibt es eine Unterscheidung durch wen diese *produziert, angeboten, verbreitet* oder *konsumiert* werden? Beim Konsum allenfalls sogar in welcher *Menge* oder *Dauer*? Diese Fragen sind gar nicht so einfach zu beantworten. Wenn wir von Pornografie sprechen, müssen wir klar unterscheiden zwischen legaler oder verbotener Pornografie[10]. Sprechen wir von legaler Pornografie, ob diese einer *erwachsenen Person zugänglich* gemacht wird oder *einem Kind*[11]. Was für Erwachsene als unproblematisch gilt, kann für Personen unter 16 Jahren bereits illegal oder zumindest schädlich sein. Zudem laufen Jugendliche beim übermässigen Konsum von legaler Pornografie schnell Gefahr in eine Abhängigkeit, sprich Internetsucht, zu geraten oder dass sich dadurch ihr Sexualempfinden verändert und sie das Gesehene als normale Sexualität oder gar Liebe werten. Dies

---

[10] Art. 197, Ziff. 3, StGB: Wer Gegenstände oder Vorführungen im Sinne von Ziffer 1, die sexuelle Handlungen mit Kindern oder mit Tieren, menschlichen Ausscheidungen oder Gewalttätigkeiten zum Inhalt haben, herstellt, einführt, lagert, in Verkehr bringt, anpreist, ausstellt, anbietet, zeigt, überlässt oder zugänglich macht, wird mit Freiheitsstrafe bis zu drei Jahren oder Geldstrafe bestraft. Die Gegenstände werden eingezogen.

[11] Gemäss Schweizerischem Strafgesetzbuch eine Person unter 16 Jahren.

kann zu Problemen bei späteren Beziehungen führen oder solche im Extremfall sogar verunmöglichen.

Aber auch Äusserungen, welche unter Jugendlichen bereits als <normal> angesehen werden, können gegenüber Erwachsenen schon beleidigend oder verletzten sein und je nach Situation bereits den Tatbestand einer sexuellen Belästigung oder Ehrverletzung erfüllen. Sie sehen, es ist nicht so einfach mit der Zuordnung von Inhalten im Internet, um sagen zu können, ob es sich dabei um schädliche, illegale oder gar verbotene Inhalte handelt.

V. Permanente und grenzenlose Verfügbarkeit von Daten aus dem Internet am Beispiel von Pornografie

Doch das grösste Problem aus meiner Sicht ist die einfache, permanente und vor allem die schier grenzenlose Verfügbarkeit von Daten im Internet. Ich möchte Ihnen dies am Beispiel der Pornografie veranschaulichen. War es doch vor wenigen Jahren noch so, dass wollte ein Jugendlicher in den Besitz von <legaler> Pornografie kommen, dies lediglich in Form eines Videos oder Hochglanzheftes klappte. Da er diese Produkte aber nicht auf legalem Weg käuflich erwerben konnte, war er entweder auf die Gunst eines grösseren Bruders oder eines Kollegen, der einen solchen hatte, angewiesen, oder aber er beteiligte sich aktiv an einer Zeitungssammlung. Da waren die Chancen am grössten in den Besitz eines solchen Hochglanzheftes zu kommen. Und war er dann erst einmal im Besitz eines solchen Produktes, kamen schon die nächste Probleme, sowohl bei der Lagerung als auch beim Betrachten nicht erwischt zu werden. Und wollte er seine Errungenschaft mit Kollegen teilen, war die Gefahr entdeckt zu werden latent vorhanden. Sie sehen, es war nicht so einfach und doch gehörte es zur natürlichen Entwicklung dazu. Hierbei müssen wir uns die Frage stellen, handelte es sich bei diesen Produkten wirklich schon um schädliches oder gar illegales Material? Ich denke eher nicht.

früher   /   heute

Wie sieht das aber heute aus mit der *aktiven Suche,* dem *Konfrontiertwerden,* dem *Zugänglichmachen* und *Lagern* von eben dem soeben beschriebenen Material? Was die Jugendlichen heute brauchen ist lediglich einen Computer oder ein Smartphone mit Internetzugang und eine aktive Verbindung zum Internet. Dank der heutigen Technologie sind sie dabei nicht mal mehr ortsgebunden, sondern ortsunabhängig. Und wenn sie dann den Begriff <sex> oder <xxx> in ihrer Suchmaschine eintippen, erhalten sie beim Suchbegriff <sex> Zugang zu ungefähr 1.190.000.000 Erzeugnissen[12] in (0,13 Sekunden) oder beim Suchbegriff <xxx> ungefähr 462.000.000 in (0,10 Sekunden). Nun haben die Jugendlichen im Gegensatz zu früher nicht das Problem, dass sie überhaupt an solches Material kommen, sondern, dass sie sich in der Fülle der Angebote nicht verlieren oder in eine Abhängigkeit geraten (Internetsucht). Ebenso könnte ich dieses Beispiel auf Themen zu gewaltdarstellenden, rassistischen oder zu kriminellem Verhalten anleitenden Inhalten anwenden.

VI. Konsum und aktiver Upload im Web 2.0

Doch mit den neuen Medien haben wir noch ganz andere Möglichkeiten. Wir können zum Beispiel von der Rolle des Konsumenten bereits mit wenig technischem Wissen in die Rolle des Anbieters oder Autors schlüpfen. Daraus ergeben sich wieder ungeahnte Möglichkeiten aber auch ebenso viele Risiken. Laden Jugendliche beispielsweise Musik aus dem Internet zum Eigengebrauch herunter, sind sie noch auf der sicheren Seite. Stellen sie diese aber wiederum zum Herunterladen ab ihrem PC zur Verfügung, handeln sie bereits illegal. Dies zum Teil unbewusst. Und wie sieht es mit all den Computerspielen oder Videofilmen aus, die im Internet über P2P-Netz-

---

[12]   <http://www.google.com/search?source=ig&hl=de&rlz=&q=sex&aq=f&aqi=&aql=&oq=>.

werke oder entsprechenden Plattformen zum Runterladen angeboten werden? Greifen hier die gängigen Vorgaben oder Sicherheitsmechanismen der Altersfreigabe- oder Beschränkung? Nützen da Listen wie die „Liste problematischer Filme" des Schweizerischen Video-Verbandes oder die Einrichtungen der freiwilligen Selbstkontrolle wie: *SIEA*[13]/*PEGI*[14] *Code of Conduct zum Jugendschutz* oder wie in Deutschland:

- Freiwillige Selbstkontrolle der Filmwirtschaft (FSK)
- Unterhaltungssoftware Selbstkontrolle (USK)
- Freiwillige Selbstkontrolle Fernsehen (FSF)
- Freiwillige Selbstkontrolle Multimedia-Diensteanbieter e.V. (FSM)
- Automaten-Selbst-Kontrolle (ASK)?

Ich behaupte hier einfach mal <nein>!

Oder Jugendliche produzieren selber Videofilme, welche sie oder andere bei kompromittierenden, illegalen oder gar sexuellen Handlungen zeigen und laden diese Filme anschliessend ins Internet hoch. Dabei werden sie gegen diverse Gesetze oder Richtlinien verstossen. Aber gerade hier stellt sich uns die Frage, ob die Altersbeschränkungen oder Verbote für illegale oder problematische Inhalte überhaupt greifen? Denn wie sieht es eben genau mit diesen Medieninhalten aus, die von den Nutzern selber produzieren und anschliessend, vor allem im Web 2.0[15], selber veröffentlichen werden? Wer kann solche Inhalte prüfen?

Aber auch hier dürfen wir die Musikindustrie nicht vergessen. Auch in aktuellen Musikstücken können schädliche Inhalte in Form von Texten Jugendlichen angeboten werden. Ich denke da an die Musik von Skandalrapper „Bushido".

---

[13] <http://www.pegi.info/ch/index/id/1374/media/pdf/247.pdf>.
[14] <http://de.wikipedia.org/wiki/Pan_European_Game_Information>.
[15] <http://de.wikipedia.org/wiki/Web_2.0>.

Sehen die Jugendlichen vor allem die verschiedensten Vorteile dieser neuen Medien, bergen diese aber bei unsachgemässer Benutzung ebenso viele Gefahren. Was wollen wir für wen freigeben und was genau kann mit diesen Daten passieren? Haben wir jederzeit die volle Kontrolle über unsere Daten oder eben nicht? Was könnte mit den Daten in den falschen Händen angestellt werden? Wie sieht es mit meinen Rechten aber auch Pflichten aus? Fragen über Fragen, auf die wir sicherlich während des heuten Tages auch Antworten bekommen.

Anbei ein aktuelles Beispiel, dass es auch prominente Leute treffen kann wie etwa den Interpol-Chef RONALD K. NOBEL:

Abbildung 3:   Interpol-Chef als Cybercrime-Opfer (Quelle: <http://www.computerworld.ch/news/artikel/interpol-chef-als-cybercrime-opfer-52367/)>)

VII. Internetchat

Wenn wir von Internetchats sprechen, meinen wir die unbeschwerte Kommunikation innerhalb der neuen Medien. Dazu gehören die verschiedenen Chatrooms, Facebook, aber auch verschiedenste Foren, in denen über die unterschiedlichsten Themen diskutiert wird. Hier können die Jugendlichen mit schädlichen oder illegalen Inhalten, wie Tötungsvideos konfrontiert oder Belästigungen und Übergriffe wie Cyberbullying ausgesetzt werden. Ebenso kommt es immer wieder vor, dass Jugendliche selbstzerstörerische Handlungen bzw. Erkrankungen wie Bulimie, Anorexie oder im Extremfall sogar Suizide debattieren oder verharmlosen. In Computerspielen kann das Töten trainiert werden und in einschlägigen Internetforen werden Amokphantasien, Suizid- und Hassgedanken ausgetauscht und Amoktäter heroisiert. In diesen Foren bestehen meist keine Altersbeschränkungen und somit bleiben die Jugendlichen mit den dort diskutierten und konfrontieren Inhalten oft alleine gelassen. Somit finden sie dort statt einer Hilfeleistung sogar eine Verstärkung der Selbstgefährdung. Ich denke, dann sprechen wir wieder klar von schädlichen, allenfalls auch illegalen Inhalten. Folglich sind aus präventiver Sicht sowohl rechtliche, technische als auch pädagogische Massnahmen erforderlich, ohne die positiven Effekte der Mediennutzung einzuschränken[16].

---

[16] Auszüge aus dem Buch: Orte der Wirklichkeit von ROBERTZ und WICKENHÄUSER ISVN 978-3-642-02511-2.

VIII. Cyberbullying/Cybermobbing/Mobbing[17]/Flaming[18]

Konnten Kinder auch schon früher in der Schule Opfer von Mobbing werden verlagert sich diese Handeln heute vermehrt ins Internet und wird dadurch zu einem ernstzunehmenden Phänomen. Konnten früher die Schuldigen ermittelt werden war das Problem in der Regel beseitigt. Heute ist dem nicht mehr so, da oft bereits schon verschiedenste verletzende oder bedrohende Inhalte ins Netz gestellt wurden, aus welchem sie nicht mehr entfernt werden können. So bleiben kompromittierenden oder beleidigende Inhalte für immer im Netz und eine Wiedergutmachung ist fast nicht mehr möglich.

Nach Tod von 13-Jährigem: Die Scham der Opfer[19]

Abbildung 4: © Imago (Quelle: <http://home.1und1.de/themen/digitale-welt/internet/046tuuo/cybermobbing-film-klaert-auf/>)

---

[17] Gemäss Wikipedia: Mit den aus dem Englischen kommenden Begriffen *Cyber-Mobbing*, auch *Internet-Mobbing*, *Cyber-Bullying* sowie *Cyber-Stalking* werden verschiedene Formen der Belästigung, Bedrängung und Nötigung anderer Menschen mit Hilfe elektronischer Kommunikationsmittel über das *Internet*, in *Chatrooms*, beim *Instant Messaging* und/oder auch mittels *Mobiltelefonen* bezeichnet

[18] Flaming, auch als Bashing bekannt, ist feindliche und beleidigende Interaktion zwischen Internet-Nutzern. Flaming tritt gewöhnlich in den folgenden sozialen Kontexten ein: Internet-Forum, Internet Relay Chat (IRC), Usenet, per E-Mail, Spiele-Server wie Xbox Live oder Playstation Network und auf Video-Sharing-Websites.

[19] <http://www.kleinezeitung.at/allgemein/multimedia/2659715/mobbing-loest-beim-opfer-scham.story>.

Am 14. Mai 2010 nahm sich der 13-jährige Joel das Leben, nachdem er auf einer Facebook-Seite als homosexuell dargestellt worden war. Jetzt wendet sich seine Mutter an die Öffentlichkeit, um vor Cybermobbing zu warnen. Was empfindet ein Jugendlicher, der über Facebook attackiert wird?

IX. Virtuelle Welten

Bei Second Life[20] (englisch für „Zweites Leben") oder ähnlichen Angeboten handelt es sich um sogenannte virtuelle oder auch Parallelwelten. Bei Second Life sind immerhin rund 6.6 Millionen Menschen angemeldet und rund 20.000 bis 40.000 gleichzeitig online. Ich denke, dass aber auch Habbo Hotel und SecretCity, moove online oder Virtual Life unter diese Kategorie fallen. Sicherlich könne wir aber auch Spiele wie World of Warcraft oder Final Fantasy XI und weitere dazu zählen. Gemäss Aussagen vom Second-Life-Gründer PHILIP ROSEDALE wird das dreidimensionale Internet immer mehr zum beherrschenden Trend. Können wir uns aber in diesen virtuellen Welten benehmen wie wir wollen oder gelten in diesen Welten weltliche Gesetzte? Wie verhalten wir uns, wenn in diesen Welten eine simulierte Kindsvergewaltigung stattfindet? Sprechen wir hier von schädlichen, illegalen Inhalten?

X. Was bedeutet das für die Polizei?

Es zeigt sich, dass unsere Gesellschaft inzwischen schon fast vollständig abhängig ist vom Cyberspace, was die Entwicklung von wirksamen Strategien zur Bekämpfung der Cyberkriminalität dringlicher denn je macht! Aber dazu muss diese Problematik zuerst von unseren Politikern erkannt werden, damit Ihnen die Wichtigkeit bewusst wird. Denn nur so werden die Rufe seitens der Polizei nach dringend benötigten personellen (Fachkräfte) und finanziellen Ressourcen wahrgenommen und auch entsprechend für wichtig erklärt.

---

[20] <http://en.wikipedia.org/wiki/Second_Life>.

XI. Prävention

Aus Sicht der Prävention ist klar, dass zuerst einmal der Zugang zu ungeeigneten Inhalten für Jugendliche erschwert werden muss, indem die permanente Verfügbarkeit von eben diesen Daten verringert oder beschränkt wird. Gleichzeitig muss eine wirksame Altersbeschränkung eingeführt werden, damit für Erwachsene legale pornografische Inhalte für Jugendliche unter 16 Jahren nicht, oder zumindest massiv erschwert, verfügbar werden. Die bis dato gängigen Zugriffsbeschränkungen greifen meiner Meinung nach nicht. Und zu guter Letzt muss die Aufklärungsarbeit sowohl für Jugendliche wie auch Eltern und Erziehungsberechtigte in geeigneter Form (Kampagnen, Vortragsreihen, Workshops etc.) auf nationaler Ebene stattfinden. Es genügt nicht, dass reihenweise Kampagnen mit Bezug zu den neuen Medien an die Betroffenen (Eltern, Erziehungsberechtigte) gerichtet werden, wenn gerade diese die Gefahren, welche von diesen Medien ausgehen, weder kennen noch sich vorstellen können. Und wenn Statistiken schon sagen, dass Eltern mit schulpflichtigen Kindern ab 35 Jahren wenig, oder zumindest zu wenig Wissen mit dem Umgang mit dem Internet und deren Anwendungen haben, können wir nicht davon ausgehen, dass wir gerade diese wichtige Zielgruppe über das Internet erreichen.

Porno und Gewalt im Web und deren Konsum durch Kinder und Jugendliche – Ausmass und Auswirkungen auf das Verhalten

Petra Grimm

Inhalt

I. Einleitung 17
II. Gewaltproblematik 18
    1. Gewalthaltige Internetangebote 18
        a) Rezeption 19
        b) Wahrnehmung des Gewaltprofils und Wirkungen 21
        c) Motive 22
    2. Produktion und Verbreitung 23
    3. Cyber-Mobbing und die Folgen 24
III. Pornografieproblematik 26
    1. Konsum und unabsichtliche Konfrontation 27
    2. Geschlechtsspezifische Wahrnehmung und unmittelbare Reaktion 28
    3. Motive und Wirkungsrisiken 29
IV. Fazit 32

I. Einleitung

Internet, Computer und Handy sind mittlerweile ein integraler Bestandteil der jugendlichen Erlebniswelten. Jugendliche kommunizieren über FACEBOOK, suchen Informationen im Netz, sehen sich bei YOUTUBE Videos an, spielen in Online-Games und produzieren selbst Medieninhalte, die sie über das Handy und Internet verbreiten. Das heisst, Medien sind Bestandteil der alltäglichen Lebenswelt von Jugendlichen. Ungewollt oder gewollt werden sie im Web 2.0 aber auch mit toxischen Inhalten und Handlungen – gewalthaltigen Inhalten, Cyber-Mobbing oder Pornografie – konfrontiert. Im Zuge der technischen Weiterentwicklung des Internets zum Web 2.0 sowie des schnellen und kostengünstigen Zugangs zu den Internetangeboten durch Flatrate und Breitband haben sich die Risiken im Kontext von Gewalt und Pornografie für Kinder und Jugendliche verschärft.

II. Gewaltproblematik

Was die Gewaltproblematik des Internets betrifft, so müssen zwei Arten unterschieden werden:

a) Gewalt in den Medien (z.B. fiktive oder reale Gewaltdarstellungen) und

b) Gewalt über/via Medien (z.B. Cybermobbing und Hass-Seiten).

Aus Sicht der Gewaltmedienforschung stellt die Gewalt im Internet eine neue Dimension der Gewaltproblematik dar, was zum einen den Inhalt und zum anderen die neuen Aneignungsmuster der medialen Gewalt betrifft. Basierend auf den Ergebnissen der Studie „Gewalt im Web 2.0", die u.a. eine repräsentative Befragung von Jugendlichen enthält, lassen sich folgende Befunde im Überblick darstellen.[1]

1. Gewalthaltige Internetangebote

Für den Jugendmedienschutz und die Medienpädagogik stellt die Gewalt im Internet auf der *Inhalts- und Rezeptionsebene* eine neue Herausforderung dar. So gibt immerhin ein Viertel der 12- bis 19-Jährigen, die das Internet nutzen, an, schon einmal Gewalt im Netz gesehen zu haben. Fast doppelt so viele und damit fast die Hälfte der 12- bis 19-Jährigen hat Freunde oder Mitschüler, denen gewalthaltige Seiten bekannt sind. Es sind also immerhin

---

[1] GRIMM PETRA/RHEIN STEFANIE/CLAUSEN-MURADIAN ELISABETH, Gewalt im Web 2.0: Der Umgang Jugendlicher mit gewalthaltigen Inhalten und Cyber-Mobbing sowie die rechtliche Einordnung der Problematik. Schriftenreihe der NLM, Bd. 23, Berlin: Vistas 2008. Im Internet: <hdm-stuttgart.de/grimm>.

48 Prozent der Kinder und Jugendlichen, in deren engerem sozialen Umfeld Gewalt im Netz eine Rolle spielt.

a) Rezeption

Die meisten von denen, die gewalthaltige Internetseiten kennen, sind mit fiktionaler Gewalt, wie Bilder aus Horrorfilmen (81,7%), Gewalt in Spielfilmen (73,3%), oder nachgestellter extremer Gewalt (66,8%), konfrontiert worden. Vor dem Hintergrund, dass reale bzw. realistische Gewaltdarstellungen ein höheres Wirkungsrisiko bei Kindern und Jugendlichen haben, ist der relativ hohe Anteil der Befragten, die Fotos bzw. Videos mit Krieg, Folter und/oder Hinrichtungen (42,3%) sowie Darstellungen von echter extremer/brutaler Gewalt (40,6%) gesehen haben, als problematisch einzustufen (vgl. Abbildung 1). Dass gewalthaltige Internet-Inhalte in der Peergroup eine Rolle spiel, lässt sich daraus ableiten, dass sie ihre Information über solche Seiten vor allem von Freunden oder von der Clique beziehen. Gewaltdarstellungen werden hauptsächlich Peer to Peer verbreitet (vgl. Abbildung 2). Auch wenn es nur jeder Vierte ist, der gewalthaltige Seiten selbst schon mal gesehen hat, so haben doch fast die Hälfte der Kinder und Jugendlichen Freunde oder Mitschüler, die gewalthaltige Seiten kennen. Jungen haben insgesamt eher als Mädchen mit Gewalt im Internet zu tun. Je älter die Kinder und Jugendlichen sind, desto häufiger kennen sie gewalthaltige Internetseiten.

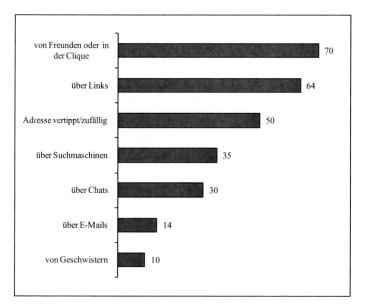

Abbildung 1

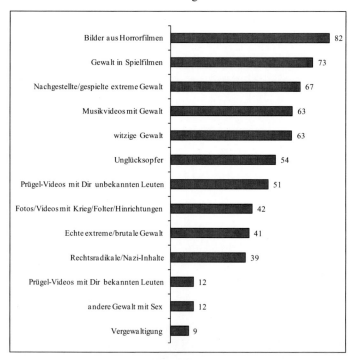

Abbildung 2

b) Wahrnehmung des Gewaltprofils und Wirkungen

Dass die Gewaltdarstellungen im Internet eine andere Qualität und Wirkung als die des regulierten Fernsehens aufweisen, wird von den Jugendlichen übereinstimmend bestätigt. So wird das Gewaltprofil des Internets im Vergleich zu dem des Fernsehens aus Sicht der befragten Jugendlichen als extremer wahrgenommen – in den Worten der Jugendlichen „heftiger", „krasser" bzw. „brutaler".[2] Als wichtige Unterscheidungskriterien werden von ihnen die Intensität, die Kontextlosigkeit der Videos, die Echtheit und die Detailliertheit der dargestellten Gewaltinhalte im Internet genannt. Des Weiteren werden die Anonymität der User im Internet und die sendezeitunabhängige Zugänglichkeit zu Filmen als charakteristische Produktions- und Rezeptionskontexte für die Gewalt im Internet beschrieben. Bei den Gewaltvideos, die die Jugendlichen als Beispiele für reale, extreme Gewalt nannten, handelt es sich nach ihren Aussagen häufig um „echte" Gewalt, die allerdings mit ihrer eigenen Lebensumwelt nichts zu tun haben. „Hinrichtungen" (Irak), „Tötungsszenen" (mit einem Russen), „Folter" (Gefangenenlager), „Steinigung" (einer muslimischen Frau) etc. sind Beispiele für Gewaltvideos, die die Jugendlichen als authentisch einstufen und gerade deshalb für diese als besonders drastisch empfunden werden. Des Weiteren werden aber auch Videos beschrieben, die sie mit ihrer eigenen Lebenswelt in Verbindung bringen und deshalb schwer verdaulich sind: Dabei handelt es sich z.B. um Videos, die schwere Unfälle und tödlich Verunfallte zeigen oder brutale Schlägereien. Abhängig von ihrer jeweiligen subjektiven „Wahrnehmungsbrille" legen die Jugendlichen unterschiedliche Fokusse auf das, was sie als besonders „krasse" echte Gewalt empfinden.

Was die Wirkungen von Gewaltvideos im Web 2.0 betrifft, ist ersichtlich, dass für die Jugendlichen besonders solche Videos schwer verdaulich sind, die Darstellungen von extremer, realer Gewalt (z.B. Enthauptungen, Tötungen, Selbstverstümmelungen) und extremen, realen Verletzungen zeigen. Ebenso belastend sind für die Jugendlichen Szenen, bei denen sie sich mit dem gezeigten Opfer oder der dargestellten Gewaltsituation stark identifizieren. Sie berichten in den Interviews angesichts dieser, grösstenteils sehr drastischen, Videos und Fotos glaubwürdig von starken emotionalen Reaktionen

---

[2] Vgl. hierzu ebenda, 83-91.

wie Ekel, Schock und Angst, die bei ihren Schilderungen richtiggehend noch einmal aufleben. Zum Teil berichten sie auch von Albträumen und länger anhaltenden körperlichen Reaktionen, die sie aufgrund der Rezeption extrem brutaler Videos erlebt haben; so erzählt z.B. Jan: „Ich bin auch ein Typ, der sich ekelt, also ich hab' sofort Ausschlag, ich hab' wirklich Ausschlag von dem Video bekommen, (…) – also das war auch bis jetzt das Ekligste, was ich gesehen hab' (…) und richtig Schauder, also ich musste da auch die ganze Zeit, also bestimmt noch 'ne Woche da dran denken und immer schlecht und – ich wurde sogar appetitlos so ein bisschen, weil ich musste da, ich konnte kaum noch an was anderes denken, als dieses". Ersichtlich ist, dass den Jugendlichen das Ansehen solcher Videos durchaus Probleme bereitet und sie durch unterschiedliche Bewältigungsstrategien versuchen (z.B. nur zusammen oder nur einmal ansehen), diese in den Griff zu bekommen. Da die Rezeption solcher Videos jedoch zum Teil als Mutprobe gilt, ist deren Attraktivitätsfunktion innerhalb der Peergroup kritisch zu hinterfragen.

Weitere negative Wirkungspotenziale, die bei einem häufigen Konsum gewalthaltiger Internetinhalte bestehen, lassen sich aus der Gewaltmedienwirkungsforschung ableiten: Hierzu gehören a) die Übernahme aggressiver Scripts, b) die Herausbildung problematischer Wertebilder und c) ein enges Gewaltverständnis.

c)   Motive

Auf die Frage, warum die Jugendlichen Gewaltdarstellungen im Internet konsumieren, geben sie ein Motivbündel an: Bei drastischen Gewaltdarstellungen steht als Motiv der Kick, die emotionale Grenzerfahrung, im Zentrum. Prinzipiell dominieren Unterhaltungs- und Sensation Seeking-Motive – es geht darum, Langeweile abzuwenden, etwas Aufregendes und Neuartiges zu erleben und Spass zu haben. Insbesondere bei den Tötungsvideos spielen auch der Tabubruch und das Interesse am Tod bzw. am Prozess und Moment des Sterbens eine Rolle. Neben solchen inhaltsbezogenen Rezeptionsmotiven werden von den Jugendlichen auch soziale Motive genannt: Die regelmässigeren Nutzer violenter Inhalte betonen das Gemeinschaftserlebnis, das gemeinsame Durchstehen von emotionalen Grenzerfahrungen und das gemeinsame Spass haben. Gerade bei brutalen und drastischen Inhalten wird zumindest die punktuelle Bildung einer Art emotionaler Schicksalsgemeinschaft angestrebt, die beim Aushalten drastischer Bilder und bei der Verarbeitung hilft. Das klassische sozial-integrative Motiv – nämlich der Wunsch, mitreden zu können, dazuzugehören – spielt ebenfalls eine zentrale Rolle.

2. Produktion und Verbreitung

Eine neue Herausforderung, die auch die Gewaltprävention betrifft, stellt die *Produktion, Bearbeitung und Verbreitung* von gewalthaltigen Inhalten im Internet (Verlinkung und Verschlagwortung) und via Handy durch jugendliche Nutzer dar. Das Zusammenspiel von Handy und Internet im Kontext von gewalthaltigen Inhalten kann als *violente Konvergenz* bezeichnet werden. Aus Sicht der medialen Gewaltforschung stellt die Tatsache, dass einige Jugendliche selbst als Produzenten von Gewalt auftreten, indem sie Prügeleien mit dem Handy (Happy Slapping) filmen und diese dann ggf. über das Internet weiterverbreiten oder indem sie Videos produzieren, bei denen andere in schlimmen bzw. peinlichen Situationen gefilmt werden (Mobile Bullying bzw. Cyber-Mobbing) eine neue Dimension der medialen Gewaltproblematik dar. Dies betrifft drei Aspekte:

- die räumlich-zeitliche Unabhängigkeit des Konsums,
- die leichte Vervielfältigungs- und Kopiermöglichkeit der Inhalte sowie
- die strafrechtlich relevante Ausübung von Gewalt zur Erzeugung echter bzw. authentischer Gewaltbilder und die physische/psychische Verletzung der Opfer.

Dies hat für die Praxis zur Folge, dass eine Grenze zwischen dem Jugendmedienschutz und der Kriminalitätsprävention kaum noch zu ziehen ist. Im Fall von Happy Slapping verschmelzen des Weiteren die Kategorien Gewalt in den Medien (die Prügelvideos stellen Gewalt dar) und Gewalt via Medien (durch die Weiterverbreitung der Videos kann das Opfer der realen Gewalt sichtbar als Typ Opfer stigmatisiert werden). Dass Happy-Slapping-Videos von Jugendlichen im Internet relativ häufig angesehen werden, zeigen die folgenden Zahlen: So haben 50,5 Prozent der Kinder und Jugendlichen, die Gewalt im Internet kennen, schon Happy Slapping-Videos im Netz gesehen.[3]

3. Cyber-Mobbing und die Folgen

Beim Cyber-Mobbing handelt es sich um teils anonyme Formen eines aggressiven Verhaltens, die online gegenüber anderen Nutzern wiederholt ausgeübt werden – sei es in Chatforen, via Instant Messenger oder E-Mail sowie in Social Communities (z.B. Facebook, Schülervz) oder auch in Online-Computerspielen. Cyber-Mobbing kann nicht nur in schriftlicher Form erfolgen, auch mittels Fotos und Videos kann jemand erpresst, gehänselt, blossgestellt oder sexuell belästigt werden. Aggressivität via Internet, die von den Kindern und Jugendlichen nach eigenen Aussagen als „psychische" Gewalt wahrgenommen wird, ist kein Einzelfall. So ist der Anteil der Kinder und Jugendlichen, die im Internet schon einmal unangenehme Erfahrungen gemacht haben, mit einem Drittel relativ hoch. Gewalt via Internet wird von den Jugendlichen beschrieben als „schriftliche Gewalt", „Gewalt in Textform" oder peinliche „Fototakes reinstellen von irgendwelchen Leuten", die nichts davon wissen und/oder auch nicht gefragt wurden, ob sie damit einverstanden sind. Alle interviewten Mädchen berichten von Situationen im Chat, in denen sie sexuell belästigt wurden. Zum Teil wurden sie aufgefordert, vor der Webcam zu strippen, zum Teil wurden ihnen eindeutige Angebote gemacht. Für die Jungen stehen eher Beleidigungen, Beschimpfungen (sog. *Flaming*) oder *Cyberthreats*, d.h. Online-Drohungen, bei denen Übergriffe auf sie angekündigt werden, im Vordergrund.

In Bezug auf Cyber-Mobbing und Mobile Bullying können für Jugendliche die emotionalen, psychischen und sozialen Folgen gravierend sein.[4] So kann es zur Verletzung des Selbstwertgefühls und zur sozialen Ausgrenzung durch andere kommen. Des Weiteren können Cyber-Mobbing und Happy Slapping auch das soziale Klima unter den Jugendlichen verschlechtern. So werden

---

[3] Vgl. ebenda, 50.
[4] GRIMM PETRA/RHEIN STEFANIE, Slapping, Bullying, Snuffing! Zur Problematik von gewalthaltigen und pornografischen Videoclips auf Mobiltelefonen von Jugendlichen, Schriftenreihe der Medienanstalt Hamburg/Schleswig-Holstein (MA HSH), Bd. 1, Berlin: Vistas 2007, 162-166.

dadurch soziale Hierarchien unter den Jugendlichen noch stärker betont und zementiert. Durch Cyberthreats und Happy Slapping kann eine Steigerung der Gewalt hervorgerufen werden. Gewalt via Internet kann die Gemeinschaftsfähigkeit der Jugendlichen negativ beeinträchtigen. Bei anhaltenden schweren Cyber-Mobbing-Attacken können Depressionen und sogar Suizid des Opfers die Folge sein. Abbildung 3 gibt einen Überblick über die negativen Wirkungspotenziale von Gewalt in und via Medien.

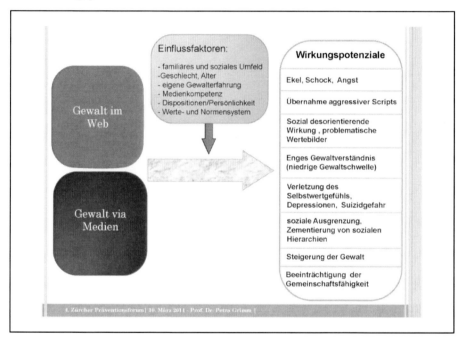

Abbildung 3

Aus Sicht des Jugendmedienschutzes und der Gewaltprävention stellt sich die Frage, wie man Jugendliche für die Problematik selbstproduzierter Gewalt- oder Mobbingvideos sensibilisieren kann. Ein vielversprechender Weg scheint die Förderung von Empathiefähigkeit zu sein. Empathiefähigkeit ist eine wichtige Grundlage dafür, nicht selbst gewalttätig zu werden, sich gegen Gewalt zu engagieren oder in gewalttätigen Situationen einzuschreiten. Gerade bei jugendlichen Risikogruppen scheint ein Empathiedefizit zu bestehen.[5] Die Empathiefähigkeit der Jugendlichen muss deshalb auch seitens der Eltern und im formalen Bildungskontext (Schule) gefördert werden. Die Jugendlichen sollten auch dabei unterstützt werden, Zivilcourage sowie moralische Urteilskompetenz zu entwickeln. So können beispielsweise Rollenspiele helfen, sich in die Opfer hineinzuversetzen, Mitgefühl zu entwickeln und dies zu einem Handlungsimpuls werden zu lassen. Damit man weiss, was man tun kann, müssen aber auch Handlungsoptionen oder Strategien gegen Gewalt entwickelt und eingeübt sowie entsprechende Ängste abgebaut werden. An Schulen sollten gemeinsam Hilfsangebote und Regelungen (z.B. feste Anlaufstellen, klare Regelungen, was zu tun ist, wenn man Zeuge eines Angriffs wird oder ein entsprechendes Handyvideo sieht) erarbeitet und etabliert werden.

III. Pornografieproblematik

Eine weitere Herausforderung für den Jugendmedienschutz und die Pädagogik ist die Pornografieproblematik im Internet. Es war für Jugendliche noch nie so einfach wie heute, an Pornografie zu gelangen. Nicht allein die leichte Zugänglichkeit zu Pornovideos in unermesslicher Zahl ist neu, auch die (ungewollte) Konfrontation mit unzulässiger „harter" Pornografie (Gewaltpornografie, Sodomie, Selbstverstümmelungen etc.) bzw. mit „Ekelpornos" – wie die Jugendlichen diese Art der Internetpornografie bezeichnen – ist heute nicht mehr auszuschliessen. Die Befunde unserer qualitativ angelegten Studie „Porno im Web 2.0"[6], die mit Unterstützung der Niedersächsischen Landesmedienanstalt und der Bayerischen Landeszentrale für neue Medien entstand, geben deutliche Hinweise darauf, dass Internetpornografie in der Lebenswelt von Jugendlichen kein Tabu mehr darstellt.

---

[5] Vgl. ebenda, 168-172.

[6] GRIMM PETRA/RHEIN STEFANIE/MÜLLER MICHAEL, Porno im Web 2.0. Die Bedeutung sexualisierter Web-Inhalte in der Lebenswelt von Jugendlichen" im Auftrag der BLM und NLM, Schriftenreihe der NLM, Bd. 25, Berlin: Vistas Verlag 2010.

1. Konsum und unabsichtliche Konfrontation

Ein zentraler Befund der „Porno im Web 2.0"-Studie ist, dass alle männlichen Jugendlichen der befragten Fokusgruppen pornografische Inhalte im Web 2.0 rezipieren. Ihre Grundhaltung lautet: „Pornos sind normal und Bestandteil des alltäglichen Medienkonsums". Auch wenn diese Normalisierungsstrategie von allen als gültig erachtet wird, unterscheiden sich die männlichen Jugendlichen hinsichtlich ihrer individuellen Einstellungen zum pornografischen Skript – die Spanne reicht von einer kritischen Haltung bis zu einer unreflektierten Befürwortung dieses Skripts. Jugendliche, die unreflektiert oder bewusst Pornografie positiv bewerten, postulieren einen häufigeren Konsum als solche, die negative Auswirkungen auf ihre eigene Sexualität annehmen. In bestimmten Fällen ist eine Befürwortung der Pornografie mit einem tendenziell nahezu täglichen Konsum verbunden. Eine kritische Einstellung gegenüber Pornografie führt zwar nicht zu Abstinenz, aber doch zu einer weniger häufigen Nutzung von Pornografie.

Jugendliche geraten aber auch unabsichtlich bzw. zufällig an sexuelle bzw. pornografische Inhalte im Internet. Zu kritisieren sind in diesem Kontext die Werbepraktiken der Pornoindustrie, durch die Nutzer ungewollt auf Pornoseiten gelenkt werden. Vor allem durch Pop-Ups, aber auch via Instant Messaging und Soziale Netzwerke erhalten Kinder und Jugendliche sexuelle Botschaften. Weitgehend übereinstimmend zeigen die bislang vorliegenden Forschungsbefunde zur Nutzung von Pornografie durch Jugendliche, dass weniger Mädchen als Jungen gezielt nach Pornografie suchen und Mädchen anders als Jungen auf pornografische Inhalte reagieren.[7] Analog dazu stellt auch die Studie „Porno im Web 2.0" fest, dass die Mädchen mit pornografischen Inhalten zwar in Berührung kommen und dies als alltägliche Interneterfahrung erleben – sie lehnen aber Pornos tendenziell ab und empfinden diese als „eklig" bzw. abstossend. Viele der Mädchen wurden sehr früh mit nicht altersgerechten und somit kaum verarbeitbaren Darstellungen von Sexualität konfrontiert. Sie landeten nach eigenen Angaben eher versehentlich und unvorbereitet auf solchen Seiten – sei es, weil sie sich bei der Adress-

---

[7] WALLMYR GUDRUN/WELIN CATHARINA, Young People, Pornography, and Sexuality: Sources and Attitudes, The Journal of School Nursing, No. 22, 2006, 290-295.

eingabe vertippt haben oder über einen unverdächtig erscheinenden Link, ein Popup-Fenster oder ein Werbebanner auf einen pornografischen Inhalt gelangt sind.

2. Geschlechtsspezifische Wahrnehmung und unmittelbare Reaktion

Sexualisierte Inhalte werden von den Mädchen anders als von den Jungen wahrgenommen und bewertet. Pornografie gilt für die Jungen als normal und steht im Mittelpunkt des Interesses, wenn es um sexualisierte Medieninhalte geht. Erotik ist für sie langweilig und uninteressant. Abstossend und eklig finden sie extreme Varianten der Pornografie (mit Fäkalien, Sodomie, Selbstverstümmelung etc.), wobei Videos mit solchen Inhalten auf den Handys und in der Peergroup durchaus angesehen werden, nicht aber aus den Motiven des normalen Pornokonsums. Die Grenze verläuft für sie also zwischen „normaler" Pornografie und gesellschaftlich absolut nicht tolerierten Formen sexuellen Verhaltens (vgl. Abbildung 4). Für die Mädchen liegt die Schwelle zur Pornografie viel niedriger. Alles, was nicht als „ästhetisch-schön", sondern als „nuttig" gilt, wird bereits abgelehnt und mit Pornografie assoziiert (vgl. Abbildung 5). Schöne erotische Bilder (= Ebene der Darstellung) bewerten sie hingegen positiv.

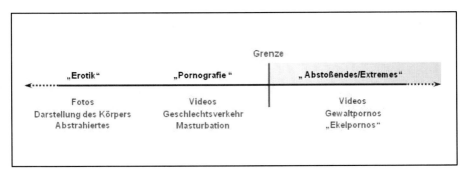

Abbildung 4 – Jungs

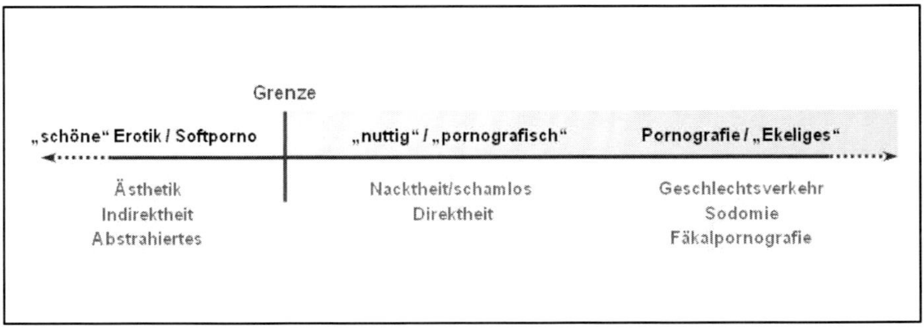

```
                            Grenze
"schöne" Erotik / Softporno  |  "nuttig" / "pornografisch"  |  Pornografie / "Ekeliges"
◄·······                     |                              |              ·······►
      Ästhetik                   Nacktheit/schamlos            Geschlechtsverkehr
      Indirektheit                   Direktheit                      Sodomie
      Abstrahiertes                                              Fäkalpornografie
```

Abbildung 5 – Mädchen

Männliche Jugendliche reagieren auf normale Pornografie mit sexueller Erregung, während „extreme Pornografie" (z.B. Genitalverstümmelungen oder Snuff-Videos) bei ihnen Schock oder Ekel auslösen. Mädchen reagieren auf Pornografie mit Abwehr und Ekel, allenfalls erotische Darstellungen oder Softpornos können positive (stimmungsvolle) Emotionen bei der Betrachtung mit einem Partner auslösen.

3. Motive und Wirkungsrisiken

Auf die Frage, warum die männlichen Jugendlichen Pornos konsumieren, nennen sie zwei Hauptmotive für die Nutzung: 1. Lernen/Wissensgewinn (vor allem über Sexualität und den weiblichen Körper allgemein, vereinzelt auch Lernen von sexuellen Praktiken zur Nachahmung) und 2. zur sexuellen Erregung/Masturbation. Darüber hinaus spielen soziale Motive eine Rolle: Kenntnisse über Pornos fungieren vor allem bei den jüngeren Jungen als symbolisches Kapital in der Peergroup (um anzugeben, cool zu wirken) und sind Voraussetzung, um mitreden zu können.

Was die Wirkungen von Pornografie betrifft, wird im Gespräch über Pornografie bei den männlichen Jugendlichen ersichtlich, dass sie unter einem sexuellen Leistungsdruck stehen, der vermutlich auch durch die Rezeption von Pornos verstärkt wird. Durch den allgemeinen sexuellen Leistungsdruck, der in vielen (auch medialen) Diskursen vermittelt wird, meinen die Jugendlichen, sie müssten auch schon „beim ersten Mal" über sexuelle Erfahrung verfügen, welche sie per definitionem noch gar nicht haben können. Sie hoffen, durch den Pornokonsum die fehlenden Erfahrungen medial substituieren zu können. Damit verstärken sie jedoch nur den Leistungsdruck, den das pornografische Skript ja ungefiltert reproduziert.

Ein zweiter Wirkungsaspekt betrifft das Transferrisiko des pornografischen Skripts auf das reale sexuelle Verhalten. So wurde in der Befragung der Jugendlichen ersichtlich, dass für sexuell wenig erfahrene Jugendliche es schwer einschätzbar ist, ob pornografische Web-Inhalte realistisch oder unrealistisch sind. Sie nehmen an, zumindest ein Teil von ihnen zeige die Realität. Ältere und beziehungserfahrene Jugendliche halten die Darsteller und die Plots hingegen für wenig realistisch. Auch wenn davon auszugehen ist, dass die Jugendlichen auf der kognitiven Ebene durchaus zwischen Realität und den in den Medien dargestellten pornografischen Inhalten unterscheiden können, ist zu berücksichtigen, dass diese Fähigkeit je nach Alter und allgemeiner Medienkompetenz graduell unterschiedlich ausgeprägt ist.

Die in der „Porno im Web 2.0"-Studie zudem durchgeführte Expertenbefragung ergab, dass nach Auffassung einiger Experten bei häufiger Nutzung ein gewisser Gewöhnungseffekt eintritt, der dann Auswirkungen auf das Verhalten der Jugendlichen bezüglich Sexualität und Geschlechterrollen haben kann: Durch die pornografischen Skripte kann die Vorstellung der Jugendlichen von der Realität und davon, welches sexuelle Verhalten als normal gilt, geprägt werden. Einige der Experten gehen noch einen Schritt weiter: Auch wenn die Jugendlichen auf der kognitiven Ebene und in ihrer Selbsteinschätzung zwischen *Real life* und Pornografie differenzieren, können pornografische Skripte (auf der Grundlage unbewusster Wahrnehmungsvorgänge) das eigene Verhaltensrepertoire beeinflussen.

Weitere Wirkungsrisiken, die bei einem häufigen bzw. exzessiven Konsum von Pornografie möglich sind und insbesondere bei fehlenden Bindungserfahrungen mit den Eltern und mangelnden Beziehungserfahrungen virulent werden können, sind nach Meinung der befragten Experten folgende: a) Durch den Pornokonsum kann das Frauen- und Männerbild negativ geprägt werden. Mädchen nehmen Pornografie häufig als Darstellung männlicher sexueller Präferenzen wahr; dadurch kann auch ihr Männerbild negativ beeinflusst werden. Ebenso kann ein regelmässiger Pornokonsum die Jungen bei ihrer Rollenfindung irritieren (z.B. hinsichtlich einer sexuellen Dominanzerwartung). b) Als weiteres Risiko wurde der Einfluss auf das sexuelle Verhalten genannt: Gerade in der Phase der Entwicklung sexueller Präferenzen, in der sich die Jugendlichen befinden, kann die exzessive Rezeption von Pornos zu einer neuronalen Konditionierung des Gehirns bezüglich sexueller Präferenzen führen. c) Als Teil der Umwelt der Jugendlichen kann Pornografie auch die Wertewelt der Jugendlichen negativ beeinflussen, da das pornografische Skript das Geschlechterverhältnis u.a. durch Hegemonie und Dominanz kennzeichnet. d) Durch eine häufige Rezeption von Pornos kann das Individuelle und Persönliche in der Sexualität und die Entwicklung eigener Fantasien auf der Strecke bleiben. Den Jugendlichen wird ggf. keine Zeit mehr gelassen, spielerisch und neugierig ihre eigene Herangehensweise an Sexualität und Partnerschaft zu entdecken, wenn sie bereits in einem sehr frühen Alter die Drehbücher und Modelle aus der Pornografie extensiv rezipieren. Abbildung 6 stellt die genannten Wirkungsrisiken in einer Übersicht dar.

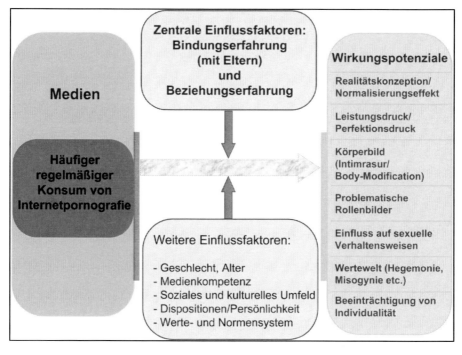

Abbildung 6

IV. Fazit

Ein Handlungsbedarf besteht meines Erachtens vor allem in Bezug auf die Risikofelder „Cyber-Mobbing" und „Internetpornografie". Was das Thema Cyber-Mobbing betrifft, müsste das Unrechtsbewusstsein der Kinder und Jugendlichen gefördert und ihnen die strafrechtliche Relevanz aufgezeigt werden. Es müssten in der Schule Präventions- und Interventionsstrategien mit den Schülern vereinbart werden, wozu auch die Ausbildung von Zivilcourage gehören sollte. Gleichzeitig sollten ihnen positive und aktive Zugänge zu den Medien eröffnet und Reflexionsprozesse über Medienwirkungen bei ihnen in Gang gesetzt werden, wozu die Einrichtung eines Faches „Medien" im Curriculum hilfreich wäre. Wichtig wäre es, das Thema Cyber-Mobbing aktiv im Unterricht aufzugreifen, hilfreich hierfür sind z.B. die Unterrichtsmaterialien von klicksafe.de „Was tun gegen Cyber-Mobbing?" Jugendliche, die Opfer von Gewalt via Handy oder Internet geworden sind, können sich auch an die Jugendmedienschutz-Plattform www.juuuport.de wenden. Hier beraten jugendliche „Scouts" andere Jugendliche bei ihren Problemen im Web.

Was das Thema Internetpornografie betrifft, bedarf es einer Enttabuisierung im formellen Bildungskontext, also der Schule. Wichtig wäre es, die Themen *Geschlechterrollenbilder* und *Sexualität*, wie sie in den Medien dargestellt werden, stärker zu fokussieren. Es müssten Handlungsräume in der Schule (für Medien- und Sexualpädagogen) geschaffen bzw. intensiver genutzt werden und Pädagogen müssten bei der Bewältigung einer solchen komplexen Anforderung unterstützt werden. Hierzu bedarf es einer gesellschaftlichen Verantwortungskultur, die alle Akteure mit ins Boot nimmt. Denn ein zentrales Argument für eine Initiative gegen Internetpornografie ist: Wir sollten nicht der Pornoindustrie die Erziehung unserer Kinder überlassen.

Weiche Pornographie im Internet und in der Mobiltelefonie (Art. 197 Ziff. 1 StGB) – Prävention, Jugendschutz durch altersbegrenzten Zugang (adult verification systems) und die Verantwortlichkeit der Provider

Christian Schwarzenegger[*]

Inhalt

I.	Fragestellung	35
II.	Die Unterscheidung zwischen weicher und harter Pornographie	36
III.	Zur Bedeutung der Pornographie in der Informationsgesellschaft	38
IV.	Die Beteiligten und die Dienste	44
	1. Die Beteiligten	44
	a) Die Beteiligten an der Internetkommunikation	44
	b) Die Beteiligten an der Kommunikation via Mobilfunknetz (Mobiltelefonie)	47
	2. Differenzierung der Dienste	51
V.	Die Strafbarkeit der weichen Pornographie (Art. 197 Ziff. 1 StGB)	52
	1. Das geschützte Rechtsgut von Art. 197 Ziff. 1 StGB	52
	2. Vorfrage: Ist das Medienstrafrecht anwendbar?	53
	3. Objektiver Tatbestand	57
	a) Deliktsart	57
	b) Was ist weiche Pornographie?	57
	c) Pornographische Gegenstände und Vorführungen	61
	d) Erfasste Tathandlungen	61
	aa) Zugänglichmachen	61
	bb) Weitere Tathandlungen (Anbieten, Zeigen, Überlassen, Durch-Radio-oder-Fernsehen-Verbreiten)	64

---

[*] Für die Unterstützung bei der Aktualisierung dieses Beitrages danke ich lic. iur. Denise Schmohl und BLaw Sandra Muggli herzlich.

4. Subjektiver Tatbestand 64
   a) Vorsatz 64
   b) Qualifikation bei Gewinnsucht (Art. 197 Ziff. 4 StGB) 65
5. Welche strafrechtliche Verantwortlichkeit für welche(n) Provider? 66
6. Straflosigkeit bei schutzwürdigem kulturellen oder wissenschaftlichen Wert 69
7. Verfassungs- und konventionalrechtliche Schranken des Pornographieverbots . 70
   a) Das Verbot der weichen Pornographie als Eingriff in die Meinungs-,
      Medien- und Wirtschaftsfreiheit 70
   b) Die Voraussetzungen des staatlichen Eingriffs in die Grundrechte 71
   c) Schutzpflichten gegenüber Jugendlichen 75
   d) Das Verbot kommerzieller Pornographie im Mobiltelefonbereich aus
      konventions- und verfassungsrechtlicher Sicht 76

VI. Altersverifikationsmechanismen und ihre Kompatibilität mit Art. 197 Ziff. 1
    StGB 78
    a) Ein Warnhinweis mit der Möglichkeit zur Selbstdeklaration ohne
       effektive Altersverifikation ist nicht ausreichend 79
    b) Eine Online-Registrierung ohne effektive Altersverifikation ist nicht
       ausreichend 80
    c) Eine Maske mit der Möglichkeit zur Selbstdeklaration in SMS- und
       MMS-Diensten ohne effektive Altersverifikation ist nicht ausreichend 81
    d) Gesetz und Rechtsprechung schweigen zur Frage, welche Sicherungs-
       oder Sperrmassnahmen ausreichen würden 81
    e) Lösungsansätze zur Schaffung eines ausreichenden Sicherungs- oder
       Sperrsystems 81

VII. Internationaler Standard 84
    1. In Europa existiert keine Verbotslösung bezüglich weichpornographischer
       Mehrwertdienste 85
    2. „European Framework for Safer Mobile Use by Younger Teenagers and
       Children" – Vereinbarung der Europäischen Kommission mit den Mobile-
       Content- und Mobile-Network-Providern 85

VIII. Schlussfolgerungen und Empfehlungen 86
    1. Reichweite von Art. 197 Ziff. 1 StGB (weiche Pornographie)? 86
    2. Bedeutung von Art. 197 Ziff. 1 StGB (weiche Pornographie) für die
       weiteren am Mobilkommunikationsprozess beteiligten Provider? 86
    3. Haben Rechtsprechung und Lehre schon Voraussetzungen definiert, deren
       Einhaltung eine Strafbarkeit nach Art. 197 Ziff. 1 StGB ausschliessen? ... 87
    4. Welches Altersverifikationssystem genügt den Anforderungen von Art. 197
       Ziff. 1 StGB? 88
    5. Verlangt Art. 197 Ziff. 1 StGB einen „hundertprozentigen" Jugendschutz?
       Ist ein solcher überhaupt möglich? 89
    6. Was können Richtlinien zur Wahrung des Jugendschutzes bei
       pornographischen Angeboten in Mobildiensten zur Konkretisierung von
       Art. 197 Ziff. 1 StGB beitragen? 90
    7. Welches Vorgehen ist bei der Schaffung von Richtlinien zur Wahrung des
       Jugendschutzes bei pornographischen Angeboten in Mobildiensten zu
       empfehlen? 93
    8. Eckpunkte einer inhaltlichen Ausgestaltung der Richtlinien 93

Anhang: European Framework for Safer Mobile Use by Younger Teenagers
and Children, February 2007 99

Literatur 103

I. Fragestellung

Seit etwas mehr als 10 Jahren ist die Informationsgesellschaft Alltag geworden. Die meisten Haushalte sind inzwischen an das Internet angeschlossen, haben einen digitalen Kabelfernsehanschluss und verfügen über mehrere Mobilfunkgeräte wie Handys oder iPads. Über diese Geräte sind zahllose Informationsangebote verfügbar, die immer häufiger eine interaktive Nutzung ermöglichen. Auch Kinder und Jugendliche wachsen in diese digitale Welt hinein, sind sogenannte *Internet natives* und begegnen sich täglich in den soziale Medien. Der zeit- und grenzenlose Zugang zu jeder Art von Information birgt Chancen und Risiken zugleich. Aus kriminologischer Sicht sind es vor allem die Medieninhalte wie brutale Gewaltvideos und Pornographie, von denen man einen negativen Einfluss auf die Entwicklung junger Menschen annimmt. Der vorliegende Beitrag widmet sich dem Thema des Jugendschutzes im Rahmen pornographischer Angebote im Internet und in der mobilen Kommunikation. Er versucht folgenden Fragen nachzugehen:

1) Wann fallen Dienste von kommerziellen und privaten Anbietern[1] via Mobiltelefon oder Internet mit sexuellem Inhalt unter die Strafbestimmung der „weichen" Pornographie nach Art. 197 Ziff. 1 StGB? Welche Voraussetzungen müssen bei diesen Diensten eingehalten werden, um den Anforderungen des Strafrechts an einen ausreichenden Jugendschutz gerecht zu werden und folglich nicht unter den Tatbestand von Art. 197 Ziff. 1 StGB zu fallen?

2) Welche technischen oder organisatorischen Zugangsbeschränkungen sind in der Schweiz konkret möglich und erforderlich, um weichporno-

---

[1] Für solche Diensteanbieter hat sich im Kontext des Web der Begriff *Content-Provider* durchgesetzt, im Mobiltelefonbereich spricht man in der Terminologie des FMG von *Mehrwertdiensteanbietern*.

graphische Darstellungen straflos einem erwachsenen Publikum zugänglich zu machen?

3) Sind die rechtlichen, insbesondere strafrechtlichen Rahmenbedingungen ausreichend klar? Welche Massnahmen sind zu ergreifen, damit weichpornographische Angebote straflos und in einem für alle Beteiligten verbindlichen Rechtsrahmen angeboten werden können? Drängt sich eine legislatorische Präzisierung der Regelung betreffend weicher Pornographie auf?

II. Die Unterscheidung zwischen weicher und harter Pornographie

Der allgemeine Sprachgebrauch unterscheidet zwischen *Softpornographie (softcore)* und *harter Pornographie (hardcore)*. Beide Arten von Pornographie zielen auf eine sexuelle Erregung des Betrachters, doch unterscheiden sie sich in der Art der Darstellung sexueller Handlungen. In der Softpornographie werden nackte Körper und allenfalls Szenen mit simuliertem Geschlechtsverkehr gezeigt. Die Geschlechtsorgane und der Verkehr werden dabei aber nicht sichtbar. Sobald erregte Genitalien, masturbierende Frauen oder Männer, Ejakulationen oder vaginaler, analer bzw. oraler Geschlechtsverkehr dargestellt werden, handelt es sich um harte Pornographie.[2]

Dieser Sprachgebrauch stimmt nicht mit der *Terminologie im schweizerischen Sexualstrafrecht* überein.[3] Die eingangs erwähnte Softpornographie,

---

[2] Vgl. statt aller HEIMGARTNER, 1482 f.

[3] Zur Terminologie weiterführend KOLLER, 53 m.w.N. Derzeit läuft eine Vernehmlassung zur Revision des Sexualstrafrechts. Damit soll der Beitritt der Schweiz zur Europaratskonvention zum Schutze von Kindern vor sexueller Ausbeutung und sexuellem Missbrauch (CETS No. 201) ermöglicht werden. Für Art. 197 Ziff. 1 StGB sind keine Änderungen vorgesehen. Hingegen soll nach Ziff. 2bis des Vorentwurfs das Anwerben und Mitwirkenlassen von unmündigen Personen bei pornographischen Vorführungen unter Strafe gestellt werden. Ziff. 3 soll nach dem Vorentwurf präzisiert werden. Einerseits soll in Zukunft nicht mehr von sexuellen Handlungen „mit Kindern", sondern „mit unmündigen Personen" gesprochen werden, was die Altersgrenze, bis zu welcher von harter Pornographie auszugehen ist, auf das vollendete 18. Altersjahr anhebt (Art. 14 ZGB). Andererseits sieht der Vorentwurf die

häufig auch als Erotik bezeichnet, wird strafrechtlich gar nicht erfasst. Art. 197 StGB verbietet verschiedene Erscheinungsformen der Pornographie, die in Lehre und Praxis mit den Begriffen „weiche" Pornographie und „harte" Pornographie umschrieben werden.

Die *weiche Pornographie* entspricht weitgehend dem, was der allgemeine Sprachgebrauch als *hardcore* bezeichnet. Das Strafgesetz verbietet sie nicht absolut. Mit Art. 197 Ziff. 1 StGB sollen auf der einen Seite Kinder und Jugendliche unter 16 Jahren vor jeglichem Kontakt mit dieser Art von Pornographie geschützt werden. Diese Strafnorm dient also ausschliesslich dem *Jugendschutz*. Art. 197 Ziff. 2 StGB will auf der anderen Seite verhindern, dass Erwachsene ungewollt mit pornographischen Darstellungen konfrontiert werden. Diese Norm schützt also Erwachsene, die derartige Informationen nicht wahrnehmen wollen (*Konfrontationsschutz*, negative Informationsfreiheit).[4] Abgesehen von diesen Einschränkungen sind das Herstellung, das Angebot und der Konsum von weicher Pornographie unter Erwachsenen[5] rechtmässig.

Pornographische Gegenstände oder Vorführungen, die sexuelle Handlungen mit Kindern oder mit Tieren, menschlichen Ausscheidungen oder Gewalttätigkeiten zum Inhalt haben, sind dagegen *absolut verboten* (Art. 197 Ziff. 3 und Ziff. 3bis StGB). Sie werden als harte Pornographie bezeichnet. Herstellung, Angebot und Besitz sind ausnahmslos strafbar.

Bei den kommerziellen Angeboten im Web sowie im Mobiltelefonbereich handelt es sich mehrheitlich um weiche Pornographie.[6] In diesem Beitrag

---

Erhöhung der Strafdrohung für Pornographie mit unmündigen Personen auf Freiheitsstrafe bis zu 5 Jahren oder Geldstrafe vor, wenn „tatsächliche sexuelle Handlungen oder Gewalttätigkeiten mit unmündigen Personen" dargestellt werden. Siehe zu den weiteren Revisionsvorschlägen EJPD 2011, 43 ff.

[4] Vgl. zu den geschützten Rechtsgütern auch KOLLER, 93 f., der den Wesenskern von Art. 197 StGB in der Einwirkung auf das menschliche Sexualverhalten erblickt. Ihm zufolge soll auf die Sexualität der Menschen korrigierend eingewirkt werden, um gesellschaftliche Tabus zu schützen.

[5] Aus Art. 197 Ziff. 1 StGB ergibt sich, dass Personen, die mindestens das 16. Altersjahr erreicht haben, nicht mehr vor weicher Pornographie geschützt sind und diesbezüglich wie Erwachsene behandelt werden.

[6] Immerhin ergibt sich eine Schnittstelle zur harten Pornographie i.S.v. Art. 197 Ziff. 3 StGB, wenn die pornographischen Gegenstände oder Vorführungen Urin

werden daher Fragen im Zusammenhang mit der Verbreitung, dem Erwerb und dem Besitz harter Pornographie nicht näher beleuchtet.

III. Zur Bedeutung der Pornographie in der Informationsgesellschaft

Weiche Pornographie wird mittlerweile in der Schweiz wie in vielen anderen Ländern als Konsumgut betrachtet, für welches sich ein relativ grosser Markt entwickelt hat. Nach aktuellen Schätzungen soll der Wirtschaftssektor der sogenannten Erwachsenenunterhaltung *(adult entertainment)* in den USA eine grössere wirtschaftliche Bedeutung haben als die traditionelle Filmindustrie in Hollywood. Pro Jahr soll der Jahresbeitrag der Pornoindustrie an die Wertschöpfung der US-Wirtschaft bei rund 12-20 Mrd. Dollar liegen (vgl. zur Entwicklung weltweit die Tabellen 1-2).[7]

---

oder Kot in sexuellem Zusammenhang darstellen. Die Exkrementenpornographie ist in den Nachbarstaaten (wie z.B. Deutschland) nicht absolut verboten, so dass die Einfuhr und Zugänglichmachung derartiger Darstellungen durch einen Schweizer Anbieter ein Strafbarkeitsrisiko eröffnet.

[7] BBC 2007.

Tabelle 1: Einnahmen aus dem Porno- und Sexgeschäft, 2006 (weltweit, in Mrd. Dollar)[8]

Videos	20,0
Prostitution	11,0
Magazine	7,5
Sexklubs	5,0
Telefonsex	4,5
Kabel-TV (Pay per View)	2,5
Internet	2,5
CD-ROMs	1,5
andere Angebote	2,5
Geschäftsvolumen total	**57,0**

Die statistischen Angaben sind zwar sehr ungenau und müssen mit Vorsicht interpretiert werden, doch dokumentieren sie eindrücklich, dass das Geschäft mit der Pornographie sicherlich kein Nischenmarkt für wenige Konsumenten darstellt, sondern ein Massenphänomen ist. Während die Einkünfte aus DVD-Verkäufen und -Vermietung sowie aus dem Verkauf von Zeitschriften in den letzten Jahren zurückgegangen sind, nimmt die Online-Nutzung im Web und über Mobiltelefone zu. Die überwiegende Mehrzahl der weichpornographischen Angebote scheinen von US-amerikanischen Servern in die Netzwerke eingespiesen zu werden (siehe Tabelle 4).

Die Pornoindustrie ist zudem federführend bei der Einführung neuartiger multimedialer Dienstleistungen, der dazugehörigen Technologie und angepasster Zahlungssysteme. So wird sie wesentlich für die Weiterentwicklung von Videostreaming- und Videoconferencing-Software im Internet verantwortlich gemacht.[9]

---

[8] Quelle: Internet Filter Review, zit. in Tages-Anzeiger vom 2.12.2006, 42.
[9] FLUBACHER, 42.

Tabelle 2: Die grössten Märkte für Pornographie nach Ländern, 2006[10]

Land	Einnahmen in Mrd. Dollar	Pro-Kopf-Ausgaben in Dollar
China	27,40	27,41
Südkorea	25,73	526,76
Japan	19,98	156,75
USA	13,33	44,67
Australien	2,00	98,70
Grossbritannien	1,97	31,84
Italien	1,40	24,08
Kanada	1,00	30,21
Philippinen	1,00	11,18
Taiwan	1,00	43,41
Deutschland	0,64	7,77
Finnland	0,60	114,70
Andere Länder	?	?
Geschäftsvolumen total	**circa 97,00**	

Die gesellschaftliche Akzeptanz der Pornographie als Wirtschaftszweig der Erwachsenenunterhaltung ist auch für die Schweiz dokumentiert. Die jährliche Erotikmesse „Extasia", an der pornographische Filme und Vorführungen gezeigt werden, zieht beispielsweise zwischen 8'000 (Basel) bis 20'000 Besucher (Zürich bis 2008) an. Circa ein Drittel entfällt dabei auf Frauen. In der Schweiz wurden im Jahr 2006 geschätzte 2 Mio. Porno-DVDs verkauft, was einem Umsatz von rund 60 Mio. Franken gleichkommt.

---

[10] Quelle: Internet Filter Review, abrufbar unter: <http://internet-filter-review.topten-reviews.com/internet-pornography-statistics-pg2.html> (Stand: 25.10.2011).

Abbildung 1: Webseite von „Extasia 10"[11]

Weiche Pornographie zählt zu den legalen, aber für Jugendliche und Kinder unter einer bestimmten Altersgrenze potentiell schädlichen Informationen. Bei potentiell schädlichen Informationen treten divergierende Interessen in Konflikt miteinander. Einerseits erfordert der Jugendschutz, dass ein effektives Zugangskontrollsystem eingerichtet wird, welches den Schutz der gefährdeten Personengruppen gewährleisten kann, andererseits muss gleichzeitig sichergestellt werden, dass die Medien- und Wirtschaftsfreiheit der Anbieter (Art. 17 und 27 BV) sowie die Meinungs- und Informationsfreiheit der Erwachsenen nicht verletzt wird (Art. 16 BV; Art. 10 Ziff. 1 EMRK).[12] Zwischen diesen widerstrebenden Interessen muss ein Ausgleich gefunden werden. Dabei wäre es unverhältnismässig, „zum Zwecke des Jugendschutzes auch sämtlichen Erwachsenen den Zugang zu weicher Pornographie per se

---

[11] Quelle: <www.extasia.ch/10/start.php?page=programm> (Stand: 25.10.2011).

[12] PEDUZZI, 194 ff. m.w.N.; BGE 128 IV 207: „Auch pornographische Darstellungen werden von Art. 10 EMRK erfasst, selbst wenn sie keinen informativen Gehalt aufweisen, sondern rein kommerziellen Zwecken dienen. Denn die genannte Konventionsgarantie schützt – ohne Wertung des Inhalts – alle Formen der Äusserung (...). Dementsprechend wird auch der von den Beschwerdeführern vorgenommene Verkauf pornographischer Magazine und Videokassetten durch Art. 10 EMRK geschützt." Vgl. unten, Abschnitt V.7.c.

zu verunmöglichen."[13] Gleichermassen hat die Europäische Kommission für den Bereich des Internets schon 1996 festgestellt, dass (straf-)rechtliche Einschränkungen zum Schutz von Jugendlichen und Kindern nicht dazu führen dürften, die Internetverbreitung bestimmter Informationen, die Erwachsenen über andere Medien frei zugänglich sind, völlig zu verbieten (vgl. zur Verbreitung im Internet die nachfolgende Tabelle).[14]

In der Schweiz ist der Verkauf und Versand, das Zeigen und Zugänglichmachen von weicher Pornographie an Personen über der Schutzaltersgrenze von 16 Jahren legal, soweit sie diese Dienste verlangen bzw. mit solchen Handlungen einverstanden sind. Dabei ist aber zu beachten, dass die kommerzielle Content-Provider im Bereich der Erwachsenenunterhaltung ihre Angebote in der Regel freiwillig auf Personen über 18 Jahren beschränken.[15] Das grösste jugendgefährdende Potential geht nicht von den kostenpflichtigen Mehrwertdiensten in der Mobiltelefonie aus, sondern von den schwer kontrollierbaren kostenlosen Angeboten im Internet und dem Peer-to-Peer-Austausch von Handy zu Handy bzw. von Computer zu Handy. Unter Jugendlichen können pornographische Dateien und Gewaltdarstellungen heute problemlos über MMS, Kabel oder drahtlos auf ihre PCs oder Handys übertragen werden.[16]

---

[13] So die Stellungnahme des Bundesrates vom 21.2.2007 zur Motion 06.3884, Keine kommerzielle Pornografie auf Handys, 20.12.2006 (Schweiger).

[14] Europäische Kommission 1996, Ziff. 5.

[15] Vgl. den Ehrenkodex der Swiss Association Value Added Services (SAVASS) vom 13.6.2006: „Jedes SAVASS-Mitglied setzt im Rahmen der technischen Möglichkeiten bei der Kommunikation von Angeboten der Erwachsenenunterhaltung das gesetzlich vorgeschriebene Schutzalter freiwillig von 16 auf 18 Jahre herauf".

[16] Vgl. die Stellungnahme des Bundesrates vom 21.2.2007 zur Motion 06.3884, Keine kommerzielle Pornografie auf Handys, 20.12.2006 (Schweiger). Die Kantonspolizei Zürich hat zwischen Sommer 2005 und April 2006 33 Jugendliche registriert, die (harte) Pornographie oder Gewaltdarstellungen aus dem Internet auf ihre Handys übertragen und diese weiterverschickt hatten. Teilweise werden tätliche Angriffe auch mit dem eigenen Handy gefilmt („Happy Slapping"). Die Dunkelziffer wird als sehr hoch eingeschätzt, siehe IMFELD, 15, wo auch darauf hingewiesen wird, dass die Eltern ihre Kontrollfunktion besser wahrnehmen sollten; siehe auch Tages-Anzeiger, Jugendliche laden sich harte Pornos auf ihre Handys, 25.1.2006, 15; Tages-Anzeiger, Porno und Gewalt auf Schüler-Handys: Mehr Kontrollen, 20.5.2006, 19: die Bildungsdirektion des Kantons Zürich hat eine Empfehlung unter dem Titel

Tabelle 3: Weiche Pornographie im Internet, 2006[17]

Porno-Websites	4,2 Mio. (= 12% aller Websites)
Pornographische Webpages	372 Mio.
Porno-Suchaufträge pro Tag	68 Mio. (= 25% aller Suchmaschinenanfragen)
Porno-E-Mails pro Tag	2,5 Mrd. (= 8% aller E-Mails)
Porno-Downloads aus Tauschbörsen pro Monat	1,5 Mrd. (= 35% aller Downloads)

Tabelle 4: Pornographische Webseiten nach Standort des Anbieters, 2006[18]

Land	Anzahl Webseiten	%-Anteil
USA	244'661'900	89
Deutschland	10'030'200	4
Grossbritannien	8'506'800	3
Australien	5'655'800	2
Japan	2'700'800	1
Niederlanden	1'883'800	1
Russland	1'080'600	1
Polen	1'049'600	1

„Problemfall Handy" herausgegeben. Vgl. auch den Flyer der Stadtpolizei Basel zum Handymissbrauch, abrufbar unter: <www.polizei.bs.ch/handy_flyer-2.pdf> (Stand: 20.11.2011).

[17] Quelle: Internet Filter Review, zit. in Tages-Anzeiger vom 2.12.2006, 42.
[18] Quelle: Internet Filter Review, abrufbar unter: <http://internet-filter-review.topten-reviews.com/internet-pornography-statistics-pg7.html> (Stand: 25.10.2011).

IV. Die Beteiligten und die Dienste

1. Die Beteiligten

Das Bereitstellen, Bereithalten und Übermitteln von Informationen in Kommunikationsnetzen ist ein komplexer Prozess und läuft immer über mehrere Stationen. Deshalb sind in der Kommunikation via Funkdatennetze (Mobiltelefonie) genauso wie in der Internetkommunikation immer mehrere Diensteanbieter involviert. Somit kommen bei der Verbreitung oder Zugänglichmachung von strafrechtlich relevanten Informationen in jedem Fall mehrere Personen als Täter oder Teilnehmer an der Tat in Betracht.[19]

a)   Die Beteiligten an der Internetkommunikation

Betrachtet man die Kommunikations- und Informationsdienste des World Wide Web (WWW) können folgende Funktionen unterschieden werden:[20]

Als *Content-Provider* (Inhaltsanbieter) werden die Anbieter selbst erstellter oder von Dritten übernommener Informationen bezeichnet. Beispiel: Betreiber einer Sex-Website, auf welcher er pornographische Darstellungen in Bild, Ton, Video zum Abruf bereitstellt.

Der *Host-Provider* (Hosting-Anbieter) stellt dem Content-Provider Speicherplatz auf einem Webserver zur Verfügung, auf welchem die Daten zum Abruf bereitgehalten werden. Dies kann im Rahmen eines kostenpflichtigen Hostingvertrages geschehen, aber auch als kostenloser, durch Werbebanner finanzierter Dienst angeboten werden.

Der *Network-Provider* oder *Carrier* (Netzdienstleister) bietet privaten Netzwerkbetreibern und Host-Providern eine Netzverbindung über Kabel oder Funk an.

Der *Access-Provider* (Zugangsdienstleister) vermittelt Internetnutzern den Zugang zum Internet. Dieser Zugang erfolgt gegenwärtig fast ausschliesslich

---

[19]   Bezüglich Internetkommunikation siehe EJPD 2003, 27 ff.; SCHWARZENEGGER, E-Commerce, 346 ff.
[20]   Siehe dazu auch KOLLER, 22 ff.; ROSENTHAL, 155 ff.

über Breitbandverbindung via Telefonleitungen oder andere Kabelnetze. Auch ein mobiles Wireless-Access-Providing wird angeboten.

Die *User* oder *Nutzer* bilden den Beginn und das Ende der Kommunikationskette. Durch die Abfrage von spezifischen Webangeboten lösen sie den Datenabfrage und -übertragungsprozess aus.

Weitere Beteiligte, die im Zusammenhang mit einer Webkommunikation Dienste zur Verfügung stellen, sind die *Hyperlink-Setzer* und die Anbieter von *Suchmaschinen,* deren strafrechtliche Verantwortlichkeit besonders strittig ist.[21] Auch die mögliche Strafbarkeit von Software-Anbietern wird diskutiert, wenn sich deren Programme besonders gut für das strafbare Anbieten oder Kopieren von Informationen eignen.[22]

---

[21] Vgl. dazu weiterführend KOLLER, 30 f.; MÜLLER, 244 ff.; SCHWARZENEGGER, NWV 2004, 395 ff.; m.w.N.

[22] Vgl. zu P2P-Filesharing-Programmen eingehend SCHWARZENEGGER, Urheberstrafrecht und Filesharing in P2P-Netzwerken, 231 ff.

Abbildung 2: Die Beteiligten bei der Internetkommunikation am Beispiel des WWW[23]

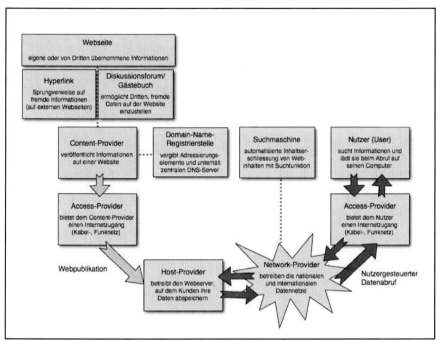

Die beteiligten Diensteanbieter können durchaus mehrere Funktionen gleichzeitig ausüben. So kann ein Medienunternehmen beispielsweise auf seiner Website neben eigenen Inhalten auch Dritten in einem Webforum Speicherplatz für Gastbeiträge zur Verfügung stellen. Somit ist es in Bezug auf die eigenen Inhalte Content-Provider, aber hinsichtlich des Webforums blosser Host-Provider. Die Übergänge von einer Funktion zur anderen sind zudem fliessend. Im erwähnten Beispiel kann das Medienunternehmen etwa auch bezüglich der fremden Informationen im Webforum zu einem Content-Provider werden, wenn ein verantwortlicher Mitarbeiter das Forum moderiert

---

[23] Siehe auch EJPD 2003, 28 f.

oder nur inhaltlich kontrollierte Beiträge veröffentlicht. Häufig ist auch die Doppelfunktion als Host- und Access-Provider.[24]

b) *Die Beteiligten an der Kommunikation via Mobilfunknetz (Mobiltelefonie)*

Werden Informationen über ein Mobilfunknetz abgerufen, ist ebenfalls ein Zusammenwirken von verschiedenen Mobildiensteanbieter notwendig. Wegen der Konvergenz der Datenübertragungswege können über Mobilfunknetze Sprach- und Datendienste genutzt werden.[25] So ermöglicht das Mobiltelefon *(smartphones)* beispielsweise den direkten Zugriff auf Webinhalte. Der *Mobile-Network-Provider* oder *Carrier* funktioniert dann als Access-Provider. Über das Mobiltelefon können aber auch proprietäre leitungsvermittelte oder paketvermittelte Datenübertragungsdienste (SMS, MMS, Klingeltöne, Games, Chat usw.) eines Mobilfunk-Providers abgerufen werden. In diesem Fall ergeben sich aufgrund der speziellen Mobilfunkinfrastruktur bestimmte Abweichungen von der oben dargestellten Datenübertragungskette des Internets. Im Folgenden werden die Beteiligten und ihre Funktionen am Beispiel der Datendienste (SMS-, MMS-Dienste) dargestellt:

Der *Mobile-Content-Provider* stellt selbst produzierte oder von Dritten übernommene Informationen zum Abruf durch Mobilgeräte bereit. Er ist an der Rufnummer berechtigt. Anders als im Web steht hinter dem Mobile-Content-Provider oft eine ganze Kette von weiteren Providern, welche die Informationen für das mobile Angebot herstellen und aufbereiten. Meistens werden die Verbreitungs- oder Wiedergaberechte von schon vorhandenem Inhalt (z.B. von pornographischem Bild- oder Filmmaterial) von einem externen Produzenten erworben. Diese *Urheber (content creator)* sind am Mobilfunkangebot in der Regel nicht beteiligt. Bevor die Inhalte auf einem Mobilserver zum Abruf durch die Mobilteilnehmer bereitgestellt werden können, müssen die Daten häufig in ein mobilfunkadäquates Datenformat gebracht werden. Diese Aufgabe kann von einem separaten *Content-Aggregator* übernommen

---

[24] NIGGLI/SCHWARZENEGGER, 61.
[25] Siehe hierzu den Überblick in HOLZINGER, 302 ff.

werden, der mit dem Mobile-Content-Provider auf vertraglicher Basis zusammenarbeitet.

Der *Application-Service-Provider* stellt dem Mobile-Content-Provider einerseits Speicherplatz auf einem Mobilserver zur Verfügung, auf welchem die Daten zum Kundenabruf bereitgehalten werden oder auf welchem Programme laufen, die bestimmte Abonnementsfunktionen z.B. in WAP-Push-Funktion[26] ausführen. Im Gegensatz zum Host-Provider im Kontext der webbasierten Kommunikation führen Application-Service-Provider für den Mobile-Content-Provider regelmässig auch Programmdienste aus. Das kann beispielsweise das Betreiben eines SMS-Chats sein, das automatisierte Durchführung von mobilen Direktmarketingaktionen (Wettbewerbe, SMS/MMS-Quiz, Games, Votings, Umfragen usw.) oder den automatisierten Betrieb eines pornographischen Mobildienstes mit WAP-Push-Funktion. Entsprechend bieten Application-Service-Provider den Mobile-Content-Providern ganze Paketlösungen an, die das Hosting, die Wartung und das Management der Anwendungen für die Mobilkunden umfassen und darüber hinaus bis zum Inkasso und zur Kundenstatistik reichen können.[27]

Der *Connectivity*- und *Payment-Service-Provider* erfüllt die Schnittstellenfunktion zwischen Mobile-Content-Providern und Mobilfunknetz-Provider (SMS-, MMS-, WAP-Gateway). Sie können Teil oder Tochterunternehmen eines Mobile-Network-Providers sein.[28] Connectivity-Provider verwalten und vergeben die sog. Kurznummern, mit denen die mobilen Datendienste abgerufen werden können.[29] Sie schliessen hierzu Verträge mit den Mobile-

---

[26] Eine Art der Datenübertragung, die unabhängig von Nutzerabfragen nach vertraglich vereinbarten Bedingungen (z.B. täglich einmal) direkt Daten auf ein Nutzergerät überträgt.

[27] Vgl. beispielsweise das Angebot von <www.mobiletechnics.ch> (Stand: 20.11.2011).

[28] Beispiel: Swisscom Mobile.

[29] Als untergeordnete Adressierungselemente dieser Kurznummer können Schlüsselwörter eingesetzt werden. Dies ermöglicht das Poolen verschiedener Angebote unter einer Kurznummer. Die Verwaltung, Zuteilung sowie Rechte und Pflichten der Anbieterinnen mit Bewilligung richten sich nach der Verordnung über die Adressierungselemente im Fernmeldebereich (AEFV) Art. 15a ff. (SR 784.104). Im Bereich Business-Nummern (0800, 084X, 0900, 0901, 0906) wird das Adressierungsele-

Content-Providern ab (Third-Party-Verträge), die auf einem Revenue-Sharing-Modell basieren. Dabei übernimmt der Connectivity-Provider das Inkasso bei den Anrufenden, was in einem mit der Telefonrechnung oder dem Abzug vom Prepaid-Guthaben beim Mobil-Network-Providers geht. Der Revenue-Anteil für den Connectivity-Provider kann zwischen 30-50% betragen.

Der *Mobile-Network-Provider* oder *Carrier* betreibt das Mobilfunknetz (GSM, UMTS, LTE ab 2012). In der Schweiz gibt es drei flächendeckende Netze betreibende Mobile-Network-Provider (Sunrise, Orange, Swisscom und in&phone).[30] Mobile-Network-Provider sind via Connectivity-Tochter oder -Abteilung mit dem Mobile-Content-Provider vertraglich verbunden, was einen wesentlichen Unterschied zu den Verhältnissen im Internet ausmacht.

Der *Mobiltelefonnutzer* bildet den Beginn und das Ende der Kommunikationskette. Er hat eine Vertragsbeziehung mit einem Mobile-Network-Provider, was es ihm erlaubt, über das Mobilfunknetz dieses Providers Verbindungen zu Festnetz-, Mobilnetz- und Mehrwertdiensterufnummern aufzunehmen. Die Anwahl einer SMS- oder MMS-Kurznummer führt – nach Bekanntgabe der Verbindungstarife und -konditionen – zu einer Verbindung mit einem Computer des Application-Service-Providers, der je nach Befehlseingabe des Anrufers automatisierte Programmschritte und Datenübertragungen ausführt.

---

ment direkt vom Bundesamt für Kommunikation vergeben. Der Connectivity-Provider betreibt diese Nummer für den Mobile-Content-Provider.

[30] Weitere Mobilanbieter sind etwa cablecom mobile, BeeOne Communication SA, M-Budget Mobile, CoopMobile und TalkTalkMobile, die das Netz anderer Anbieter nutzen.

Abbildung 3: Die Beteiligten bei der mobilen Datenkommunikation

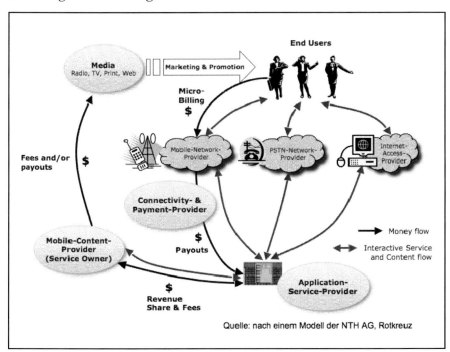

Wie schon bei der Internetkommunikation gibt es funktionelle Überschneidungen zwischen den genannten Providern. Der Mobile-Content-Provider kann gleichzeitig als Application-Service-Provider tätig sein. Ebenso können die Funktionen des Connectivity- und Mobile-Network-Providers in einem Unternehmen vereinigt werden. Andererseits kann beispielsweise das Inkasso auch ausserhalb der Datenübertragungskette von einem separaten Inkasso-Provider übernommen werden.[31] Schliesslich können zu einem Geschäftsmodell auch Informationsübertragungen durch andere Kommunikationskanäle wie das Telefonfestnetz, das Internet oder Kabelfernsehen gehören.[32]

---

[31] Dabei handelt es sich um Anbieter von Diensten nach Art. 10 Abs. 1 lit. q PBV (SR 942.211), welche den Kunden direkt Rechnung stellen. Diese fallen nicht unter den Begriff der Mehrwertdienste i.S.v. Art. 1 lit. c FDV (SR 784.101.1).

[32] Bei der strafrechtlichen Beurteilung stellt sich auch die Frage nach der Strafbarkeit von Werbemassnahmen für SMS- oder MMS-Mehrwertdienste, obschon die Ver-

2. Differenzierung der Dienste

Im Bereich der Erwachsenenunterhaltung werden verschiedene Inhalte angeboten. Folgende Dienste sind zu unterscheiden:

Voice (Live-Telefonsex; Tonaufnahmen)
Chat (Live-Chat; SMS-Chat)
Bild und Videoclips (Streaming, Download)
Kombinierte Dienste (Chat mit Bildern oder Videoclips)

Es würde den Rahmen dieses Beitrages sprengen, die strafrechtliche Analyse auf alle Dienste im Internet und alle proprietären Dienste im Mobilfunkbereich auszudehnen. Es werden daher beispielhaft pornographische Angebote im WWW und das Angebot von pornographischen Bilddateien und Videoclips im Mobilsektor (MMS-Dienste) herausgegriffen, die im Zentrum der öffentlichen Aufmerksamkeit stehen.

---

antwortlichen eines Radio- oder Fernsehsenders bzw. einer Website nicht direkt am mobilen Datenübertragungsprozess beteiligt sind, siehe BezGer ZH, Urteil vom 6.9.2006, GG060256, Erw. 1.4.2. In diesem Entscheid wurde der Geschäftsführer von Star TV wegen der Ausstrahlung von Werbung für weichpornographische SMS- und MMS-Dienste, die ohne wirksame Alterverifikation abrufbar waren, wegen mehrfachen Verstosses gegen Art. 197 Ziff. 1 StGB verurteilt. Der Einzelrichter ging davon aus, dass „schon das Ausstrahlen von Werbung für pornografische Produkte als solche bereits eine Tathandlung in der Form des Anbietens oder Zugänglichmachens im Sinne von Art. 197 Ziff. 1 StGB darstellt. Denn ohne die Werbung wären die jeweiligen Kurznummern und entsprechenden ‚Eingabecodes' in der Öffentlichkeit nicht bekannt." Anders das OGer ZH, Urteil vom 3.12.2007, SB060649 (rechtskräftig), Erw. 3.3, das die Werbesendungen selbst zwar als weichpornographisch i.S.v. Art. 197 Ziff. 1 StGB erachtete, den Angeklagten aber mangels Anklage bezüglich dieser Sachverhaltselemente freisprach. Ähnlich die Einschätzung des BGer in Verwaltungsgerichtsbeschwerde gegen die Feststellung einer Programmverletzung durch die Unabhängige Beschwerdeinstanz für Radio und Fernsehen (UBI), BGE 133 II 136, Erw. 6.1.

V. Die Strafbarkeit der weichen Pornographie (Art. 197 Ziff. 1 StGB)

1. Das geschützte Rechtsgut von Art. 197 Ziff. 1 StGB

Art. 197 Ziff. 1 StGB soll die „ungestörte sexuelle Entwicklung Jugendlicher"[33] schützen, die als gefährdet erscheint, wenn Kinder und Jugendliche zu sexuellen Handlungen animiert werden und ihnen die Sexualität als von sozialen und persönlich-emotionalen Bezügen losgelöstes Verhalten dargestellt wird. Das Verbot der weichen Pornographie dient somit dem *Jugendschutz*.[34] Die Konfrontation mit Pornographie könnte Lernprozesse auslösen, die beispielsweise zur Begehung von Sexualdelikten, zu gravierenden Persönlichkeitsstörungen oder einer Überbewertung der Sexualität führen.[35] Die Strafnorm von Art. 197 Ziff. 1 StGB ist als *abstraktes Gefährdungsdelikt*[36] ausgestaltet. Das heisst, es werden „sämtliche privaten oder öffentlichen Handlungen [erfasst], durch welche unter 16-jährigen Personen bewusst die Möglichkeit eingeräumt wird, in Kontakt mit Pornographie zu kommen, sei es auch durch deren eigenes Zutun. Ob der Jugendliche vom pornographischen Inhalt tatsächlich Kenntnis nimmt, ist irrelevant."[37] Eine strafrechtliche Verantwortlichkeit entsteht also schon, wenn die Möglichkeit einer Wahrnehmung durch Personen unter 16 Jahren besteht.

Aus kriminologischer Sicht fehlen empirisch gesicherte Erkenntnisse über einen negativen Zusammenhang zwischen dem Konsum pornographischer Darstellungen und Entwicklungsstörungen bei Kindern und Jugendlichen.[38] Die Medienwirkungsforschung weist darauf hin, dass Lernprozesse kaum

---

[33] BGE 117 IV 452, Erw. 4.c; 131 IV 64, Erw. 10.1.2; Botschaft 1985, 1089; FAVRE/PELLET/STOUDMANN, Art. 197 N 1.3; STRATENWERTH/WOHLERS, Art. 197 N 1.
[34] KOLLER, 96.
[35] SCHROEDER, 24.
[36] Siehe nur HEIMGARTNER, 1482; KOLLER, 95 f.
[37] BGE 131 IV 64, Erw. 10.1.2; vgl. DONATSCH, 509 f.; KOLLER, 95; MENG/SCHWAIBOLD, Art. 197 N 32; STRATENWERTH/JENNY/BOMMER, § 10 N 11.
[38] BUNDI, N 41 ff.; KOLLER, 94; SCHULZ/KORTE, 726 m.w.N.

monokausal auf einen Einflussfaktor zurückzuführen sind, sondern von verschiedenen Persönlichkeitsmerkmalen und sozio-strukturellen Faktoren abhängen. Es ist jedoch anzunehmen, dass bei intensivem Konsum weichpornographischen Materials durch Kinder und Jugendliche und gleichzeitigem Fehlen von immunisierenden Einflussfaktoren – wie adäquater Sexualerziehung, elterlicher Medienkontrolle und Relativierung des Inhalts sowie der Herstellung eines Realitätsbezugs – die sexuelle Entwicklung beeinträchtigt werden kann.[39] Entgegen weitverbreiteter Auffassung, die in letzter Zeit durch Medienberichte über eine zunehmende Sexualisierung der Kinder und Jugendlichen verstärkt wird, zeigt die aktuelle Sexualforschung, dass sich die sexuellen Erfahrungen junger Menschen in den letzten 25 Jahren altersmässig nicht nach vorne verschoben haben.[40]

Hingegen bestehen empirische Hinweise dafür, dass eine Mehrheit der Jugendlichen zwischen 11 und 16 Jahren in der Schweiz schon Kontakt mit Pornographie hatte. In einer Schülerbefragung unter 285 Jugendlichen betrug der Anteil 2008 52%, wobei zwei Drittel der Jungen und ein Drittel der Mädchen die Frage bejahten. Die pornographischen Darstellungen wurden in erster Linie auf dem Web gefunden (80% bei den Jungen; 56% bei den Mädchen). Auslöser war mehrheitlich der Zufall oder eine andere Person, die diese Darstellungen zeigte.[41]

2. Vorfrage: Ist das Medienstrafrecht anwendbar?

Bei *Mediendelikten*, die dadurch charakterisiert sind, dass die strafbare Handlung durch eine Veröffentlichung in einem Medium begangen wird und sich in dieser Veröffentlichung erschöpfen muss, gelten spezielle Regeln für die Teilnahme am Veröffentlichungsprozess. Grundsätzlich ist bei diesen

---

[39] Zusammenfassend zur empirischen Forschung ALBRECHT/HOTTER, 159 f.; CASSANI, 433; EISENBERG, § 50 N 16; KAISER, § 39 N 36 und § 65 N 55; SCHREIBAUER, 42 ff.; STEINER, 32 f. alle m.w.N. Kritisch zur aktuellen Entwicklung in den USA DINES, 59 ff. m.N.

[40] Gemessen an verschiedenen Indikatoren wie erstes Zungenküssen, erster Orgasmus, erstes Petting, erster Geschlechtsverkehr, siehe Radiotele 2006, 15 ff.; MICHAUD/AKRÉ, 15 m.N. zur Schweiz und anderen Ländern; HIPELI/SÜSS, 49 ff.

[41] NUSSBAUM, 7.

Delikten bloss der Autor der illegalen Veröffentlichung strafbar (Art. 28 Abs. 1 StGB). Kann dieser aber nicht ermittelt oder in der Schweiz nicht vor Gericht gestellt werden (Art. 28 Abs. 2 StGB), macht sich subsidiär der verantwortliche Redaktor, oder wo ein solcher fehlt, die für die Veröffentlichung verantwortliche Person nach Massgabe von Art. 322bis StGB strafbar.[42]

Das Medienstrafrecht ist eine Sonderregelung für Kommunikationsdelikte, die früher mittels Presseerzeugnissen, heute generell auf dem Wege medialer Veröffentlichung begangen werden. Hierzu zählte nach traditionellem Verständnis auch die Veröffentlichung von pornographischen Inhalten.[43] Das Bundesgericht hat allerdings die Reichweite des Medienstrafrechts eingeschränkt. Insbesondere auf die Tatbestände der Gewaltdarstellungen (Art. 135 StGB), der harten Pornographie (Art. 197 Ziff. 3 StGB) und des Leugnens von Völkermord (Art. 261bis Abs. 4 StGB) sollen Art. 28 und 322bis StGB nicht anwendbar sein.[44] Diese Auslegung wird von der h.L. zu Recht abgelehnt.[45] Über den Anwendungsbereich des Medienstrafrechts herrscht wegen dieser unscharfen Grenzziehung zwischen Mediendelikten und „gewöhnlichen" Delikten momentan erhebliche Rechtsunsicherheit. Insbesondere ist höchstgerichtlich nicht geklärt, ob auch der Tatbestand der weichen Pornographie (Art. 197 Ziff. 1 StGB) vom Medienstrafrecht ausgenommen ist.[46] Richtigerweise gehört dieser Tatbestand zu den Mediendelikten, doch lässt die aktuelle Rechtsprechung vermuten,[47] dass Art. 28 und

---

[42] Weiterführend DONATSCH/TAG, 196 ff.; EJPD 2003, 60 ff.; SCHWARZENEGGER, E-Commerce, 349 ff.

[43] BARRELET/WERLY, 414; Botschaft 1996, 536; RIKLIN, Schweizerisches Presserecht, 151; STRATENWERTH, § 13 N 168.

[44] BGE 125 IV 206, Erw. 2.c; so schon SCHULTZ, 278.

[45] BUNDI, N 569; DONATSCH/TAG, 200 m.N.; SCHWARZENEGGER 2001, 350; STRATENWERTH, § 13 N 168; STRATENWERTH/WOHLERS, Art. 28 N 3.

[46] Explizit *für* die Anwendbarkeit des Medienstrafrechts auf weiche Pornographie OGer ZH, Urteil vom 3.12.2007, SB060649, Erw. 5.3 f. (unveröff.). A.M. KOLLER, 423 f. m.N.

[47] BGE 125 IV 206, Erw. 3.c. Siehe auch BStrGer, Urteil vom 21.6.2007, SK.2007.4, Erw. 3, in welchem das Bundesstrafgericht die Delikte der öffentlichen Aufforderung zu Verbrechen oder zur Gewalttätigkeit (Art. 259 StGB), der Anleitung zur Herstellung von Sprengstoff und giftigen Gasen (Art. 226 Abs. 3 StGB) und der

322bis StGB im Kontext des medialen Zugänglichmachens von weicher Pornographie ebenfalls nicht zur Anwendung kommen werden.

Die Anwendbarkeit von Art. 28 StGB ist für die Frage, wer von den verschiedenen an der Internet- oder Mobilfunkkommunikation beteiligten Diensteanbietern überhaupt strafrechtlich zur Verantwortung gezogen werden kann, sehr wichtig. Geht man mit der h.L. davon aus, Art. 197 Ziff. 1 StGB sei ein Mediendelikt und die in der Verbreitungskette mitwirkenden Diensteanbieter wie etwa der Host-Provider, der Application-Service-Provider, der Access-Provider oder der Mobile-Network-Provider seien für die Veröffentlichung subsidiär verantwortliche Personen im Sinne von Art. 28 Abs. 2 StGB, so würden letztere straffrei ausgehen, wenn der Autor bzw. Content-Provider ermittelt bzw. in der Schweiz vor Gericht gestellt werden kann. Falls dies aber nicht gelingt, müssten die in der Verbreitungskette mitwirkenden Diensteanbieter mit einer Bestrafung nach Art. 322bis StGB rechnen, wobei sogar die fahrlässige Nichtverhinderung der Veröffentlichung unter Strafe gestellt wird.

Die Auslegung von Art. 28 StGB im Zusammenhang mit Netzwerkdelikten ist aber auch deswegen umstritten, weil nicht klar ist, wie weit die Provider in elektronischen Kommunikationsnetzen überhaupt „für die Veröffentlichung verantwortlich" sein können.[48] Die überzeugendste Auffassung geht für den Bereich der Internetdienste davon aus, das Host- und Access-Provider als Betreiber der technischen Infrastruktur zum Bereithalten und Übertragen von Informationen gar keine Kontrolle über den Publikationsprozess ausüben können und daher nicht von Art. 28 Abs. 2 StGB erfasst sind. Es ist daher vielmehr eine Strafbarkeit nach den allgemeinen Voraussetzungen der Mittäterschaft oder Gehilfenschaft (Art. 25 StGB) in Betracht zu ziehen.[49]

Unterstützung einer kriminellen Organisation (Art. 260ter Ziff. 1 Abs. 2 StGB) vom Anwendungsbereich des Medienstrafrechts ausnimmt.

[48] Zusammenfassend zu den drei wichtigsten Auslegungsansätzen EJPD 2003, 63 ff. m.w.N.

[49] DONATSCH/TAG, 205 f.; KOLLER, 427 ff., 431 f.; NIGGLI/SCHWARZENEGGER, 62; RIKLIN, Schweizerisches Strafrecht, 294; RIKLIN/STRATENWERTH, 19 f.; SCHWARZENEGGER, E-Commerce, 351 jeweils m.w.N. Ähnlich ZELLER, Art. 28 N 79, 81 (Host- und Access-Provider), der aber zahlreiche weitere Beteiligte in der Verbreitungskette von klassischen Medienerzeugnissen (Verbreitung von Zeitungen usw.)

Zur Frage, wie die Beteiligung am Veröffentlichungsprozess bei Mehrwertdiensten im Mobilfunksektor zu beurteilen sei, gibt es noch keine Stellungnahmen in der strafrechtlichen Literatur.

Der Anwendungsbereich des Medienstrafrechts ist also nicht nur im Hinblick auf die Zuordnung der weichen Pornographie zur Gruppe der Mediendelikte („strafbare Handlung, die sich in der Veröffentlichung erschöpft"), sondern auch bezüglich seiner Anwendbarkeit auf die verschiedenen Internet- oder Mobilfunk-Provider unklar. Die Expertenkommission „Netzwerkkriminalität", die vom Bundesrat mit der Ausarbeitung eines Gesetzesentwurfes betreffend die strafrechtliche Verantwortlichkeit der Provider beauftragt wurde, schlug 2003 eine abgestufte Verantwortlichkeitsregelung vor, welche auch eine Entflechtung der Strafbarkeit für Medienpublikationen und der strafbaren Handlungen in elektronischen Netzwerken vorsah.[50] Ein auf die Arbeiten der Expertenkommission abgestützter Bericht mit Vorentwürfen über die Änderung des Schweizerischen Strafgesetzbuches wurde im Oktober 2004 vom Bundesrat vorgelegt, nach dem Vernehmlassungsverfahren aber nicht weiterverfolgt.[51]

Die möglichen strafrechtlichen Konsequenzen für Host-Provider, Application-Service-Provider, Access-Provider, Network-Provider, Connectivity- und Payment-Service-Provider sowie den Mobile-Network-Provider hängen daher nach wie vor davon ab, ob die zuständigen Untersuchungsbehörden oder Gerichte der einen oder anderen Auffassung folgen. Es ist erkennbar, dass sich die Gerichte mit diesen komplizierten Rechtsfragen schwer tun.[52]

---

    unter das Medienstrafrecht fasst und generell von einer Strafbarkeit ausnimmt, vgl. ZELLER, N 42 in Anlehnung an BGE 128 IV 53, Erw. 5.e.

[50]   EJPD 2003, 90 ff.

[51]   Bundesrat 2008, 7 f.

[52]   Siehe etwa Strafgericht BS, Urteil vom 31.1.2003, sic! 2003, 960 ff. (Lyrics Server) mit Anm. Kohli, in welchem das Gericht die Funktion des angeklagten Host-Providers mit jener eines Access-Providers verwechselte und seine Straflosigkeit mit Argumenten belegte, die nur für Access-Provider zutreffen. Im Fall „Appel au peuple" ging das Tribunal d'accusation du Canton de Vaud davon aus, dass sich ein Access-Provider der Gehilfenschaft zu einer Ehrverletzung schuldig machen könne, wenn er den Zugang zu einer ausländischen Webseite nicht sperre, auf der ehrenrührige Texte publiziert wurden, Tribunal d'accusation du Canton de Vaud, Arrêt du 2 avril 2003, zusammengefasst in: SCHWARZENEGGER, Sperrverfügungen gegen

3. Objektiver Tatbestand

a) Deliktsart

Es wurde zuvor schon darauf hingewiesen, dass die weiche Pornographie (Art. 197 Ziff. 1 StGB) zu den abstrakten Gefährdungsdelikten zählt. Das hat zur Folge, dass der objektive Tatbestand schon vollendet ist, wenn eine der aufgezählten Tathandlungen ausgeführt wird.[53] Eine effektive Gefährdung der sexuellen Entwicklung eines Jugendlichen muss also nicht nachgewiesen werden.

b) Was ist weiche Pornographie?

Pornographie ist ein unbestimmter Rechtsbegriff.[54] Deshalb tun sich Lehre und Rechtsprechung schwer, seine Reichweite klar einzugrenzen. Es handelt sich um Darstellungen oder Darbietungen grob sexuellen Inhaltes, die sich primär auf den Genitalbereich konzentrieren. Pornographie wird weiter dadurch charakterisiert, dass sie objektiv darauf angelegt ist, beim Konsumenten geschlechtliche Erregung zu wecken („betontes Hinsehen").[55] Als massgebend wird der Gesamteindruck angesehen.[56] Teilweise wird der unbestimmte Rechtsbegriff mit weiteren unbestimmten Begriffen umschrieben.

Access-Provider, 260 f. Dieser Fall fand eine Fortsetzung in einer Sperraufforderung, welche im Verweigerungsfall die Einziehung der Access-Server zwecks Unbrauchbarmachung nach Art. 69 Abs. 2 StGB androhte, vgl. zu dieser haarsträubenden Fehlentscheidung: Tribunal d'accusation du canton de Vaud, Arrêt du 3 avril 2008, 197/2008, Forumpoenale 2008, 267 ff. (die Infrastruktur der Access-Provider ist weder ein Gegenstand, der zur Begehung der inkriminierten Veröffentlichung diente, noch ein Gegenstand, der durch diese Veröffentlichung hervorgebracht wurde).

[53] OGer BE, SK-Nr. 2009 64, 31.3.2010, Erw. V.1; HURTADO POZO, 941. Es handelt sich daher auch um ein schlichtes Tätigkeitsdelikt.

[54] Vgl. dazu KAISER, § 65 N 54; SCHWARZENEGGER, ZStrR (117) 2000, 349 ff., insbesondere 357.

[55] Vgl. KOLLER, 71 ff.

[56] BGE 128 IV 201, Erw. 1.4.3; 131 IV 64, Erw. 10.1.1; DONATSCH, 507 f. m.N.; KOLLER, 63; MENG/SCHWAIBOLD, Art. 197 N 12 ff.; TRECHSEL/BERTOSSA, Art. 197 N 4 f. Vgl. zusammenfassend KROTTENTHALER, 96 ff.

So soll es sich bei der Pornographie um „krud vulgäre, krass primitive Darstellung[en] von auf sich selbst reduzierter Sexualität, die den Menschen zum blossen Sexualobjekt erniedrig[en]", handeln.[57]

Das Bundesgericht definiert weiche Pornographie wie folgt:

> „Als nicht mehr erotisch, sondern weichpornographisch und damit im Zusammenhang mit dem Jugendschutz und der ungewollten Konfrontation relevant ist nach der Rechtsprechung eine Darstellung, die (1) objektiv betrachtet darauf ausgelegt ist, den Betrachter sexuell aufzureizen, und (2) die Sexualität dabei so stark aus ihren menschlichen und emotionalen Bezügen heraustrennt, dass die jeweilige Person als ein blosses Sexualobjekt erscheint, über das nach Belieben verfügt werden kann; das sexuelle Verhalten wird dadurch vergröbert und aufdringlich in den Vordergrund gerückt (...). Pornographisch sind somit Medien, die physische Sexualität isoliert von personalen Beziehungen darstellen, sexuellen Lustgewinn verabsolutieren und Menschen zu beliebig auswechselbaren Objekten sexueller Triebbefriedigung degradieren; sie als blosse physiologische Reiz-Reaktionswesen erscheinen lassen und damit die Würde des Menschen negieren."[58]

Diese Begriffsbestimmung ist emotional überladen und entstammt einem moralphilosophischen Credo, das im Kern lustbezogene Sexualität als Übel betrachtet. HEIMGARTNER versucht, den Pornographiebegriff enger und klarer zu fassen, indem er die moralisierenden Anteile eliminiert und die Definition auf deskriptive Merkmale ausrichtet.[59] Dies ist mit Blick auf das zu

---

[57] JENNY, Art. 197 N 4, 116 m.N. Zu Recht kritisch MEIER, 1400; KOLLER, 56 f. m.w.N.

[58] BGE 2A.563/2006, 3.5.2007, Erw. 5.3.2; vgl. BGE 128 IV 260, Erw. 2.1; 131 IV 64, Erw. 10.1.1 je m.w.N.; CASSANI, 429; DONATSCH, 507 f.; FAVRE/PELLET/STOUDMANN, Art. 197 N 1.3; HEIMGARTNER, 1485 f. weist auf überzeugende Art nach, dass die Elemente der sexuell aufreizenden Zielrichtung und des Fehlens menschlicher oder emotionaler Bezüge nicht als Definitionsmerkmale geeignet sind. Auch die feministische Auslegung, die ein begriffliches Element der Pornographie in der verherrlichenden Erniedrigung von Frauen sieht („Objektifizierung" der Frau, siehe exemplarisch WAGNER, 263), geht fehl, würden doch damit pornographische Darstellungen unter homosexuellen Männern nicht erfasst, HEIMGARTNER, 1486.

[59] HEIMGARTNER, 1486 f.; ähnlich, z.T. enger KOLLER, 57 f. A.M. STRATENWERTH/JENNY/BOMMER, § 10 N 5, die offenbar einen konturlosen Pornographiebegriff bevorzugen. Einen deskriptiven Ansatz verfolgte auch die Expertenkommission, die

schützende Rechtsgut der unbeeinträchtigten sexuellen Entwicklung von Kindern und Jugendlichen völlig zutreffend. Pornographisch sind demnach:

- Darstellungen sexueller Handlungen, bei denen primäre Geschlechtsmerkmale oder „Surrogate" (phallusähnliche Gegenstände, Anus etc.) eindeutig zu erkennen sind. Dazu zählen klar ersichtliche (explizite) Darstellungen von Penis, Vagina oder Dildos bei Vaginal-, Anal- oder Oralverkehr, während des Pettings oder der Onanie.[60]

- andere Darstellungen, wenn darauf primäre oder sekundäre Geschlechtsmerkmale in Nahaufnahme gezeigt werden. Dazu gehören Darstellungen, welche die Grenze der natürlichen Nacktheit dadurch überschreiten, dass die abgebildeten Geschlechtsmerkmale in einem aussergewöhnlichen Zustand erscheinen (z.B. Einblick in die Vagina, erigiertes Glied, sadomasochistische Aufnahmen primärer und sekundärer Geschlechtsteile im Grenzbereich zur harten Pornographie).[61]

Zu ergänzen ist diese Begriffsbestimmung um pornographische Erscheinungsformen im Audio- und Textbereich. Hier dürften primäre Geräusche des Geschlechtsaktes und explizit auf diesen Bezug nehmende, sexuell stimulierende Äusserungen einschlägig sein. Bei Texten sind Beschreibungen der oben erwähnten Handlungen zu verlangen, die sprachlich direkt und mit sexuellen Reizwörtern ausgestaltet sein müssen. Die Schwelle zur Pornogra-

---

mit der Ausarbeitung der Convention on Cybercrime (ETS No. 185) befasst war. Siehe Explanatory Report to the Convention on Cybercrime, Strasbourg 2001, N 100: Genito-genitaler, oral-genitaler, anal-genitaler oder oral-analer Geschlechtsverkehr, Masturbation, sadistische oder masochistische Sexualpraktiken oder aufreizende Zurschaustellung der Geschlechtsorgane oder der Schamgegend (bezüglich Kinderpornographie).

[60] HEIMGARTNER, 1487; z.T. enger KOLLER, 56 f.
[61] HEIMGARTNER, 1487. Zu weit geht BGE 131 IV 64, Erw. 10.2.2, wo die Verurteilung wegen eines auf einer Webseite publizierten Bildes einer rasierten Scham ohne Spreizung gutgeheissen wurde. In die Gesamtwürdigung wurden die Pose und der „leicht unterwürfige Blick" miteinbezogen und daher der pornographische Charakter bejaht.

phie ist bei reinen Texten relativ hoch anzusetzen.[62] Es ist zu hoffen, dass sich die Rechtsprechung dieser engeren, aber präziseren Auslegung anschliessen wird.

Während die vorliegend zu würdigenden pornographischen Angebote auf dem Web oder in der Mobiltelefonie definitionsgemäss den objektiven Tatbestand der pornographischen Ton- oder Bildaufnahmen und Abbildungen erfüllen, ist bezüglich der Werbung für solche Dienste auf eine Weichenstellung durch das Bundesgericht hinzuweisen. In einem Urteil aus dem Jahre 2007 hatte es zu beurteilen, ob die in einer nach Mitternacht ausgestrahlten Werbesendung enthaltenen Spots, bei denen Ausschnitte aus pornographischem Videomaterial so bearbeitet worden waren, dass die primären Geschlechtsorgane nicht sichtbar waren, ansonsten aber unzweideutig sexuelle Handlungen praktiziert wurden, unter den rundfunkrechtlichen Pornographiebegriff fielen. Es bejahte diese Frage, weil ein Video auch bei Abdeckung der Geschlechtsteile pornographisch sein könne, wenn wie im vorliegenden Fall teilweise Dildos zu sehen seien und die Szenen insbesondere mit aufreizenden Kommentierungen der sexuellen Handlungen unterlegt würden.[63] Es ist damit zu rechnen, dass die Rechtsprechung bei der Beurteilung der weichen Pornographie (Art. 197 Ziff. 1 StGB) auf diese Auslegung einschwenken wird. Sie ist jedoch nicht unproblematisch, weil dadurch auch nicht explizite Erotikfilme und -publikationen in den Bereich des Weichpornographischen eingereiht werden könnten. Nur wenn ein derartiger Werbespot in der audiovisuellen Gesamtheit die gleich starke Wirkung erzielt wie eine explizite Darstellung des Geschlechtsverkehrs oder der primären Geschlechtsorgane, kann einer Subsumtion unter Art. 197 Ziff. 1 StGB beigepflichtet werden.

---

[62] In den 1990er Jahren wurde eine explizite Sexanzeige in einer Tageszeitung vom OGer ZH noch als weichpornographisch eingeschätzt (pornographischer Zweizeiler). Dies dürfte heute als Erotik gelten und straflos bleiben.

[63] BGE 133 II 136, Erw. 6.1. Siehe auch Erw. 6.2 a.E.: „Dieser Eindruck wird zusätzlich dadurch unterstrichen, dass das erotische Rahmenprogramm ohne weiteren Inhalt bloss dazu dient, crossmedial ein möglichst geeignetes Umfeld zu schaffen, um einen starken, zahlungspflichtigen Rücklauf aus dem Publikum bzw. ein entsprechendes Herunterladen von Pornovideos bzw. -bildern auf das Handy zu provozieren".

c)   Pornographische Gegenstände und Vorführungen

Art. 197 Ziff. 1 StGB erfasst als *Tatmittel* Gegenstände und Vorführungen. Als Gegenstände werden explizit die Schriften, Ton- oder Bildaufnahmen, Abbildungen und anderen Gegenstände solcher Art bezeichnet.[64] Alle Verkörperungen und Aufzeichnungen einer Darstellung egal in welcher – auch unkörperlicher, elektronisch gespeicherter[65] – Form und auf welchem Medium werden erfasst,[66] nicht jedoch mündliche Äusserungen in Echtzeit, weil sie keine Verkörperung erfahren (Livegespräche).[67]

Pornographische Angebote in digitalisierter Form im Web oder via Mobiltelefonie erfüllen daher mit Ausnahme der erwähnten Livegespräche expliziten Inhaltes dieses Tatbestandsmerkmal des objektiven Tatbestandes von Art. 197 Ziff. 1 StGB.

d)   Erfasste Tathandlungen

aa)   Zugänglichmachen

Für pornographische Mehrwertdienste im Internet oder Mobilfunkbereich ist die Reichweite der Tathandlungsvariante des Zugänglichmachens von zent-

---

[64]   Ausführlich zu den Tatmitteln KOLLER, 100 ff. m.w.N.

[65]   Dies ergibt sich zumindest aus einer systematischen Auslegung von Art. 197 StGB. Schon Ton- und Bildaufzeichnungen sind unkörperliche Informationen, die auf körperlichen Datenträgern abgespeichert werden. Zudem geht Art. 197 Ziff. 3bis StGB davon aus, dass die Gegenstände und Vorführungen im Sinne von Ziff. 1 über elektronische Mittel beschafft werden können. Damit kann nur unkörperliche Informationsbeschaffung gemeint sein. Diese ist folglich von allen Varianten des Art. 197 StGB erfasst. Besser wäre es allerdings, wenn der Gesetzgeber eine klärende Definition der Schriften in Art. 110 StGB einfügen würde.

[66]   BGE 121 IV 109, Erw. 2c; CORBOZ, Art. 197 N 6; JENNY, Art. 197 N 13; MENG/SCHWAIBOLD, Art. 197 N 27 f.

[67]   BGE 121 IV 109, Erw. 2c; CORBOZ, Art. 197 N 7; JENNY 1997, Art. 197 N 14; MENG/SCHWAIBOLD, Art. 197 N 29; TRECHSEL/BERTOSSA, Art. 197 N 3; a.M. HEIMGARTNER, 1484, der Livegespräche zu den Vorführungen zählen will. Vorführungen werden aber durch ein Vorzeigen vor einem Publikum gekennzeichnet, weshalb eine solche Auslegung über die Grenze des Wortsinnes hinausgeht und gegen das Analogieverbot verstösst (Art. 1 StGB).

raler Bedeutung, weil sie den strafrechtlichen Jugendschutz am weitesten in das Vorfeld einer Gefährdung vorverlegt. Für die Erfüllung dieses Tatbestandsmerkmales genügt es, wenn der Täter einem Kind oder Jugendlichen unter 16 Jahren, und sei es nur durch das Bereitstellen auf einem Mobile-Server des Application-Service-Providers oder auf dem Web-Server eines Hostproviders oder aber im Upload-Ordner im Rahmen einer Filesharing-Netzwerkes (P2P-Filesharing),[68] die Möglichkeit eröffnet, sich durch sinnliche Wahrnehmung vom strafrechtlich relevanten Inhalt Kenntnis zu verschaffen.[69] Dabei ist völlig irrelevant, ob ein Kind oder Jugendlicher unter 16 Jahren die Bild- oder Videodatei tatsächlich abruft, weil die Handlung mit dem Veröffentlichungsprozess, also dem Einstellen der Datei in den öffentlich zugänglichen Bereich eines Servers, schon vollendet wird. Es spielt auch keine Rolle, ob die pornographischen Gegenstände fremd sind oder im Eigentum des Täters stehen, entgeltlich oder unentgeltlich, im privaten Rahmen oder öffentlich zugänglich gemacht werden.[70] Die Tatbestandsmässigkeit entfällt nur dann, wenn durch eine technische oder sonstige Massnahme die Möglichkeit der Wahrnehmung durch Personen unter 16 Jahren mit hinreichender Sicherheit ausgeschlossen wird.[71] Welcher Art die Zugangssperre für unter 16-Jährige bei Angeboten weichpornographischer Mehrwertdienste sein muss, wird weiter unten noch eingehender behandelt.

Der weitgefasste objektive Tatbestand von Art. 197 Ziff. 1 StGB in der Variante des Zugänglichmachens erfasst auch das Verhalten von Eltern, Lehrpersonen und sonstigen Erziehungsberechtigten, denn unabhängig von einer

---

[68] Vgl. OGer BE, SK-Nr. 2009 64, 31.3.2010, Erw. V.1. Der Täter hatte eine P2P-Software zum Download von weichpornographischen Dateien eingesetzt. Während des Downloads waren die Daten auch für Dritte inklusive Jugendliche unter 16 Jahren im Upload-Ordner des Täters zugänglich.

[69] BGE 131 IV 64, Erw. 10.1.2; BGE 6S.26/2005, 3.6.2005, Erw. 3.1; BUNDI, N 676; CASSANI, 434; HEIMGARTNER, 1488; KOLLER, 123 ff.; SCHWARZENEGGER, 360 f. mit dem Hinweis darauf, dass selbst das Setzen eines einfachen Links auf eine pornographische Bild- oder Videodatei schon die tatbestandsmässige Handlung des Zugänglichmachens erfüllt; SCHWARZENEGGER, 413; SCHWARZENEGGER/NIGGLI 2003, 30 m.N.; TRECHSEL/BERTOSSA, Art. 197 N 7, abweichend von INS/WYDER, Art. 179bis N 31 „vorspielen oder im Original oder als Kopie übergeben".

[70] KOLLER, 123 f.

[71] KOLLER, 159 f.

Netzanbindung ist auch bei *stand-alone*-Computern oder Handys das Abspeichern von weicher Pornographie auf dem Speichermedium eines gemeinsam mit unter 16-Jährigen genutzten Gerätes strafbar, wenn diese Dateien nicht passwortgeschützt oder verschlüsselt werden und der Täter – hier wohl in erster Linie der Vater – mit der Möglichkeit rechnet, dass auch ein Kind unter 16 Jahren das Gerät nutzen kann. Ebenso liegt objektiv ein Zugänglichmachen im Sinne von Art. 197 Ziff. 1 StGB vor, wenn ein mit weichpornographischen Zeitschriften oder Filmen versehenes Selbstbedienungs- oder Vorführgerät, das sich unkompliziert bedienen lässt, im Zugriffsbereich eines Kindes unter 16 Jahren aufgestellt wird.[72]

Reicht zur Erfüllung des Tatbestandsmerkmals des Zugänglichmachens schon aus, dass eine Person dem Kind oder Jugendlichen unter 16 Jahren einen ans Internet angeschlossenen Computer oder ein Handy ohne Filter- oder Sperrvorkehrungen zur freien Verfügung überlässt? Das Kind könnte ja selbständig auf weichpornographisches Material[73] zugreifen. Diese Frage ist in der schweizerischen strafrechtlichen Doktrin noch unbeantwortet geblieben.[74] Wegen des weitgefassten Bedeutungsgehaltes des „Zugänglichmachens" kann die Gebrauchsüberlassung eines Gerätes, mit welchem auf weichpornographisches Material zugegriffen werden kann, als tatbestandsmässiges Verhalten aufgefasst werden. Es ist jedoch davon auszugehen, dass das reine Zurverfügungstellen eines Computers oder eines Handys als sozialadäquates Verhalten vom objektiven Tatbestand des Art. 197 Ziff. 1 StGB

---

[72] HURTADO POZO, 940; KOLLER, 124; siehe für das vergleichbare deutsche Recht PERRON/EISELE, § 184 N 9.

[73] Darüber hinaus auch auf hartpornographisches oder gewaltdarstellendes Material usw.

[74] In der deutschen Lehre wird eine Strafbarkeit unter Umständen für möglich gehalten GERCKE, 284; HÖRNLE, 1012, die es in der Regel wegen Sozialadäquanz nicht als strafbar hält. Lehrer und Eltern, die während der Nutzung durch ein Kind nicht gegen das Surfen in pornographischen Dateien einschreiten, könnten sich allerdings strafbar machen (Überwachergarantenstellung); KUDLICH, 310 f.; FISCHER, § 184 N 10; Strafbarkeit verneinend KOLLER, 128, welcher darauf hinweist, dass solche alltäglichen Handlungen sozial erwünscht seien. Eine Strafbarkeit soll stattdessen nur dann vorliegen, wenn eine Person weitere Handlungen vornehme, welche die Wahrscheinlichkeit der Konfrontation mit weicher Pornographie erhöhten.

auszunehmen ist.[75] Anders könnte man die Situation beurteilen, wenn erwachsene Käufer beim Erwerb eines Handys durch das Verkaufspersonal der Mobilfunkanbieter auf die fernmelderechtlich vorgesehenen und gegenüber unter 16-Jährigen vorgeschriebenen Sperrsets,[76] auf die jederzeitige einfache und kostenlose Sperrmöglichkeit, die Pflicht zur Einrichtung der Sperren bei Abgabe des Gerätes an unter 16-Jährige, die Überwachungspflichten von Eltern bzw. Erziehungsberechtigten und präventive Massnahmen gegen potentiell schädliche Inhalte hingewiesen werden.

bb)   Weitere Tathandlungen (Anbieten, Zeigen, Überlassen, Durch-Radio-oder-Fernsehen-Verbreiten)

Da mit dem Zugänglichmachen weichpornographischer Inhalte der objektive Tatbestand von Art. 197 Ziff. 1 StGB früher vollendet ist als bei den anderen Tathandlungsvarianten, treten sie bei der Beurteilung der Strafbarkeit von pornographischen Mobil- oder webbasierten Mehrwertdiensten in den Hintergrund. Es ist daher im Rahmen der Fragestellung des vorliegenden Beitrages nicht näher darauf einzugehen.[77]

4.   Subjektiver Tatbestand

a)   Vorsatz

Der Eventualvorsatz reicht zur Erfüllung des subjektiven Tatbestandes (Art. 12 Abs. 2 Satz 2 StGB). Das heisst für unsere Fallkonstellationen, dass die Mobile-Content-Provider, Application-Service-Provider und Connectivity-Provider auch strafbar sein können, wenn sie das pornographische Ange-

---

[75]   So auch KOLLER, 128.

[76]   Vgl. zur kostenlosen Sperrmöglichkeit gegenüber Mehrwertdiensten Art. 40 FDV, zur Sperrpflicht bei unter 16-jährigen Nutzern Art. 41 FDV.

[77]   Ausführlich zu diesen Tathandlungsvarianten KOLLER, 176 ff. m.w.N., mit dem völlig zutreffenden Fazit (185 f.): „Die weiteren Tathandlungen von Art. 197 Ziff. 1 gehen im Anwendungsbereich des Zugänglichmachens auf, weshalb es überspitzt gesagt gereicht hätte, lediglich das Merkmal ‚zugänglich machen' als strafbare Tathandlung aufzuzählen. Denn wer etwas anbietet, zeigt, überlässt oder durch Radio oder Fernsehen verbreitet, hat es immer auch zugänglich gemacht".

bot zwar nicht direkt auf unter 16-Jährige ausrichten, aber im Moment der Web- oder Mobile-Publikation mit der Möglichkeit rechnen, ein unter 16-Jähriger könnte die pornographischen Dateien abrufen, und dies in Kauf nehmen. So ist beispielsweise im „Offline-Bereich" von einem Eventualvorsatz auszugehen, wenn ein Täter eine weichpornographische Zeitschriften an einem Ort wegwirft oder unverschlossen liegenlässt, von dem er weiss, dass er auch von einer unter 16-jährigen Person betreten werden kann.[78]

Belanglos ist in jedem Fall das Motiv des Täters. Ob beispielsweise ein auf der Webseite eingestelltes Bild, das einen aus dem Hosenschlitz herausragenden erigierten Penis zeigt, als Kontaktanzeige oder schlicht als pornographisches Angebot gedacht ist, macht keinen Unterschied.[79]

b) Qualifikation bei Gewinnsucht (Art. 197 Ziff. 4 StGB)

Handelt der Täter aus Gewinnsucht, richtet sich die Strafe nach dem Strafrahmen von Art. 197 Ziff. 4 StGB, wo wie bei Art. 197 Ziff. 1 StGB eine Freiheitsstrafe bis zu drei Jahren oder Geldstrafe angedroht wird. Im Unterschied zum Grundtatbestand ist aber im Falle einer Freiheitsstrafe diese zwingend mit einer Geldstrafe zu verbinden.

Nach der bundesgerichtlichen Rechtsprechung handelt es sich bei der Gewinnsucht um „ein moralisch verwerfliches Bereicherungsstreben", das nicht durch ein ungewöhnliches Ausmass charakterisiert sein muss.[80]

---

[78] Vgl. zu einer ähnlichen Konstellation beim Inverkehrbringen von Materialien zur unbefugten Entschlüsselung codierter Angebote FIOLKA, Art. 150bis N 35.

[79] BGE 6S.26/2005, 3.6.2005, Erw. 2.2 (<www.gaynet.ch>).

[80] BGE 107 IV 119; 109 IV 117: Es handelt sich um ein „Kriterium qualitativer Art". Vgl. HURTADO POZO, 953 f. m.w.N. Gemäss Vorentwurf zur Genehmigung und Umsetzung des Übereinkommens des Europarates zum Schutz von Kindern vor sexueller Ausbeutung und sexuellem Missbrauch soll der Qualifikationsgrund von Ziff. 4 neu in einer Bereicherungsabsicht bestehen. Sofern die Gegenstände oder Vorführungen tatsächliche sexuelle Handlungen oder Gewalttätigkeiten mit unmündigen Personen zum Inhalt haben, soll die Strafdrohung bis 5 Jahre Freiheitsstrafe reichen. Siehe EJPD 2011, 46 f.

5. Welche strafrechtliche Verantwortlichkeit für welche(n) Provider?

Nach der Analyse der objektiven und subjektiven Tatbestandsmerkmale geht es in diesem Abschnitt um die Frage, welchen bzw. welche der in Abschnitt IV.1 genannten Provider eine Strafbarkeit nach Art. 197 Ziff. 1 StGB trifft, falls keine hinreichenden technischen oder sonstigen Massnahmen getroffen werden, um die Kenntnisnahme eines weichpornographischen Angebots auf einem Web- oder Mobile-Server durch Personen unter 16 Jahren auszuschliessen. Die Ausführungen beruhen auf der Annahme, dass Art. 197 Ziff. 1 StGB zwar ein Mediendelikt ist, aber die Beteiligungsformen der verschiedenen Provider in der Verbreitungskette nicht vom Medienstrafrecht erfasst werden.[81] Die Frage, welche Sicherheitsmassnahmen die Strafbarkeit entfallen lassen, wird weiter unten aufgegriffen.

Als *Haupttäter* strafbar ist derjenige, der die Tathandlung des Zugänglichmachens selbst ausführt.

Im Kontext der Webpublikation ist das klarerweise der Content-Provider, der die weichpornographischen Inhalte in der Regel per Webpublishing-Software selbständig auf einen öffentlich zugänglichen Webserver lädt.[82] Der Hostprovider hat mit dieser Aktion üblicherweise nichts zu tun und ist folglich strafrechtlich (noch) nicht verantwortlich.[83] Der Access-Provider, der eigentlich als „Gehilfe" des Nutzers agiert und mit dem Täter keine Beziehung hat, fällt als Beteiligter nicht in Betracht.[84]

Bei der Publikation auf einem Mobile-Server, der von einem Application-Service-Provider betrieben wird, ist die Sache komplizierter. Das enge Zusammenwirken des Mobile-Content-Providers mit dem Application-Service-Provider sowie dem Connectivity- und Payment-Service-Provider wirft die Frage auf, ob es sich hierbei um Mittäter handelt. Mittäterschaft ist gleich-

---

[81] Siehe hierzu oben, V.2.
[82] Vgl. KOLLER, 163.
[83] Anderes gilt, wenn Content- und Host-Provider gemeinsam am Zugänglichmachen einer Website mit weichen pornographischen Inhalten zusammenwirken. Dann ist von strafbarer Mittäterschaft auszugehen, vgl. KOLLER, 141.
[84] So auch BUNDI, N 573 ff.; KOLLER, 130 ff.

wertiges koordiniertes Zusammenwirken bei der Begehung einer strafbaren Handlung. Gemäss bundesgerichtlicher Rechtsprechung ist Mittäter, wer bei der Entschliessung, Planung *oder* Ausführung eines Deliktes vorsätzlich und in massgebender Weise mit anderen Tätern zusammenwirkt, so dass er als Hauptbeteiligter dasteht.[85] Objektiv wird insbesondere auf die Tatherrschaft, subjektiv auf das Wollen der Tat als eigene Tat abgestellt. Die Abgrenzung zur Gehilfenschaft erfolgt laut Bundesgericht nach der Tatherrschaftstheorie, d.h. es ist zu prüfen, ob der Tatbeitrag für die Ausführung des Delikts so wesentlich ist, dass sie mit ihm steht oder fällt.[86] Um die Mittäterschaft von der Anstiftung abzugrenzen, ist zu prüfen, ob der Täter Tatherrschaft hatte. Der Anstifter wirkt zwar auf die Willensbildung des Täters ein, hat aber in der Folge keine Tatherrschaft.[87] Subjektiv wird ein gemeinsamer Tatentschluss vorausgesetzt. Zumindest für die vertragliche Zusammenarbeit von Mobile-Content-Provider und Application-Service-Provider scheinen die Kriterien der Mittäterschaft klar erfüllt zu sein. Die Publikation auf dem Mobile-Server wird nur durch Mitwirkung des Application-Service-Providers ermöglicht. Die Gewinnbeteiligung ebenso wie die Tatherrschaft über die Serverinfrastruktur sprechen für ein arbeitsteiliges, mittäterschaftliches Vorgehen. Darüber hinaus stellt sich auch die Frage, ob nicht der Connectivity- und der Payment-Service-Provider ebenfalls zum Kreis der Mittäter gehören. Auch dieser ist vertraglich mit dem Mobile-Content-Provider verbunden, erhält einen Anteil am Gewinn, übernimmt durch seine direkte Kundenbeziehung das Inkasso und muss zudem die SMS/MMS-Kurznummern in seinem Netz freischalten. All dies spricht für eine Arbeitsteilung, wobei es auch der Connectivity- und Payment-Service-Provider in der Hand hätte, die Tatausführung zu stoppen bzw. unmöglich zu machen. Allerdings müssen hier die Besonderheiten jedes Einzelfalles genauer untersucht werden. Insbesondere lässt sich abstrakt nicht sagen, ob der Connectivity- und Payment-Service-Provider den subjektiven Tatbestand erfüllt.[88]

---

[85] Siehe statt vieler BGE 120 IV 265, Erw. 2.c; STRATENWERTH, § 13 N 57 ff.

[86] BGE 120 IV 17, Erw. 2.d; TRECHSEL/JEAN-RICHARD-DIT-BRESSEL, vor Art. 24 N 12 m.N.

[87] FORSTER, vor Art. 24 N 36 ff. m.N.

[88] In sog. Third-Party-Verträgen auferlegen die Connectivity- und Payment-Service-Provider den Mobile-Content-Providern gewöhnlich die Pflicht, die Verträglichkeit

Im Zusammenhang mit pornographischen Mobilangeboten ist auf den Präzedenzfall BGE 121 IV 109 (télékiosque) hinzuweisen, in welchem der frühere PTT-Generaldirektor wegen aktiver Gehilfenschaft zum Zugänglichmachen von Telefonsex an Personen unter 16 Jahren zu einer bedingten Freiheitsstrafe und einer Busse verurteilt wurde. Nachdem er von den Strafverfolgungsbehörden auf die unbeschränkte Zugänglichkeit dieser Angebote auch für unter 16-jährige Jugendliche hingewiesen worden war, hatte er keine Massnahmen zur Verhinderung des Zugangs dieser Altersgruppen eingerichtet. Dieser Entscheid ist von besonderer Relevanz, weil der damals zu beurteilende Sachverhalt mit der aktuellen Konstellation der SMS- und MMS-Dienste nahe verwandt ist. Anders als im Bereiche der webbasierten weichpornographischen Angebote, wo Content-, Host- und vor allem Access-Provider nicht koordiniert vorgehen und für gewöhnlich nichts voneinander wissen, wirken Mobile-Content-, Application-Service-, Connectivity- und Payment-Service-Provider und allenfalls der Mobile-Network-Provider bei den Mobilangeboten auf vertraglicher Basis zusammen. In der Praxis besteht die Tendenz, den Kreis der strafrechtlichen Verantwortlichkeit in solchen Fällen weit zu ziehen. Zwar muss das Zusammenwirken der verschiedenen Provider in jedem einzelnen Fall näher untersucht werden, doch liegt es bei der oben geschilderten Arbeitsteilung im Mobilsektor nahe, von einer Mittäterschaft oder Nebentäterschaft durch Zugänglichmachen[89] oder aber von einer Gehilfenschaft durch aktives Tun (durch das Einrichten der Nummern, die Aufschaltung im Netz, das Unterhalten des Mobile-Servers, das koordinierte Inkasso mit *revenue-sharing* usw.) auszugehen.

Sollte im Zeitpunkt des Zugänglichmachens ein Provider keinen Vorsatz haben, könnte dieser – wie damals im Telekiosk-Fall durch die Staatsanwalt-

---

mit dem Strafrecht zu prüfen und durch eine Unbedenklichkeitserklärung zu bestätigen. Allerdings wäre ein eventualvorsätzliches mittäterschaftliches Verhalten immer noch möglich, wenn der Connectivity- und Payment-Service-Provider aufgrund objektiver Umstände mit der Möglichkeit rechnet, dass die weichpornographischen Angebote nicht dem erforderlichen Jugendschutzstandards entsprechen.

[89] So beurteilt CALMES, 202, die Handlung des damaligen PTT-Generaldirektors (Zurverfügungstellung der Infrastruktur für 156-Telefonnummern) als eigenständiges Zugänglichmachen, das zu einer Verurteilung als Haupttäter hätte führen müssen. Vgl. zum Zueigenmachen fremden Inhalts durch einen Mailboxen-Provider und dessen haupttäterschaftliche Verantwortlichkeit für das Zugänglichmachen von weicher Pornographie, OGer ZH, Urteil vom 7.12.1998, Medialex 1999, 106.

schaft des Kantons Waadt – durch eine schriftliche Mitteilung beispielsweise an den Hostprovider oder den Mobile-Network-Provider „hergestellt" werden. Falls der Hostprovider oder Mobile-Network-Provider den Zugang zum weichpornographischen Angebot dann nicht sofort sperrt, könnte sein Verhalten aus strafrechtlicher Sicht als Mittäterschaft oder Gehilfenschaft durch aktives Tun betrachtet werden, denn das Inkasso muss als aktive Beihilfehandlung angesehen werden. Ohne Inkasso wäre eine Mittäterschaft durch Unterlassung oder – falls man eine solche dogmatische Figur überhaupt zulässt – durch Gehilfenschaft durch Unterlassung zu erwägen. Ob eine Garantenstellung besteht, also eine Pflicht, gegen die abstrakte Rechtsgutsgefährdung einzuschreiten, ist allerdings strittig. Offen ist auch, ob eine Unterlassungsstrafbarkeit bei einem abstrakten Gefährdungsdelikt überhaupt möglich ist.[90] Wie bei der Frage nach der Anwendbarkeit des Medienstrafrechts ist auch bezüglich dieser Verantwortlichkeitsfragen unklar, wie die Gerichte entscheiden werden.

6. Straflosigkeit bei schutzwürdigem kulturellen oder wissenschaftlichen Wert

Gemäss Art. 197 Ziff. 5 StGB sind pornographische Gegenstände und Vorführungen i.S.v. Ziff. 1-3 derselben Bestimmung nicht tatbestandsmässig, wenn sie einen schutzwürdigen kulturellen oder wissenschaftlichen Wert aufweisen.[91] Damit soll insbesondere die künstlerische, historische oder dokumentarische Auseinandersetzung mit pornographischen Darstellungen ermöglicht werden. Der bloss „vorgespiegelte" wissenschaftliche oder kulturelle Wert vermag den pornographischen Charakter jedoch nicht zu verdrängen.

Die Praxis ist zurückhaltend, wobei sie vom Grundsatz ausgeht, dass die Voraussetzungen von Art. 197 Ziff. 5 StGB gegeben sind, wenn der künstle-

---

[90] Vgl. KOLLER, 140 f., 187 ff. m.w.N. („harmlose Alltagshandlung"); NIGGLI/SCHWARZENEGGER, 62 ff.; NIGGLI/RIKLIN/STRATENWERTH; SCHWARZENEGGER, E-Commerce, 351 f.; zusammenfassend EJPD 2003, 66 ff. m.N.

[91] Vgl. dazu auch BUNDI, N 663 ff. mit Beispielen.

rische oder wissenschaftliche Wert gegenüber dem pornographischen Element im Gesamteindruck überwiegt.[92]

Bei weichpornographischen Angeboten im WWW oder im Mobilfunkbereich ist davon auszugehen, dass der künstlerische Wert nur in raren Ausnahmefällen – etwa wenn der Inhalt von anerkannten Regisseuren oder Künstlern stammt[93] – überwiegen wird.

7. Verfassungs- und konventionalrechtliche Schranken des Pornographieverbots

a)   Das Verbot der weichen Pornographie als Eingriff in die Meinungs-, Medien- und Wirtschaftsfreiheit

Eine strafrechtliche Verurteilung wegen Zugänglichmachens von weicher Pornographie kann einen Eingriff in die Meinungs-, Medien- und Wirtschaftsfreiheit des Contentproviders darstellen,[94] wenn der Eingriff in einer demokratischen Gesellschaft zur Aufrechterhaltung der Ordnung und der Verbrechensverhütung, des Schutzes der Gesundheit und der Moral, des Schutzes des guten Rufs oder der Rechte anderer *nicht notwendig* ist (Art. 10 Abs. 2 EMRK e contrario). Tangiert ist auch die Informationsfreiheit der am Informationsangebot interessierten Personen.

Die Meinungsfreiheit nach Art. 16 BV und Art. 10 Abs. 1 EMRK ist von grundlegender Bedeutung in einer demokratischen Gesellschaft, indem sie

---

[92]   Vgl. BGE 131 IV 64, Erw. 10.1.3; CORBOZ, Art. 197 N 20 ff.; DONATSCH, 508 „Unterwanderung des Jugendschutzgedankens"; HURTADO POZO, 954 f. *„in dubio pro arte";* MENG/SCHWAIBOLD, Art. 197 N 64; STRATENWERTH/JENNY/BOMMER, § 10 N 5 m.N. Nach BGE, 6S.311/2004, 11.10.2004, Erw. 5.2.1 ist Pornographie dann wissenschaftlich schutzwürdig, wenn sie für den Unterricht oder die Forschung unabdingbar ist, was bei einem wissenschaftlichen Werk, das deviantes Sexualverhalten aus psychiatrischer Sicht analysiert, oder einem Aufklärungsfilm über Aids der Fall sein kann.

[93]   Zu denken ist etwa an Filme wie „Ai no korida" (dt. „Im Reich der Sinne", NAGISA OSHIMA 1976) oder Werke von JEFF KOONS oder ROBERT MAPPLETHORPE.

[94]   Art. 16, 17, 27 BV. Grundlegend zum Verhältnis dieser Kommunikationsfreiheiten untereinander AUER/MALINVERNI/HOTTELIER, 249 ff.; BARRELET, § 45 N 1 ff.; BURKERT, Art. 17 N 13 ff.; KLEY/TOPHINKE, Art. 16 N 2 ff.

dem Einzelnen einerseits zur individuellen Selbstverwirklichung verhilft und andererseits Grundvoraussetzung einer offenen Meinungsbildung im Staat bildet.[95] Die Freiheit der Meinungsäusserung gemäss Art. 10 Abs. 1 EMRK erstreckt sich nicht nur auf ideelle Inhalte, sondern auch auf pornographische Darstellungen, selbst wenn diese keinen informativen Gehalt aufweisen und rein kommerziellen Zwecken dienen.[96] Entsprechend werden auch weichpornographische Angebote im WWW oder via Mobilfunk durch Art. 10 Abs. 1 EMRK geschützt.

b)   Die Voraussetzungen des staatlichen Eingriffs in die Grundrechte

Ein Eingriff in dieses Grundrecht ist nur unter den in Art. 36 BV und Art. 10 Abs. 2 EMRK genannten Voraussetzungen zulässig. Der Europäische Gerichtshof für Menschenrechte (EGMR) unterzieht strafrechtliche Verurteilungen einer strikten Überprüfung, die in einem vierstufigen Verfahren durchgeführt wird:

- Liegt ein Eingriff in die Meinungsfreiheit nach Art. 10 Abs. 1 EMRK vor?

- Ist dieser gesetzlich vorgeschrieben oder vorhersehbar?

- Wird der Eingriff von einem öffentlichen Interesse nach Art. 10 Abs. 2 EMRK gedeckt?

- Wurde das Verhältnismässigkeitsprinzip beachtet, insbesondere die Notwendigkeit?[97]

Die ersten drei Fragen sind im Zusammenhang mit Verurteilungen wegen Zugänglichmachens von weichpornographischen Gegenständen und Vorführungen zu bejahen.

Art. 197 Ziff. 1 StGB dient, wie eingangs festgestellt, dem Jugendschutz. Es soll einer Störung der sexuellen und psychischen Entwicklung von Kindern

---

[95] Vgl. BGE 96 I 586, Erw. 6; vgl. PEDUZZI, 52 ff.; ZIHLER, 35 ff. beide m.w.N.
[96] Explizit BGE 128 IV 201, Erw. 1.4 mit zahlreichen Nachweisen.
[97] Zu diesem Eingriffsschema ZIHLER, 33; siehe auch AUER/MALINVERNI/HOTTELIER, 293 ff.

und Jugendlichen vorbeugen. Bei dem mit dem Verbot weicher Pornographie verfolgten Ziel handelt es sich um ein Motiv, das gemäss Art. 10 Ziff. 2 EMRK eine Einschränkung der Meinungsfreiheit grundsätzlich rechtfertigt.[98] Im Gegensatz zur harten Pornographie geht es aber *nicht* darum generell zu verhindern, dass auch Erwachsene beim Betrachten weichpornographischer Darstellungen das Gesehene, Gehörte oder Gelesene selber nachahmen (korrumpierende Wirkung).[99] Was von Art. 197 Ziff. 1 StGB erfasst wird, ist „normales" sexuelles Verhalten unter Erwachsenen. Jeder Erwachsene hat die Freiheit, sich für weichpornographische Darstellungen zu interessieren, sie zu erwerben und zu betrachten.

Damit kommt es wesentlich auf die Verhältnismässigkeitsprüfung an,[100] ob eine strafrechtliche Verurteilung gegen das konventional- und verfassungsrechtlich garantierte Freiheitsrecht verstösst und daher aufzuheben ist.[101] Der Eingriff muss zur Verfolgung der genannten Ziele in einer demokratischen Gesellschaft notwendig sein, also einem dringenden sozialen Bedürfnis ent-

---

[98] BGE 128 IV 201, Erw. 1.4.4. Vgl. zum Verbot unzüchtiger Veröffentlichungen nach dem alten Sexualstrafrecht EGMR, Müller and others v. Switzerland [Appl. No. 10737/84], 24 May 1988, § 30.

[99] Zur insofern völlig anderen Schutzausrichtung von Art. 197 Ziff. 3 und Ziff. 3bis StGB siehe BGE 128 IV 201, Erw. 1.4.2.

[100] Grundlegend EGMR, Handyside v. the United Kingdom [Appl. No. 5493/72], 7 December 1976, § 49, „Daraus folgt insbesondere, dass jede „Formvorschrift", „Bedingung", „Einschränkung" oder „Strafdrohung" in angemessenem Verhältnis zum verfolgten berechtigten Ziel stehen muss" (deutsche Übersetzung in EuGRZ 1977, 38). Vgl. MINELLI, 183, der zu Recht hervorhebt, dass sich aus Art. 10 Ziff. 1 EMRK ein Recht ableitet auf Zugang zu Pornographie für Erwachsene, die keines besonderen Schutzes bedürfen. Dies müsse dazu führen, dass die nationalen Pornographiegesetze nur noch unter dem Blickwinkel der EMRK Anwendung finden könnten.

[101] Werden durch Strafbestimmungen Grundrechte eingeschränkt, muss das den Voraussetzungen von Art. 36 BV genügen und kann zu einem Korrektiv „überschiessender Tendenzen" schon auf Stufe des objektiven Tatbestandes führen. Jedenfalls sind im Bereiche der Kommunikationsdelikte konventional- und verfassungsrechtliche Schranken anerkannt, die trotz Vorliegens der konstitutiven Strafbarkeitsvoraussetzungen keine Strafbarkeit zur Folge haben dürfen. Mangels verfassungsgerichtlicher Kompetenz (Art. 191 BV) kann das Bundesgericht diese Einschränkung nur unter dem Titel einer verfassungs- und EMRK-konformen Auslegung vornehmen (BGE 128 IV 201 f., Erw. 1.2 m.N.; BGE vom 22.1.2003, 6S.698/2001, Erw. 5). Auch diese erfolgt auf der Stufe des objektiven Tatbestandes.

sprechen.[102] Die Notwendigkeit ist besonders zu begründen. Nach der Rechtsprechung des Europäischen Gerichtshofes steht dem nationalen Gesetzgeber bei der Bestimmung der Erfordernisse der öffentlichen Moral ein weites Ermessen zu,[103] weil keine einheitliche europäische Vorstellung von Moral bestehe[104] und ein Wertewandel in den sexuellen Moralvorstellungen eingetreten sei.[105] Das Bundesgericht will daher bei der Beurteilung moralischer Vorstellungen im Bereich der Pornographie einen zurückhaltenden Massstab anlegen.[106] Wie diese Verhältnismässigkeitsprüfung bei weichpornographischen Angeboten im Internet oder Mobilfunk ausfallen würde, hängt von den Umständen – insbesondere den konkreten eingesetzten Jugendschutzmassnahmen ab – und kann hier gestützt auf die wenigen durch die Strassburger Organe gefällten Entscheide nur skizziert werden:

- In einer älteren Entscheidung betreffend die Schweiz[107], in welcher die Beschwerdeführer geltend machten, ihre Meinungsfreiheit (Art. 10 Abs. 1 EMRK) sei durch die Verurteilung zu einer Busse wegen Vermietung und Verkaufs unzüchtiger Videos (Art. 204 StGB a.F.) verletzt worden, stellte die früheren Kommission fest, dass dies einen Eingriff in das Freiheitsrecht darstelle. Bei der Prüfung, ob dieser Eingriff gemäss Art. 10 Abs. 2 EMRK gerechtfertigt sei, führt sie an, dass eine gesetzliche Grundlage gegeben sei und dass der Eingriff dem Schutz der Moral im Sinne dieser Bestimmung diene. Bezüglich der Verhältnismässigkeit bzw. Notwendigkeit in einer demokratischen Gesellschaft kommt die

---

[102] EGMR, Müller and others v. Switzerland [Appl. No. 10737/84], 24 May 1988, § 32.

[103] VAN DIJK/VAN HOOF, 578; VILLIGER, § 40 N 26 je m.N. „Allerdings kommt den innerstaatlichen Behörden bei der Beurteilung u.a. von ehrenrührigen und unzüchtigen Veröffentlichungen ein Ermessensbereich zu, der umso grösser ist, desto mehr sich die Information von der persönlichen Meinung weg und zum kommerziellen Inhalt hin bewegt".

[104] VILLIGER, 401 m.N.

[105] EGMR, Müller and others v. Switzerland [Appl. No. 10737/84], 24 May 1988, § 35; EKMR, Scherer v. Switzerland [Appl. No. 17116/90], 14 October 1993, § 57 ff. (Kommissionsbericht).

[106] BGE 128 IV 201, E. 1.4.3.

[107] EKMR, W. and K. v. Switzerland [Appl. No. 16564/90], 8 April 1991.

Kommission zum Schluss, dass die Verurteilung der Beschwerdeführer „zweifellos" einem dringenden gesellschaftlichen Bedürfnis entspringe und ein verhältnismässiges Mittel zur Erreichung des angestrebten Schutzzwecks sei. Die Kommission schliesst daher, dass keine Verletzung von Art. 10 EMRK vorliege. Wegen der in der Zwischenzeit stark gewandelten gesellschaftlichen Wertvorstellungen wäre heute wohl eine differenziertere Würdigung durch den Europäischen Gerichtshof für Menschenrechte zu erwarten.

- Im einem weiteren Fall[108] erachtete es die frühere Kommission als unverhältnismässig, den Inhaber eines Sexladens für das Zeigen des Videos „New York City" mit weichpornographischem (homosexuellen) Inhalt wegen unzüchtiger Veröffentlichung (Art. 204 StGB a.F.) zu verurteilen. Der Sexladen war von der Strasse aus nicht zu erkennen, so dass der Zugang zum Hinterzimmer, wo der Film gezeigt wurde, nur einem engen Kreis einwilligender Erwachsener offen stand. Zur Feststellung der Verletzung von Art. 10 EMRK kam es nicht mehr, weil der Beschwerdeführer während des Verfahrens vor dem Gerichtshof starb. Der Kommissionsentscheid zeigt einen Wandel in der Auslegung von Art. 10 Abs. 2 EMRK. Wo die weichpornographischen Darstellungen nur von Erwachsenen wahrgenommen werden können, die sich alle freiwillig in den Sexladen begeben, ist ein Schutz der Moralvorstellungen (Schutz der Betroffenen vor sich selbst) nicht mehr eine Notwendigkeit in einer demokratischen Gesellschaft.

- In einem neueren Entscheid[109] bestätigt das Bundesgericht, dass die rundfunkrechtliche Einschränkung der Wirtschafts- und Meinungsäusserungsfreiheit (Art. 6 RTVG) weder die BV noch die EMRK verletze. Die Einschränkung dieser Freiheitsrechte diene der Wahrung der Jugendlichen vor (Werbe-)Sendungen, die geeignet seien, ihre ethische Entwicklung zu beeinträchtigen, indem menschenverachtendes Verhalten im sexuellen Bereich als üblich, positiv und nachahmenswert dargestellt werde. Sie sei verhältnismässig, da dadurch nicht jegliche Werbung für zulässige weiche Pornographie verboten werde. Zwar erstrecke

---

[108] EKMR, Scherer v. Switzerland [Appl. No. 17116/90], 14 October 1993.
[109] BGE 133 II 136, Erw. 5.1 und 7.

sich die Meinungsäusserungsfreiheit von Art. 10 EMRK auch auf pornographische Darstellungen, die keinerlei informativen Gehalt aufweisen und rein kommerziellen Zwecken dienen, doch räume der Europäische Gerichtshof für Menschenrechte den nationalen Behörden in diesem Zusammenhang einen relativ grossen Beurteilungsspielraum ein, der hier nicht überschritten werde. Die Prüfung des Grundrechtseingriffs im Rahmen einer Verurteilung wegen Zugänglichmachung weichpornographischen Materials würde wohl ähnlich ausfallen. Dabei ist aber von wesentlicher Bedeutung, dass im zitierten Fall die Werbung von Kindern und Jugendlichen wahrgenommen werden konnte. Die Verhältnismässigkeitsprüfung im Rahmen von Art. 10 Abs. 2 EMRK würde aber mit grosser Wahrscheinlichkeit anders ausfallen, wenn mit hinreichender Sicherheit eine Kenntnisnahme durch Kinder und Jugendliche verhindert würde.[110]

c)   *Schutzpflichten gegenüber Jugendlichen*

Abschliessend ist auch auf die Schutzpflichten gegenüber Jugendlichen hinzuweisen, welche die Mitgliedstaaten aufgrund von Art. 8 EMRK trifft. So hielt der EGMR beispielsweise fest, dass angesichts der sexuellen Missbräuche gegenüber Kindern im Internet die Mitgliedstaaten ein System zum Schutze von Jugendlichen vor Kontaktaufnahmen durch Pädophile umsetzten müssten.[111] Wenngleich dies nicht direkt auf weichpornographische An-

---

[110] So deutlich BGE 128 IV 201, E. 1.4.4, „Es trifft wohl zu, dass in den beiden bereits erwähnten Entscheiden i.S. Felix Müller und Scherer dem Umstand *massgebliche Bedeutung* zukam, ob die pornographischen Vorführungen *auch für Jugendliche zugänglich waren* und Erwachsene damit ungewollt konfrontiert werden konnten." (meine Hervorhebung; das Bundesgericht hatte aber in diesem Fall über ein hartpornographisches Angebot zu entscheiden, weshalb keine Verletzung von Art. 16 BV und Art. 10 Abs. 1 EMRK festzustellen war). Siehe auch die Entscheidung über die Vorführung eines weichpornographischen Films für ein erwachsenes, einwilligendes Publikum, EKMR, Scherer v. Switzerland [Appl. No. 17116/90], 14 October 1993, wo effektiv eine Verletzung von Art. 10 Abs. 1 EMRK festgestellt wurde.

[111] EKMR, K.U. v. Finnland [Appl. No. 2872/02], 2 December 2008, wo eine Verletzung von Art. 8 Abs. 1 EMRK festgestellt wurde. Vgl. § 48: „Also the widespread problem of child sexual abuse had become well-known over the preceding decade. Therefore, it cannot be said that the respondent Government did not have the op-

gebote gemünzt ist, zeigt der Entscheid doch deutlich, dass die Interessen der Meinungsfreiheit mit weiteren Grundrechten abgewogen werden können und müssen.

d) Das Verbot kommerzieller Pornographie im Mobiltelefonbereich aus konventions- und verfassungsrechtlicher Sicht

Aus der im vorigen Abschnitt zusammengefassten Rechtsprechung lässt sich ableiten, dass ein Totalverbot von kommerziellen weichpornographischen Angeboten im Internet oder Mobilfunkbereich weder den Voraussetzungen des Grundrechtseingriffs nach Art. 36 BV noch denjenigen nach Art. 10 Abs. 2 EMRK genügt und folglich gegen Konventions- und Verfassungsrecht verstösst. Insbesondere die Verhältnismässigkeit des Eingriffs in die grundrechtlich geschützten Positionen der Mehrwertdiensteanbieter (Meinungs-, Wirtschaftsfreiheit), aber auch der Nutzer (Informationsfreiheit) ist nicht erfüllt (Art. 36 Abs. 3 BV, Art. 10 Abs. 2 EMRK).

Allgemein wird unter diesem Gesichtspunkt verlangt, dass die gewählte Massnahme zur Verwirklichung des im öffentlichen Interesse liegenden Ziels geeignet und notwendig ist. Ausserdem muss der angestrebte Zweck in einem vernünftigen Verhältnis zu den eingesetzten Mitteln bzw. den zu seiner Erreichung notwendigen Freiheitsbeschränkungen stehen.[112]

Schon bei der Eignung zeigen sich Mängel, denn es macht mit den heutigen *smartphones* technisch keinen Unterschied mehr, ob eine weichpornographische Datei über einen MMS-Mehrwertdienst oder über eine WAP-Plattform vom Internet oder direkt von einer Website bezogen wird. Mit einem Verbot des Mehrwertdienstesektors wird folglich das Ziel eines verbesserten Jugendschutzes nicht erreicht. Im Gegenteil: die Angebote, die auch leicht von einem ausländischen Standort aus betrieben werden können, werden in einen schwieriger zu kontrollierenden internet-basierten Bereich verlagert. Die bisher verfügbaren Informationen der Strafverfolgungsbehörden, der Schulen und der sonstigen mit Jugendlichen befassten Stellen weisen eher darauf hin,

---

portunity to put in place a system to protect child victims from being exposed as targets for paedophiliac approaches via the Internet".

[112] BGE 113 Ia 126 Erw. 7.b; BGE 128 I 3 Erw. 3.e.cc m.w.N.; siehe auch BIAGGINI, Art. 36 N 23; HÄFELIN/HALLER/KELLER, N 320.

dass das Gefährdungspotential weniger von weichpornographischen Mobilmehrwertdiensten ausgeht, sondern von hartpornographischen Inhalten, die via Internet und Kollegen besorgt und auf das Handy übertragen bzw. selbst „produziert" werden.

In der Antwort auf die Motion hält der Bundesrat deshalb zu Recht fest, dass „[e]ine wesentliche Verbesserung des Jugendschutzes ... auch nicht dadurch erreicht werden [kann], dass in Ergänzung zum bestehenden allgemeinen Verbot von harter Pornographie das kommerzielle Anbieten und Verbreiten von weicher Pornographie über Fernmeldedienste – wie dies die Motion verlangt – generell verboten wird."[113]

Die Massnahme muss zur Erreichung des angestrebten Zwecks erforderlich sein. Sie hat zu unterbleiben, wenn eine gleich geeignete, aber mildere Massnahme für den angestrebten Erfolg ausreichen würde.[114] Mit einem Massnahmenpaket bestehend aus Aufklärung und Sensibilisierung der Eltern, Diversifizierung der Nutzungsoptionen von Handys am Point-of-Sale und einer verbesserten Zusammenarbeit der Mobile-Industrie mit den Strafverfolgungsbehörden wäre das gesteckte Ziel effektiver und nachhaltiger zu erreichen. Absolute Verbote sind höchstens als *ultima ratio* bei schwerer Bedrohung der Rechtsgüter angezeigt.

Schliesslich setzt die Verhältnismässigkeit im engeren Sinn voraus, dass zwischen dem verfolgten Ziel und den mit der Massnahme einhergehenden Grundrechtsbeschränkungen ein vernünftiges Verhältnis besteht. Bei der Prüfung ist eine Abwägung zwischen dem öffentlichen Interesse und den betroffenen privaten Interessen vorzunehmen. Eine Massnahme ist dann unverhältnismässig, wenn deren negative Wirkungen im konkreten Fall schwerer wiegen als das öffentliche Interesse an deren Vornahme.[115]

Dies wäre vorliegend mit Bezug auf die an weicher Pornographie interessierten Erwachsenen unverhältnismässig. Ihre Informationsfreiheit würde spürbar beschränkt, ohne dass der Jugendschutz wesentlich verbessert werden

---

[113] Stellungnahme des Bundesrates vom 21.2.2007 betreffend Motion 06.3884, Keine kommerzielle Pornografie auf Handys vom 20.12.2006.
[114] HÄFELIN/HALLER/KELLER, N 322.
[115] HÄFELIN/HALLER/KELLER, N 323.

könnte. Wie weiter oben dargestellt, ist auch in der Schweiz von einem nicht unerheblichen Interesse von Erwachsenen an weichpornographischen Medienprodukten auszugehen. Der Wahrung dieses Interesses würde ein System eher entsprechen, dass durch geeignete Sicherungsmassnahmen den Zugang von Kindern und Jugendlichen unter 16 Jahren verhindert, den Erwachsenen aber die Informationsfreiheit belässt. Unverhältnismässig im engeren Sinne erscheint auch die Verunmöglichung wirtschaftlicher Betätigung im Bereich der weichpornographischen Mobile-Mehrwertdienste.[116]

VI. Altersverifikationsmechanismen und ihre Kompatibilität mit Art. 197 Ziff. 1 StGB

Bei der Analyse der objektiven Tatbestandsmerkmale blieb die Frage offen, welche Sicherungs- oder Sperrmassnahmen ausreichen würden, um eine Subsumtion unter die Tathandlung des Zugänglichmachens auszuschliessen. Mit dem Bundesrat ist in Erinnerung zu rufen, dass „… beim Umgang mit Pornographie ein absoluter Jugendschutz nicht gewährleistet und durchge-

---

[116] Vgl. auch die Antwort des Bundesrates vom 16.3.2007 auf die Interpellation 06.3779, Massnahmen gegen überbordende Erotikindustrie und Pornographie vom 19.12.2006: „Mit Ausnahme der Strafverfolgung und der obengenannten organisatorischen Massnahmen erachtet der Bundesrat Jugendschutz als Erziehungs- und Bildungssache, wofür die Eltern beziehungsweise die Schule zuständig sind. Der Bund hat hier nur beschränkte Befugnisse. Er ist insbesondere zuständig für die Anwendung der Uno-Kinderrechtskonvention und die Unterstützung von Präventionsprogrammen zum Thema sexueller Missbrauch und Organisationen, die im Bereich Kinder-, Familienschutz und Elternbildung tätig sind. Dazu zählt auch die Förderung der ausserschulischen Jugendarbeit. Das Bundesamt für Gesundheit unterstützt die Kantone, Schulen und Lehrkräfte in ihrer Aufgabe über das Kompetenzzentrum Sexualpädagogik und Schule an der Pädagogischen Hochschule Zentralschweiz. Das heutige Strafrecht und die laufenden Projekte sowie die von Nichtregierungsorganisationen und den Medien verbreiteten Informationen bieten nach Ansicht des Bundesrates einen ausreichenden Schutz." Trotz der genannten Einwände haben der Ständerat und Nationalrat die Motion 06.3884, Keine kommerzielle Pornografie auf Handys vom 20.12.2006, angenommen.

setzt werden kann."[117] Eine Sicherungs- oder Sperrmassnahme, die von Seiten der Mobile-Content-Provider implementiert wird, kann folglich gar nicht unüberwindbar sein. Sie muss aber so ausgestaltet werden, dass sie nur mit besonderer Anstrengung des unter 16-Jährigen beseitigt bzw. umgangen werden kann. Hindernisse, die mühelos oder mit geringer Mühe umgangen werden können, sind ungenügend.[118]

Die aktuelle Rechtsprechung zu weichpornographischen Angeboten im Web und im Mobilfunkbereich verdeutlicht nur, welche Arten der Zugangskontrolle *nicht genügen*.

a) Ein Warnhinweis mit der Möglichkeit zur Selbstdeklaration ohne effektive Altersverifikation ist nicht ausreichend

Abbildung 6: Beispiel einer Homepage mit Selbstdeklaration des Alters durch den Nutzer (Internetangebot)

Es genügt nicht, ein Fenster mit einem Warnhinweis auf pornographische Inhalte einzurichten, das dem Nutzer die Wahl lässt, auf einen „Unter-18-

---

[117] Stellungnahme des Bundesrates vom 21.2.2007 betreffend Motion 06.3884, Keine kommerzielle Pornografie auf Handys vom 20.12.2006.

[118] Vgl. KOLLER, 160 ff.

Jahre-Link"[119] (EXIT, d.h. Nichtzulassung) bzw. einen „Ab-18-Jahre-Link" (ENTER, d.h. Zugang zum pornographischen Angebot) zu klicken.[120] Bei pornographischen Inhalten, die telefonisch abgerufen werden können, müssen ebenso Vorkehrungen getroffen werden, damit unter 16-Jährige diese nicht hören können.[121] In Frage kommt etwa die vorgängige Identifikation anhand eines persönlichen Passworts, das nur an über 16-Jährige ausgehändigt wird.

b) *Eine Online-Registrierung ohne effektive Altersverifikation ist nicht ausreichend*

Ebenso wenig wie mit dem zuvor erwähnten Warnhinweisen entfällt die Strafbarkeit, wenn ein Online-Registrierungsprozess vorgeschaltet wird, bei welchem der Nutzer eine Anmeldemaske selbständig mit seinen Personalien ausfüllt, die vom Anbieter nicht überprüft werden.[122]

---

[119] Nach Art. 197 Ziff. 1 StGB würde es ausreichen, wenn die Schutzaltersgrenze von 16 Jahren überschritten wurde. In der Praxis wird aber regelmässig nach dem Erreichen des 18. Altersjahres gefragt.

[120] BGE 131 IV 64, Erw. 10.3: „Das Anbringen eines Warnhinweises, der durch blosses Anklicken zum Verschwinden gebracht werden kann, stellt keine wirksame Barriere dar, um unter 16-Jährigen den Zugriff auf pornographische Webinhalte zu verunmöglichen." Es ging um Photos auf einer Sub-Domain, welche die primären Geschlechtsorgane von ganz oder teilweise entkleideten Frauen zeigten, ohne dass eine genügende Inhaltsblockierung zum Schutz von Minderjährigen angebracht worden war; vgl. auch BGer vom 3.6.2005, 6S.26/2005, wo nach erfolgter Registrierung und Wegklicken eines simplen Warnhinweises auf <www.gaynet.ch> die abrufbereite Photographie eines aus dem Hosenschlitz herausragenden Penis eines Erwachsenen von jedermann ohne Alterskontrolle eingesehen werden konnte; zustimmend auch BUNDI, N 683.

[121] BGE 119 IV 145, 150 ff.; BGE 121 IV 109.

[122] BGE 131 IV 64, Erw. 10.3; BGer vom 3.6.2005, 6S.26/2005, Erw. 3.1; KOLLER, 170.

c)   *Eine Maske mit der Möglichkeit zur Selbstdeklaration in SMS- und MMS-Diensten ohne effektive Altersverifikation ist nicht ausreichend*

In gleicher Weise erachtete das BezGer ZH[123] eine Anmeldemaske bei SMS- und MMS-Diensten für ungenügend, bei welcher das Alter vom Nutzer selbständig anzugeben ist,[124] wenn diese Angaben vom Mobile-Content-Provider bzw. der Software des Application-Service-Providers nicht überprüft werden.

d)   *Gesetz und Rechtsprechung schweigen zur Frage, welche Sicherungs- oder Sperrmassnahmen ausreichen würden*

Da sich die Strafgerichte meistens nur mit der Frage befassen, ob ein Angeklagter genügend getan hat, um eine wirksame Alterskontrolle zu gewährleisten, wird der Anwendungsbereich von Art. 197 Ziff. 1 StGB jeweils nur negativ abgegrenzt. Daher lässt sich nicht genau sagen, was zu tun ist, um weiche Pornographie rechtmässig einem erwachsenen Publikum zugänglich zu machen. Es ist vor diesem Hintergrund auch nicht damit zu rechnen, dass die Rechtsprechung die Voraussetzungen in absehbarer Zeit konkretisieren wird.

e)   *Lösungsansätze zur Schaffung eines ausreichenden Sicherungs- oder Sperrsystems*

Eine direkte Identifizierung[125] würde den Anforderungen von Art. 197 Ziff. 1 StGB sicherlich genügen. Sie ist aber im Internet- und Mobilfunkbereich nicht möglich.

Eine weitere vielversprechende Variante ist ein Zusammenwirken aller Beteiligten inklusive der Eltern oder Erziehungsberechtigten von unter 16-Jährigen. Die Alters- und Identitätskontrolle erfolgt beim Vertragsabschluss mit

---

[123]   BezGer ZH, Urteil vom 6.9.2006, GG060256, Ziff. II und Erw. 1.4.8 und 2.6.1.
[124]   Minderjährige werden aufgefordert, eine SMS mit „nein" an den Mobile-Content-Anbieter zurückzusenden; erwachsene Nutzer sollen ihren Jahrgang per SMS angeben.
[125]   Face-to-Face-Identifizierung mit Ausweis vor Bezug des Mehrwertdienstes.

dem Mobile-Network-Provider. Wird für eine Person unter 18 Jahren[126] ein Vertrag für einen Mobilanschluss abgeschlossen, ist der Zugang zu Erwachsenen-Unterhaltung und Erotik standardmässig zu sperren. Schliesst eine Person über 18 Jahren einen solchen Vertrag ab, könnte sie vertraglich dazu verpflichtet werden (AGB), bei Abgabe des Gerätes an Personen unter 18 Jahren bestimmte Sorgfaltspflichten einzuhalten. Sie ist insbesondere darauf hinzuweisen, dass über den Mobilanschluss pornographische Mehrwertdienste bezogen und konsumiert werden können, die Kindern und Jugendlichen unter 16 Jahren nicht zugänglich gemacht werden dürfen (vgl. Sperrpflicht des Mobile-Network-Providers, Art. 41 FDV). Durch eine explizite Klausel in den Allgemeinen Geschäftsbedingungen (AGB) des Mobile-Network-Providers könnte der Kunde daher dazu verpflichtet werden, bei Abgabe des Gerätes an eine Person unter 16 Jahren vorgängig die Verbindungen zu kostenpflichtigen Mehrwertdiensten mit pornographischen Inhalten (0906-Nummern) zu sperren. Ein Merkblatt, dass dem Kunden bei Vertragsabschluss auszuhändigen wäre, oder ein expliziter Hinweis in den AGB müsste auf die kostenlose Sperrmöglichkeit und das Vorgehen zu deren Aktivierung und Deaktivierung hinweisen. Dieses Modell sollte einen ausreichenden Jugendschutz gewährleistet, bedingt jedoch die Mitwirkung der Mobile-Network-Provider und der Erziehungsberechtigten von Kindern unter 16 Jahren.

---

[126] Die Grenze für eine strafrechtliche Verantwortlichkeit liegt eigentlich bei 16 Jahren.

> **Infos zu 090X-Nummern**
>
> Business Nummern sind Rufnummern, die mit 0900, 0901 oder 0906 beginnen und deren Verbindungspreise unter Umständen sehr teuer sind. Mit einem NATEL®-Abonnement oder einem NATEL® Easy-Angebot ist es Ihnen möglich, den Zugang zu solchen Mehrwertdiensten zu sperren.
>
> 0900/0901-Nummern
> Business-, Marketing- und Informationsdienste sowie Unterhaltungsangebote, Spiele-Downloads und Rückmeldungen bei Zuschauerbefragungen (Televoting).
>
> 0906-Nummern
> Erwachsenenunterhaltung und Erotikangebote. Die Inhaber von Business Nummmern (Vorwahl 0900, 0901, 0906) können auf der Internet-Seite des Bundesamtes für Kommunikation (BAKOM) eingesehen werden.
>
> Empfehlungen
> - Achten Sie bei 090X-Nummern immer auf die angegebenen Preise (oftmals kleingedruckt).
> - Rufen Sie keine unbekannte 090X-Nummer an.
> - Achten Sie auf Umleitungen auf 090X-Nummern, wenn Sie eine Geschäftsnummer anrufen und Ihr Anruf umgeleitet wird.
> - Lassen Sie bei Bedarf den Zugang zu allen oder bestimmten Business Nummmern sperren:
>   - Rufen Sie dazu den Kundendienst unter der Gratisnummer 0800 800 800 an oder
>   - sperren Sie den Zugang im Kundencenter (Sie brauchen dazu Ihr Swisscom Login).
>
> Jugendschutz von Swisscom
> Der Zugang zu Erwachsenenunterhaltung und Erotikangeboten ist für alle Swisscom Kunden unter 18 Jahren standardmässig gesperrt. Zudem sind Business Nummern (Vorwahl 0900, 0901, 0906) für Kunden unter 16 Jahren nicht wählbar. Wer als Erwachsener ein Handy mit SIM-Karte kauft, um es einem Jugendlichen zu schenken, sollte dies dem Verkaufspersonal mitteilen, damit Dienste der Erwachsenenunterhaltung gesperrt werden können. Um Zugang zu erhalten, müssen die Erziehungsberechtigten schriftlich zustimmen.

Abbildung 7: Hinweis auf Jugendschutz und Sperrmöglichkeiten
(http://www.swisscom.ch/res/hilfe/sicherheit/mobil/nummern/index.htm)

Wie der Abbildung 7 zu entnehmen ist, kann eine Sperrung jederzeit und kostenlos über eine Hotline veranlasst werden. Bei Handys, die an Jugendliche abgegeben werden sollen, ist eine Sperrung durch das Verkaufspersonal vorgesehen.

Denkbar wäre auch eine Zusammenarbeit mit Kreditkartenunternehmen, die ebenfalls über Altersangaben von ihren Kunden verfügen und eine Verifikation vor dem Abruf weichpornographischer Darstellungen vornehmen könnten.[127]

Schliesslich existieren diverse Drittangebote, die unter der Sammelbezeichnung *adult verification system* (AVS, Erwachsenen- oder Altersverifikationssystem) laufen. Das sind Schutzvorrichtungen, um den Zugriff auf eine Webseite im Internet oder einen anderen Zielserver auf Personen über einer bestimmten Altersgrenze – in der Regel 18 Jahre und älter – zu beschränken. Zumeist handelt es sich dabei um einen Passwortschutz. Es gibt unabhängige AVS-Provider, die ihr Zugangsbeschränkungssystem verschiedenen Content-Providern (kostenlos) anbieten. Ein an den Diensten des Content-Providers interessierter Nutzer muss sich – damit er einen Zugang zur Webseite oder zum Zielserver erhält – zuerst beim AVS-Provider identifizieren und einen bestimmten Betrag bezahlen. Dafür erhält er eine *adult ID*, ein Passwort, mit welchem er gleichzeitig auf alle zugangsbeschränkten Angebote zugreifen kann, die an das gleiche AVS angeschlossen sind. Damit entfällt die Altersverifikation (und Bezahlung) bei jedem einzelnen Webseitenbesuch.[128]

VII. Internationaler Standard

Es würde den Rahmen dieses Beitrages sprengen, alle Formen des Jugendschutzes gegen Konfrontation mit weichpornographischem Material nachzuzeichnen. Auf zwei wichtige Punkte ist an dieser Stelle besonders hinzuweisen.

---

[127] Vgl. KOLLER, 171, welcher auf der einen Seite darauf hinweist, dass die Angabe einer Kreditkartennummer dem Anbieter grundsätzlich erlaube, das Alter des Inhabers verlässlich zu überprüfen, auf der anderen Seite jedoch die Eingabe einer fremden Kreditkartennummer befürchtet; ebenfalls kritisch BUNDI, N 683.
[128] Eine Übersicht über AVS in den USA findet sich unter: <www.avsguide.com/netsex/> (Stand: 20.11.2011).

1. In Europa existiert keine Verbotslösung bezüglich weichpornographischer Mehrwertdienste

Eine im Rahmen des Safer Internet Forums durchgeführte Befragung unter den Mitgliedstaaten der EU und der Schweiz hat ergeben, dass sich die meisten Länder für eine Selbst- oder Koregulierung im Bereiche des Jugendschutzes vor potentiell schädlichen Inhalten entschieden haben.[129]

> „Die Europäische Kommission unterstützt wirksam ko- und selbstregulierende Initiativen, die auf nationaler Ebene von den Mobilfunknetzbetreibern eingeführt wurden. Sie sind auszubauen und zu verfolgen. Die Kommission beabsichtigt, diese Diskussion auf europäischer Ebene fortzusetzen und Initiativen von Mobilfunknetzbetreibern, nichtstaatlichen Organisationen und anderen Interessengruppen zu unterstützen. Es ist notwendig, die Durchführung der Selbstregulierung, die in einigen Mitgliedstaaten bereits begonnen hat, zu fördern, und sicherzustellen, dass alle Länder sich an diesem Prozess beteiligen."[130]

2. „European Framework for Safer Mobile Use by Younger Teenagers and Children" – Vereinbarung der Europäischen Kommission mit den Mobile-Content- und Mobile-Network-Providern

Im Februar 2007 haben die an mobilen Mehrwertdiensten beteiligten Provider und die Europäische Kommission eine Vereinbarung geschlossen, mit welcher sich die Provider verpflichten, innerhalb eines Jahres ein effektives Selbstregulierungssystem aufzubauen, dass eine wirksame Separierung von schädlichen Inhalten bei unter 18-jährigen Handynutzern gewährleisten soll. Die Fortschritte werden von der Europäischen Kommission im Februar 2008 unter die Lupe genommen (zum Text der Rahmenvereinbarung, siehe Anhang, Abschnitt IX). Es ist zu empfehlen, dass sich die Schweiz an diesem Rahmen orientiert (weiterführend dazu der Beitrag von EGE/MUGGLI in diesem Sammelband).

---

[129] Safer Internet Forum, 14 June 2005, Country reports on Child safety and mobile phones (internal report). Ausführlich hierzu auch Hans-Bredow-Institut/EMR 2006, mit Fallstudien zu verschiedenen Mitgliedstaaten.

[130] Europäische Kommission 2006, 31 (mit Überblick über die Initiativen der Mitgliedstaaten).

VIII. Schlussfolgerungen und Empfehlungen

1. Reichweite von Art. 197 Ziff. 1 StGB (weiche Pornographie)?

Der Straftatbestand von Art. 197 Ziff. 1 StGB erfasst das Anbieten, Zeigen, Überlassen, Zugänglichmachen und die Radio- oder Fernsehverbreitung von pornographischen Darstellungen oder Vorführungen gegenüber mindestens einer Person unter 16 Jahren. Es handelt sich um ein sog. abstraktes Gefährdungsdelikt, das eine ungestörte sexuelle Entwicklung der Kinder und Jugendlichen sichern soll.

In der Variante des Zugänglichmachens reicht die Strafbarkeit sehr weit, weil nicht vorausgesetzt wird, dass eine Person unter 16 Jahren die pornographische Darstellung tatsächlich wahrnimmt. Der objektive Tatbestand ist schon erfüllt, wenn eine Person unter 16 Jahren die Möglichkeit hat, sich Zugang zur pornographischen Darstellung zu verschaffen, selbst wenn sie dies selbst aktiv und absichtlich anstrebt.

Aus der Sicht des Content-Providers bedeutet dies mit anderen Worten, dass das Bereitstellen einer pornographischen Darstellung auf einem Server (z.B. auf einem Web- oder Mobile-Application-Server) zur Erfüllung des objektiven Tatbestandes schon ausreicht, wenn nicht ein effektives Altersverifikationssystem den Zugriff aller Personen unter 16 Jahren verhindert. In subjektiver Hinsicht reicht es schon, wenn der Content-Provider mit der Möglichkeit rechnet, dass ein solcher Zugriff möglich wäre, und dieses Risiko in Kauf nimmt.

2. Bedeutung von Art. 197 Ziff. 1 StGB (weiche Pornographie) für die weiteren am Mobilkommunikationsprozess beteiligten Provider?

Wegen der kausalen Beiträge zum Zugänglichmachen und der vertraglichen Beziehungen mit dem Mobile-Content-Provider ist davon auszugehen, dass sich die Strafbarkeit auch auf weitere Beteiligte, wie den Application-Service-Provider, den Content-Aggregator-Provider, den Connectivity- und Payment-Service-Provider sowie den Mobile-Network-Provider erstrecken kann (Mittäterschaft, Gehilfenschaft).

Bei allen Providern, insbesondere beim Connectivity- und Mobile-Network-Provider, hängt die Strafbarkeit allerdings vom Kenntnisstand der verantwortlichen Organe ab. Spätestens wenn sie durch eine Strafverfolgungsbehörde auf die strafrechtlich relevanten pornographischen Angebote aufmerksam gemacht werden, verfügen sie über die erforderliche Kenntnis. Ähnlich wie bei strafrechtlich relevanten Informationsangeboten im Web und anderen Internetdiensten ist nicht auszuschliessen, dass diese Provider in zukünftige Strafverfahren einbezogen werden.

Die Providerverantwortlichkeit nach geltendem Strafrecht ist in vielen Punkten unklar. So ist unklar, ob das Medienstrafrecht anwendbar ist, ob es sich um ein Tun oder Unterlassen handelt und ob gegebenenfalls der Connectivity- und Mobile-Network-Provider eine Garantenstellung, also eine rechtliche Pflicht zur Verhinderung des pornographischen Angebots, haben.[131] In der Praxis besteht jedoch die Tendenz, den Kreis der strafrechtlichen Verantwortlichkeit weit zu ziehen. Dabei ist der Präzedenzfall BGE 121 IV 109, in welchem der frühere PTT-Generaldirektor wegen aktiver Gehilfenschaft zum Zugänglichmachen von Telefonsex an Personen unter 16 Jahren zu einer bedingten Freiheitsstrafe und einer Busse verurteilt wurde, von besonderer Relevanz. Der damals zu beurteilende Sachverhalt ist mit der aktuellen Konstellation der SMS- und MMS-Dienste verwandt, denn anders als Content-Provider und Access-Provider bei entsprechenden pornographischen Angeboten auf dem Web wirken Content-Provider und Mobile-Network-Provider bei Mobilangeboten auf vertraglicher Basis zusammen.

3. Haben Rechtsprechung und Lehre schon Voraussetzungen definiert, deren Einhaltung eine Strafbarkeit nach Art. 197 Ziff. 1 StGB ausschliesst?

Die aktuelle Rechtsprechung des Bundesgerichts zu pornographischen Angeboten im Web verdeutlicht nur, welche Arten der Alterskontrolle *nicht genügen*. Da sich die Strafgerichte meistens nur mit der Frage befassen, ob ein Angeklagter genügend getan hat, um eine wirksame Alterskontrolle zu

---

[131] Siehe vorne, Abschnitt V.5.

gewährleisten, wird der Anwendungsbereich von Art. 197 Ziff. 1 StGB jeweils nur negativ abgegrenzt.

4. Welches Altersverifikationssystem genügt den Anforderungen von Art. 197 Ziff. 1 StGB?

Der objektive Tatbestand der weichen Pornographie ist mit Sicherheit nicht erfüllt, wenn bei jedem Kunden eine persönliche Alterskontrolle anhand eines Ausweises (Pass, Identitätskarte, Führerschein) durchgeführt wird, bevor das pornographische Angebot zugänglich gemacht wird (Face-to-Face-Alterskontrolle).

Für den Bereich der Internet- oder Mobilangebote, bei denen eine direkte Face-to-Face-Alterskontrolle unmöglich ist, besteht Unklarheit über die einzuhaltenden Voraussetzungen, welche die Tatbestandmässigkeit nach Art. 197 Ziff. 1 StGB ausschliessen. Eine der wenigen Lehrmeinungen, die sich zu dieser Problematik äussert, hält allgemein für Webangebote fest, dass eine postalische Anmeldung mit Ausweiskopien und nachfolgender Passwortübermittlung ausreichen müsste. Auch eine Registrierung mittels Kreditkartennummer solle die Anforderungen erfüllen, wenn das Alter dabei verifiziert werde.[132]

Als Fazit ist festzuhalten, dass die Kriterien, deren Einhaltung ein strafloses pornographisches Angebot im Internet- und Mobilfunkbereich ermöglichen, nicht genau benannt werden können. Für die Mobile-Content-Anbieter mit pornographischem Angebot und die weiteren beteiligten Provider besteht daher ein schwer kalkulierbares Strafbarkeitsrisiko und eine Situation der Rechtsunsicherheit.[133]

---

[132] HEIMGARTNER, 1489. Eine Altersverifikation mittels Kreditkartenanmeldung wäre auch nach BezGer ZH, Urteil vom 6.9.2006, GG060256, Ziff. II und Erw. 2.6.1 „vielleicht möglich".

[133] Zu einer Lösung mittels Richtlinien über die Sorgfaltspflichten bei pornographischen Angeboten in Mobilangeboten siehe unten, Ziff. 6.

5. Verlangt Art. 197 Ziff. 1 StGB einen „hundertprozentigen" Jugendschutz? Ist ein solcher überhaupt möglich?

Nach der Zielsetzung von Art. 197 Ziff. 1 StGB soll möglichst lückenlos verhindert werden, dass Kinder und Jugendliche unter 16 Jahren mit weicher Pornographie konfrontiert werden. Ein absoluter Jugendschutz ist jedoch unmöglich.[134] Einerseits ist unstrittig, dass Jugendliche unter 16 Jahren in der Lage sind, auch effektive Schutzvorkehrungen mit illegalen Mitteln zu überwinden, beispielsweise indem sie sich das Passwort eines Erwachsenen unbefugt beschaffen und damit auf ein pornographisches Angebot zugreifen. Ein absoluter Jugendschutz kann nicht verlangt werden, weil dies im Resultat zu einem absoluten Verbot der Verbreitung von weicher Pornographie über elektronische Kommunikationsnetze führen würde. Dies käme einem unverhältnismässigen Eingriff in die verfassungsrechtlich geschützte Wirtschafts- und Medienfreiheit der Anbieter (Art. 17, 27 BV) und das ebenfalls grundrechtlich verbürgte Recht von Erwachsenen, pornographische Informationen zu beschaffen und zu konsumieren (Art. 16 BV; Art. 10 Ziff. 1 EMRK), gleich.[135]

Das strafrechtliche Verbot weicher Pornographie als gesetzlicher Ausdruck des Jugendschutzinteresses muss der verfassungsrechtlichen Interessenabwägung mit der Informations-, Medien- und Wirtschaftsfreiheit gerecht werden. Einerseits darf der Zugang von Erwachsenen zu pornographischen Angeboten in elektronischen Netzwerken faktisch nicht ausgeschlossen werden, andererseits sollen Jugendliche unter 16 Jahren möglichst weitgehend vor einer Konfrontation mit diesen Inhalten geschützt werden. In die Abwägung ist auch die Verantwortlichkeit der erwachsenen Konsumenten von weicher Pornographie und insbesondere der Eltern bzw. der Erziehungsberechtigten miteinzubeziehen.[136] Werden etwa pornographische Zeitschriften in einer

---

[134] Man vergleiche den Jugendschutz im Bereich des Alkoholverkaufs und -konsums.
[135] So explizit auch die Stellungnahme des Bundesrates vom 21.2.2007 zur Motion 06.3884, Keine kommerzielle Pornografie auf Handys, 20.12.2006 (Schweiger). Vgl. oben, Abschnitt V.5.
[136] So auch die Antwort des Bundesrates vom 16.3.2007 auf die Interpellation 06.3779, Massnahmen gegen überbordende Erotikindustrie und Pornographie vom 19.12.2006.

Wohnung, in der sich auch unter 16-jährige Personen aufhalten, unverschlossen liegen gelassen, pornographische DVDs neben einem DVD-Abspielgerät verstaut oder pornographische Bilddateien auf einem Familiencomputer unverschlüsselt abgespeichert, so machen sich nicht etwa die Anbieter der Zeitschriften, DVDs oder Bilddateien, sondern die Erwachsenen bzw. Eltern, die das pornographische Material nicht wegsperren, gemäss Art. 197 Ziff. 1 StGB strafbar.

6. Was können Richtlinien zur Wahrung des Jugendschutzes bei pornographischen Angeboten in Mobildiensten zur Konkretisierung von Art. 197 Ziff. 1 StGB beitragen?

Bei der strafrechtlichen Beurteilung, ob eine passive bzw. indirekte aktive Sterbehilfe einen Tötungstatbestand nach Art. 111 ff. StGB erfüllt, ob die Voraussetzungen für eine legale Suizidbeihilfe gegeben sind oder wann ein Mensch als tot zu gelten hat,[137] orientieren sich Strafrechtslehre und Rechtsprechung weitgehend an den medizinisch-ethischen Richtlinien der Schweizerischen Akademie der Medizinischen Wissenschaften.[138] Zum Teil werden diese Richtlinien in kantonalen Gesundheitsgesetzen oder Patientenrechts-

---

[137] Falls eine hirntote Person, die künstlich beatmet wird, nicht als tot gelten würde, würde sich ein Arzt, der ein Organ entnimmt, eines Tötungsdeliktes schuldig machen.

[138] Vgl. Schweizerische Akademie der Medizinischen Wissenschaften, Medizinisch-ethische Richtlinien zu Grenzfragen der Intensivmedizin, Basel 1999; Schweizerische Akademie der Medizinischen Wissenschaften, Behandlung und Betreuung von zerebral schwerst geschädigten Langzeitpatienten, Medizinisch-ethische Richtlinien, Basel 2003; Schweizerische Akademie der Medizinischen Wissenschaften, Behandlung und Betreuung von älteren, pflegebedürftigen Menschen, Medizinisch-ethische Richtlinien und Empfehlungen, Basel 2004; Schweizerische Akademie der Medizinischen Wissenschaften, Betreuung von Patientinnen und Patienten am Lebensende, Medizinisch-ethische Richtlinien, Basel 2004; Schweizerische Akademie der Medizinischen Wissenschaften, Feststellung des Todes mit Bezug auf Organtransplantationen, Medizinisch-ethische Richtlinien, Basel 2005; Schweizerische Akademie der Medizinischen Wissenschaften, Recht der Patientinnen und Patienten auf Selbstbestimmung, Medizinisch-ethische Grundsätze, Basel 2005; Schweizerische Akademie der Medizinischen Wissenschaften, Palliative Care, Medizinisch-ethische Richtlinien und Empfehlungen, Basel 2006; alle SAMW-Dokumente sind abrufbar unter: <www.samw.ch>, Stand: 25.10.2011.

verordnungen als direkt anwendbar erklärt. Dabei handelt es sich um standesrechtliche Verhaltenskodizes, die von Medizinern, Pflegepersonen, Ethikern und Juristen in einem offenen, durch ein Vernehmlassungsverfahren breit abgestützten Prozess bestimmt werden und für die organisierte Ärzteschaft in der Schweiz berufsrechtlich verbindlich sind. Für den Strafrichter sind sie bei der Auslegung der Tötungsdelikte zwar nicht bindend, sie werden aber als Auslegungshilfe regelmässig herangezogen.[139]

Bei der strafrechtlichen Beurteilung, ob eine Person, die berufsmässig mit der Durchführung von Finanzgeschäften befasst ist (sog. „Finanzintermediäre"), den wirtschaftlich Berechtigten der ihm anvertrauten Vermögenswerte sorgfaltsgemäss abgeklärt hat, hilft der Gesetzeswortlaut nicht viel weiter (Art. 305ter Abs. 1 StGB: „nach den Umständen gebotene Sorgfalt"). Zunächst wurde diese vage Formel durch die Vereinbarung über die Standespflicht der Banken vom 1. Juli 1992 (VSB 92) konkretisiert. Wie bei den SAMW-Richtlinien handelte es sich hierbei um Standesregeln der Banken. Auch heute gilt neben dem Geldwäschereigesetz noch partiell die Vereinbarung über die Standesregeln zur Sorgfaltspflicht der Banken vom 7.4.2008 (VSB 08).[140] Auch diese Standesregeln können vom Strafrichter bei der Auslegung von Art. 305ter Abs. 1 StGB beigezogen werden, weil sie den Standard sorgfaltskonformen Verhaltens bei den Banken definieren.

Derartige Richtlinien sind Instrumente der Selbstregulierung von bestimmten Berufsgruppen und Verbänden.[141] Wenn gesetzliche Vorschriften eine Selbstregulierungsmassnahme für bestimmte Dienstleistungsbereiche vorschrei-

---

[139] Vgl. weiterführend zur Funktion der SAMW-Richtlinien, SCHWARZENEGGER, vor Art. 111 N 16 ff. und N 22 ff.

[140] Weiterführend DONATSCH/WOHLERS, 493 ff. m.w.H. Abrufbar unter: <www.swissbanking.org/1116_d.pdf>. Es handelt sich um eine *analoge Problematik* wie bei weichpornographischen Mehrwertdiensten. Hier muss das Alter verifiziert werden, dort ist in Geschäftsbeziehungen zwischen Banken und Vertragspartnern bei Eröffnung von Konten oder Heften, beim Abschluss von Vermögensverwaltungsverträgen, bei Ausführung von Handelsgeschäften über Effekten, Devisen usw. zu identifizieren, siehe Art. 2 VSB 08.

[141] Wird die Konkretisierung einer Bestimmung durch Gesetz oder Verordnung direkt an eine Standesorganisation oder andere private Institutionen übertragen, spricht man auch von Ko-Regulierung, vgl. dazu ausführlich Hans-Bredow-Institut/EMR, 11 ff.

ben, spricht man von Koregulierung. Mit diesem Instrument setzen sich diese Organisationen selbstgewählte Massstäbe der Sorgfalt im Umgang mit berufs- oder branchenspezifischen Tätigkeitsfeldern und den darin auftretenden Problemen. Ihre Verletzung ist zunächst einmal nur organisationsintern von Belang, indem z.b. ein Ausschluss aus der Standesorganisation angeordnet oder eine Konventionalstrafe ausgesprochen werden kann. Mittelbar haben sie aber – wie die Beispiele der SAMW-Richtlinien und die Standesregeln der Banken zeigen – eine Bedeutung für das Strafrecht (und andere Rechtsbereiche), weil sich die Strafverfolgungsbehörden und Gerichte in der Anwendung und Auslegung strafrechtlicher Bestimmungen an solchen Richtlinien orientieren und daraus etwa die Voraussetzungen für ein strafloses Handeln ableiten. Je ausgewogener die Richtlinien sind und je breiter sie in der Branche abgestützt sind, desto grösser ist ihre informelle Verbindlichkeit.

Auch auf europäischer Ebene setzt sich diese Art der Selbstregulierung im Bereich der Mobilangebote durch. Am 6. Februar 2007 unterzeichneten führende Mobile-Network-Provider und Mobile-Content-Provider eine Vereinbarung mit der Europäischen Kommission, in welcher sie sich zur Entwicklung eines Selbstregulierungsregelwerks bis Februar 2008 verpflichten.[142] Die Provider stimmen mit der Europäischen Kommission überein, dass allein eine mehrdimensionale Strategie zum Erfolg führen kann. Dazu zählt die Rahmenvereinbarung Zugangskontrollen für pornographische Inhalte, Sensibilisierungskampagnen für Eltern, Kinder und Jugendliche, die Inhaltsklassifikation von kommerziell angebotenen Inhalten gemäss nationalen Wertestandards und die Bekämpfung illegaler Inhalte im Mobilfunkbereich. Die Europäische Kommission wird die Umsetzung der Rahmenvereinbarung im Auge behalten und die Wirksamkeit der eingeführten Instrumente nach 12 Monaten evaluieren. Zu den unterzeichnenden Unternehmen gehören unter anderem auch die in der Schweiz aktiven Gesellschaften Orange Group und Vodafone Ltd.

---

[142] European Framework for Safer Mobile Use by Younger Teenagers and Children, February 2007. Der Originaltext ist im Anhang wiedergegeben.

7. Welches Vorgehen ist bei der Schaffung von Richtlinien zur Wahrung des Jugendschutzes bei pornographischen Angeboten in Mobildiensten zu empfehlen?

An der Ausarbeitung der Richtlinien soll möglichst das ganze Spektrum der an Mobildiensten beteiligten Provider mitwirken (Mobile-Content-Provider, Application-Service-Provider; Connectivity- & Payment-Service-Provider sowie Mobile-Network-Provider). Ziel der Richtlinien muss es sein, eine für alle Beteiligten verbindliche Regulierung einzuführen. Als Beispiel mag die Vereinbarung über die Standesregeln zur Sorgfaltspflicht der Banken (VSB 08) herangezogen werden, in welcher sich die Unterzeichnerbanken gegenüber der Schweizerischen Bankiervereinigung zu deren Einhaltung verpflichten. Auch eine stichprobenartige Kontrolle durch ein zu bestimmendes Verbandsorgan[143] und Sanktionen bei Verletzungen der Standesregeln könnten in die Richtlinien aufgenommen werden.[144]

Der Einbezug von Behörden und Organisationen, die sich mit Jugendschutzfragen befassen, ist angezeigt, weil dadurch die Anerkennung der Richtlinien gestärkt wird. Zu denken ist etwa an: Pro Juventute; Stiftung für Konsumentenschutz (SKS); BAKOM; Bundesamt für Justiz (Abteilung Strafrecht); leitende Strafverfolgungsbehörden[145] u.a.

8. Eckpunkte einer inhaltlichen Ausgestaltung der Richtlinien

Die Schweizer Mobilfunkbranche sollte die europäische Initiative des *European Framework for Safer Mobile Use by Younger Teenagers and Children* aufgreifen. Mit einer ausgewogenen Lösung könnte sie im Hinblick auf die Umsetzung in den Mitgliedsstaaten der Europäischen Union eine Modellrolle übernehmen.

In der Schweiz sind die Voraussetzungen für eine erfolgreiche Selbstregulierung besonders günstig:

---

[143] Vgl. Art. 10 VSB 08.
[144] Vgl. Art. 11 VSB 08.
[145] Beispielsweise der leitenden Oberstaatsanwalt des Kantons Zürich, Dr. Andreas Brunner.

* Die gesetzlichen Rahmenbedingungen des Fernmelderechts sehen griffige Instrumente zur Gewährleistung des Jugendschutzes bei pornographischen Mobildiensten vor.

* Die gesetzliche Grundlage für eine Regulierung der Mehrwertdienste zur Verhinderung von Missbräuchen findet sich in Art. 12b Fernmeldegesetz (FMG)[146].

* Nach Art. 36 Abs. 1 Fernmeldediensteverordnung (FDV)[147] müssen Mehrwertdienste für die Nutzer klar erkennbar sein. Art. 36 Abs. 2-3 FDV sieht vor, dass für Mehrwertdienste nur bestimmte Adressierungselemente nach der Verordnung über die Adressierungselemente im Fernmeldebereich (AEFV)[148] verwendet werden dürfen.

* Die separate Kennzeichnung von Mehrwertdiensten mit erotischen oder pornographischen Inhalten ist in Art. 36 Abs. 5 FDV vorgeschrieben (vgl. bezüglich Kurznummern für SMS- und MMS-Dienste auch Art. 15d Abs. 2 AEFV).

* Art. 39 FDV definiert Preisobergrenzen für Mehrwertdienste.

* Sowohl die Sperrung des Zugangs zu allen über 090x-Nummern (oder nur über 0906-Nummern) als auch über Kurznummern für SMS- und MMS-Dienste angebotenen Mehrwertdiensten ist für die Nutzer kostenlos und jederzeit in einem einfachen Verfahren zu ermöglichen (Art. 40 FDV, Code of Conduct mobile Mehrwertdienste[149]). Diese Möglichkeit beinhaltet auch die Sperrung des Empfangs der entsprechenden Dienste. Art. 40 Abs. 5 FDV sieht zudem eine jährliche Aufklärung der Kunden über die Sperrmöglichkeiten vor.

* In Art. 15f AEFV werden Offenlegungspflichten für Anbieter von SMS- und MMS-Mehrwertdiensten statuiert, wobei immer Angaben über den Inhaber und seine Korrespondenzadresse in der Schweiz zu machen sind.

---

[146] Inkrafttreten: 20.10.1997 (SR 784.10).
[147] Inkrafttreten: 1.4.2007 (SR 784.101.1).
[148] Inkrafttreten: 1.1.1998 (SR 784.104).
[149] Version 4, 23.6.2010.

Weiche Pornographie im Internet und in der Mobiltelefonie (Art. 197 Ziff. 1 StGB)

* Schliesslich sieht Art. 41 FDV einen besonderen Schutz von Minderjährigen vor: „Die Anbieterinnen von Fernmeldediensten sperren für Kundinnen und Kunden oder Benutzerinnen und Benutzer unter 16 Jahren, soweit deren Alter der Anbieterin bekannt ist, den Zugang zu folgenden Diensten: a. Mehrwertdienste mit erotischen oder pornographischen Inhalten (0906-Nummern); b. über Kurznummern bereitgestellte SMS- und MMS-Dienste mit erotischen oder pornographischen Inhalten; c. nach Artikel 35 Absatz 2 angebotene Mehrwertdienste mit erotischen oder pornographischen Inhalten.

Damit sind schon wesentliche Rahmenbedingungen für einen effektiven Jugendschutz im Fernmeldeverordnungsrecht verankert, an welche die Richtlinien nahtlos anknüpfen können.

Die Mobile-Network-Provider haben die unterschiedlichen Sperrsets weitgehend implementiert oder sind daran, diese bald zu realisieren. Derzeit werden auch die Kundendaten vervollständigt, um zwischen Mobilabonnent (Elternteil) und Mobiltelefonhalter (eventuell minderjähriges Kind) unterscheiden und die Voraussperrung von Mehrwertdienste mit erotischen oder pornographischen Inhalten einrichten zu können. Die Richtlinien zur Wahrung des Jugendschutzes bei pornographischen Angeboten in Mobildiensten können diesen Rechtsrahmen ergänzen und eignen sich zur Konkretisierung der Pornographiestrafnorm von Art. 197 Ziff. 1 StGB. Letztlich wird damit mehr Rechtssicherheit für Eltern, Erziehungsberechtigte, Provider und Nutzer geschaffen.

Die Richtlinien sollten sich an den Schwerpunkten des *European Framework* orientieren und Ausführungen zu Zugangskontrollen für pornographische Inhalte *(access control mechanisms)*, zu Sensibilisierungskampagnen für Eltern, Kinder und Jugendliche *(raising awareness & education)*, zur Inhaltsklassifikation von kommerziell angebotenen Inhalten gemäss nationalen Wertestandards *(classification of commercial content)* und zur Bekämpfung illegaler Inhalte im Mobilfunkbereich *(illegal content on mobile community products)* machen. Durch die fernmelderechtliche Regelung der Adressierungselemente ist das Problem der Inhaltsklassifikation schon gelöst. Ein Hinweis auf die entsprechenden Pflichten der Mehrwertdienstanbieter genügt hierzu.

Eine zentrale Bedeutung kommt dem von der Richtlinie vorzuschreibenden Altersverifikationsmechanismus zu. Die Richtlinie sollte einen bis zwei derartige Mechanismen genau beschreiben, damit sie im strafrechtlichen Kontext nutzbar gemacht werden können. Vorzuziehen ist dabei ein Modell, das die Altersverifikation mit dem Abschluss eines Mobilabonnements bzw. mit dem Kauf von Prepaid-Karten am Point-of-Sale des Mobile-Network-Providers verbindet. Ähnlich wie bei der Eröffnung eines Bankkontos ist auch beim Abschluss eines Mobilabonnements oder dem Verkauf einer Prepaid-Karte eine persönliche Identifikation anhand eines amtlichen Ausweises möglich. Ebenso ist feststellbar, ob der Halter des Mobilgerätes eine minderjährige Person sein wird. Geräte für diese Nutzergruppe können von Beginn an mit einer Sperre der abgehenden und eingehenden Verbindungen zu oder von pornographischen Mehrwertdiensten versehen werden (siehe Art. 41 FDV). Am Point-of-Sale ist auch eine Sensibilisierung und rechtliche Belehrung möglich. Um den strafrechtlichen Vorgaben an einen effektiven Jugendschutz Genüge zu tun, müssen die Richtlinien dem Verkaufspersonal von Mobile-Network-Providern und Resellern vorschreiben, standardmässig über die jugendschutzrechtlichen Probleme und Möglichkeiten der Verhinderung durch eine kostenlose Sperrung entsprechender Mehrwertdienste aufmerksam zu machen (etwa mittels eines in Zusammenarbeit mit Jugendschutz- oder Konsumentenschutzorganisationen entwickelten Merkblatts). Die Belehrung ist auf dem Vertragsformular separat aufzuführen und vom Kunden mit Unterschrift zu bestätigen. Zu dieser Belehrung gehört auch der Hinweis, dass bei Abgabe des Mobilgeräts an Personen unter 18 Jahren die verfügbaren Sperrfunktionen der Mobile-Network-Provider durch den Nutzer zu veranlassen sind, andernfalls er sich der Gefahr aussetzt, selbst wegen Zugänglichmachung strafrechtlich relevanter Inhalte verantwortlich gemacht zu werden. Diese Sorgfaltspflichten im Umgang mit Mobilgeräten ohne Sperrset sind in die AGB der Mobile-Network-Provider aufzunehmen. Ähnlich wie bei der Lösung einer Konto- oder Kreditkarte bei der Bank, kann durch eine separate Vertragsklausel ein PIN-Code für die Authentifizierung bei Mehrwertdiensten am Point-of-Sale bestellt werden. Über die Sorgfaltspflichten im Umgang mit dem PIN-Code ist der Nutzer besonders aufzuklären. So ist etwa der PIN-Code zu sperren, wenn der Nutzer erkennt, dass ein Minderjähriger den Code zur Kenntnis genommen hat. Mit der Identifikation am Point-of-Sale und der späteren Authentifizierung durch den PIN-Code ist ein effektiver Ausschluss von Personen unter 18 Jahren von pornographischen Mehrwertdiensten und gleichzeitig eine Sensibilisierung der erwachsenen Nutzer möglich. Dies deckt sich mit den Erkenntnissen und Empfehlungen der Europäischen Kommission, die zu diesem Problembereich eine öffentliche Konsultation durchgeführt hat.[150] Für bestehende Mobilabonnenten muss ein Mechanismus beschrieben werden, wie die Belehrung, Sorgfaltspflichten des Nutzers sowie die Möglichkeit der Einrichtung eines PIN-Codes umgesetzt wird. Denkbar ist eine entsprechende Benachrichtigung und Auswahlmöglichkeit im Rahmen der jährlichen Information über die Sperrmöglichkeiten (Art. 40 Abs. 5 FDV). Zusätzlich zum Altersverifikationsmechanismus über den Point-of-Sale besteht auch die Möglichkeit einer Alterskontrolle über die Kreditkartenunternehmen. Ob die Richtlinien sich auch zu diesem Modell genauer äussern sollen, ist erst im Rahmen ihrer genaueren Ausarbeitung zu sagen. Die Richtlinien sollten bezüglich neuer Altersverifikationsmethoden flexibel bleiben und Revisionsvorschriften vorsehen, welche eine geordnete Ergänzung der Richtlinien ermöglichen.

Daneben sollten die Richtlinien weitere Sensibilisierungsmassnahmen vorsehen. Wie dies schon zur Prävention von Gefahren im Zusammenhang mit schädlichen und illegalen Inhalten auf dem Web und in anderen Internetdiensten getan wird,[151] sollte auch im Bereich Mobildienste eine Website mit jugend- und laiengerechten Anleitungen für den sicheren Umgang mit Mobiltelefonen eingerichtet werden. Diese Informationsseite könnte auch Gefahren aufgreifen, die nicht vom SMS- oder MMS-Mehrwertdiensten ausgehen wie z.B. dem Peer-to-Peer-Austausch von illegalen Inhalten.[152]

Wie erwähnt erfüllt der fernmelderechtliche Rahmen der Schweiz schon viele Punkte des *European Framework*. Bezüglich der Zugangskontrolle sind die Punkte 1-3 praktisch realisiert oder stehen kurz vor der Realisierung. Die Richtlinien sollten die Möglichkeit der selektiven Sperrung, der vorinstallierten Sperrung bei minderjährigen Gerätehaltern und der separaten

---

[150] European Commission 2006, 3 und 8 f.

[151] Siehe: <www.security4kids.ch> und <http://swisssecurityday.ch> (Stand: 25.10.2011).

[152] Vgl. zum Gefahrenpotential durch Downloads aus dem Internet und dem Datenaustausch unter Minderjährigen die Stellungnahme des Bundesrates vom 21.2.2007 zur Motion 06.3884, Keine kommerzielle Pornografie auf Handys, 20.12.2006 (Schweiger). Vgl. zum Gefahrenpotential vorne, Abschnitt III.

Datenerfassung von Abonnent und Halter bekräftigen und auf FMG und FDV verweisen. Auch die Kostentransparenz ist in der Schweiz gesichert.

Die Forderung nach Inhaltsklassifikation ist in der Schweiz elegant durch die separaten Adressierungselemente gelöst. Die Richtlinien können auf die rechtlichen Grundlagen verweisen (AEFV).

Bezüglich der Zusammenarbeit mit den Strafverfolgungsbehörden sollten die Richtlinien festhalten, dass die Verfolgung von strafrechtlich relevanten Inhalten im Interesse der Mobile-Content-Provider und der Mobile-Network-Provider ist und sie deshalb die Strafverfolgung im Rahmen des rechtlich Zulässigen unterstützen werden. Umgekehrt sollten die Strafverfolgungsbehörden in der Lage sein – wie dies *European Framework* Punkt 16 vorsieht – den involvierten Providern über die Strafbarkeit bzw. Rechtmässigkeit bestimmter Inhalte verlässliche Angaben machen zu können. In diesem Zusammenhang ist auf die *Association of Sites Advocating Child Protection* (ASACP) hinzuweisen, die 1996 von den US-amerikanischen Mehrwertdienstanbietern mit weichpornographischen Angeboten ins Leben gerufen wurde.[153] Die ASACP dient u.a. als Anlaufstelle für Meldungen der Onlinekunden. Sie nimmt Informationen über Missbräuche entgegen und arbeitet mit den Strafverfolgungsbehörden zusammen. Unternehmen der Erwachsenenunterhaltung können zu anerkannten Mitgliedern der ASACP werden, wenn sie sich an den Code of Ethics der Organisation binden. ASACP dokumentiert ausserdem beste Praktiken *(best practices)*, die sich nicht nur auf das Betreiben von weichpornographischen Mehrwertdiensten beziehen, sondern auch Massnahmen bei Suchmaschinen, dem Payment-Provider usw. umfassen.

Im Rahmen der Selbstregulierung sollten die Richtlinien eine periodische Konsultation mit Behörden und Jugendschutzorganisationen vorsehen, um „schwarze Schafe" eruieren zu können. Die in Art. 15f AEFV vorgeschriebenen Korrespondenzadressen in der Schweiz sind explizit als Anlaufstellen für Missbrauchsmeldungen im Zusammenhang mit jugendschutzrechtlichen Problemen zu bezeichnen.

---

[153] Vgl. <www.asacp.org> (Stand: 25.10.2011).

Anhang: European Framework for Safer Mobile Use by Younger Teenagers and Children, February 2007

European mobile providers and content providers have developed national and corporate initiatives to ensure safer use of mobiles including by younger teenagers and children. These already cover most EU Member States.

Signatory European mobile providers, with support from signatory content providers, now propose an EU-wide common framework to reflect these developments and to encourage all relevant stakeholders to support safer mobile use. This framework will be subject to national implementation by signatory providers.

- We recognize:
- mobile services offer an additional way to consume content (still and video images, music, chat, etc.) already offered in other ways – typically by the same providers.
- the importance of parental oversight: accordingly, mobile providers should endeavour to empower parents with information and tools to facilitate their oversight.
- any initiatives to classify content should be based on national societal standards regarding decency, appropriateness and legislation.
- a framework-based approach to industry self-regulation will be effective in adapting to the fast moving environment of mobile technology and services – it will be future proof.

European Mobile Providers – A Responsible Approach

It should be noted that:

Mobile providers only control commercial content they produce themselves or which they commission from professional third parties.

They exert indirect and retrospective control over commercial content in certain other situations, provided there is a contractual relationship with professional third parties.

They are not in a position to control content which is freely accessible on the internet, since there is no relationship between the mobile provider and the content provider.

However, as responsible companies, mobile providers recognise the need to work with customers, parents and other stakeholders, including child protection organizations, in order to promote the safety of younger teenagers and children using mobile services.

Mobile providers offer content which may use pre-pay, post-pay or hybrid approaches to billing. This framework is intended to provide for safer mobile use by younger teenagers and children across different billing approaches.

Recommendations on Safer Mobile Use

Access Control Mechanisms

1   Mobile providers should not offer any own-brand commercial content which would be classified as only suitable for adult customers in equivalent media, without providing appropriate means to control access to such content under parental control.

2   Appropriate means to control access to content should also be applied where content is supplied by contracted providers of third party commercial content which would be classified as only suitable for adult customers in equivalent media.

3   Additionally, individual mobile providers should offer capabilities which can be used by parents to customize access to content by children using mobiles. These may include specific services, phones, barring or filtering, and/or billing control.

Raising Awareness & Education

4   Mobile providers should provide advice and effective access to information regarding the use of mobile phone services and measures which can be taken by parents to ensure safer use by their children.

5   Mobile providers should encourage customers who are parents to talk to their children about how to deal with issues arising from the use of mobile services.

6   Mobile providers should ensure customers have ready access to mechanisms for reporting safety concerns.

7   Mobile providers should support awareness-raising campaigns designed to improve the knowledge of their customers, through organisations such as the INSAFE[154] network.

8   For these measures to work effectively policy makers should play a role in improving childrens' awareness through updated educational material and approaches. This should include parent and child-friendly information on safer use of mobile and the internet.

Classification of Commercial Content

9   Mobile providers and content providers support classification frameworks for commercial content based on national societal standards and consistent with approaches in equivalent media. Classification of content, whether accessible through telecommunications or not, should be consistent with national societal standards regarding decency, appropriateness and legislation. Classification frameworks should consist of at least two categories: content which is suitable only for adult customers and other content.

10   Mobile providers should ensure that their own-brand commercial content is appropriately classified based on existing national classification standards in the markets where they operate.

11   Through their contractual relationships with professional third party content providers, mobile providers should ensure, after consultation, that these providers classify their commercial content under the same national classification approach.

12   For these measures to work effectively policy makers, trade associations and other interested parties should support mobile provider initiatives to

---

[154]   INSAFE is a network of national nodes that coordinate Internet safety awareness in Europe.

ensure commercial content providers classify their content against national societal standards.

Illegal Content on mobile community products or on the Internet

13   Mobile providers will continue to work with law enforcement authorities in executing their legislative obligations regarding illegal content.

14   Mobile providers will support national authorities in dealing with illegal child images and, through the INHOPE[155] hotline network or equivalent approaches, will facilitate the notification of this content where hosted on mobile community products or on the internet.

15   Mobile providers will adopt, or support the creation of, appropriate legally authorized national take-down procedures for such illegal content, including a commitment to liaise with national law enforcement.

16   For these measures to work effectively there should be legal clarity on the nature of content which is illegal and law enforcement authorities (or delegated organizations) should be able to confirm where individual items of content are illegal. This will require the allocation of proportionate law enforcement priority and resources. National governments' support for this is vital.

Implementation, Stakeholder Consultation & Review

17   Signatory mobile providers and signatory content providers will work towards implementation of this common European framework through self-regulation at national level in EU Member States. The target for agreement of national self-regulatory codes, consistent with this framework, is February 2008.

18   Mobile providers will regularly review child safety standards on the basis of the development of society, technology and mobile services in cooperation with European and national stakeholders such as the European Commission, INHOPE and INSAFE.

---

[155]   INHOPE is the International Association of Internet Hotlines.

Literatur

ALBRECHT HANS-JÖRG/HOTTER IMKE, Rundfunk und Pornographieverbot, München: Verlag Reinhard Fischer 2002.

AUER ANDREAS/MALINVERNI GIORGIO/HOTTELIER MICHEL, Droit constitutionnel suisse, Vol. II: Les droits fondamentaux, 2. éd., Bern: Stämpfli 2006.

BARRELET DENIS/WERLY STEPHANE, Droit de la communication, 2. Aufl., Stämpfli: Bern 2011.

BARRELET DENIS, Les libertés de la communication, in: THÜRER DANIEL/AUBERT JEAN-FRANÇOIS/MÜLLER JÖRG PAUL (Hrsg.), Verfassungsrecht der Schweiz, Zürich: Schulthess 2001, § 45.

BBC, Huge crowds at US porn convention, 13 January 2007, abrufbar unter: <http://news.bbc.co.uk/2/hi/americas/6258291.stm> (Stand: 20.11.2011).

BIAGGINI GIOVANNI, Bundesverfassung der Schweizerischen Eidgenossenschaft. Kommentar, Zürich, Orell Füssli 2007.

Botschaft über die Änderung des Schweizerischen Strafgesetzbuches und des Militärstrafgesetzes (Strafbare Handlungen gegen Leib und Leben, gegen die Sittlichkeit und gegen die Familie) vom 26. Juni 1985, BBl 1985 II 1009 (zit. Botschaft 1985).

Botschaft über die Änderung des Schweizerischen Strafgesetzbuches und des Militärstrafgesetzes (Medienstraf- und Verfahrensrecht) vom 17. Juni 1996, BBl 1996 IV 525 (zit. Botschaft 1996).

Bundesamt für Justiz, Gutachten zur Frage der strafrechtlichen Verantwortlichkeit von Internet-Access-Providern gemäss Art. 27 und 322bis StGB, Bern: BfJ 1999.

Bundesrat, Netzwerkkriminalität. Strafrechtliche Verantwortlichkeit der Provider und Kompetenzen des Bundes bei der Verfolgung von Netzwerkdelikten. Bericht des Bundesrates. O.O. [Bern]: Bundesrat 2008.

BUNDI MARCO, Der Straftatbestand der Pornographie in der Schweiz, Bern: Stämpfli 2008.

BURKERT HERBERT, Art. 17 BV, in: EHRENZELLER BERNHARD et al. (Hrsg.): Die schweizerische Bundesverfassung. Kommentar, 2. Aufl., Zürich u.a.: Dike Verlag/Schulthess 2008.

CALMES JEAN-CHRISTOPHE, La pornographie et les représentations de la violence en droit pénal, Études des articles 197 et 135 du Code pénal suisse, Diss. Lausanne 1997.

CASSANI URSULA, Les représentations illicites du sexe et de la violence, ZStrR 1993, 428-447.

CORBOZ BERNARD, Les infractions en droit suisse. Volume I, 3. éd., Berne: Stämpfli Editions 2010.

DINES GAIL, Pornland: How porn has hijacked our sexuality, Boston: Beacon Press 2010.

DONATSCH ANDREAS, Strafrecht III. Delikte gegen den Einzelnen, 9. Aufl., Zürich u.a.: Schulthess 2008.

DONATSCH ANDREAS/TAG BRIGITTE, Strafrecht I. Verbrechenslehre, 8. Aufl., Zürich u.a.: Schulthess 2006.

DONATSCH ANDREAS/WOHLERS WOLFGANG, Strafrecht IV. Delikte gegen die Allgemeinheit, 4. Aufl., Zürich u.a.: Schulthess 2011.

Eidgenössisches Justiz- und Polizeidepartement (Hrsg.), Netzwerk-Kriminalität. Bericht der Expertenkommission „Netzwerkkriminalität", Bern: EJPD 2003 (zit. EJPD 2003).

Eidgenössisches Justiz- und Polizeidepartement, Genehmigung und Umsetzung des Übereinkommens des Europarates zum Schutz von Kindern vor sexueller Ausbeutung und sexuellem Missbrauch vom 25. Oktober 2007. Vorentwurf und Erläuternder Bericht, Bern: EJPD 2011 (zit. EJPD 2011).

EISENBERG ULRICH, Kriminologie, 6. Aufl., München: Beck 2005.

Europäische Kommission, Illegale und schädliche Inhalte im Internet, KOM (96) 487 endg. (zit. Europäische Kommission 1996).

Europäische Kommission, Sicherheit von Kindern bei der Nutzung von Mobiltelefondiensten. Diskussionspapier, O.O. [Brüssel]: Generaldirektion Informationsgesellschaft und Medien 2006 (zit. Europäische Kommission 2006).

European Commission, Summary of the results of the public consultation 'Child safety and mobile phone services', O.O. [Bruxelles]: Information Society and Media Directorate-General 2006.

FAVRE CHRISTIAN/PELLET MARC/STOUDMANN PATRICK, Code pénal. Loi fédérale régissant la condition pénale des mineurs. Code annoté de la jurisprudence fédérale et cantonale, 3. éd., Lausanne: Edition Bis & Ter 2007.

FIOLKA GERHARD, Art. 150bis StGB, in: NIGGLI MARCEL ALEXANDER/WIPRÄCHTIGER HANS (Hrsg.), Basler Kommentar. Strafgesetzbuch II, Art. 111-401 StGB, 2. Aufl., Basel u.a.: Helbing & Lichtenhahn 2007.

FISCHER THOMAS, Strafgesetzbuch und Nebengesetze, 58. Aufl., München: Beck 2011.

FLUBACHER RITA, „Stabil ist, was sich in der Pornowelt bewährt", Tages-Anzeiger vom 2.12.2006, 42.

FORSTER MARC, Vor Art. 24-27 StGB, in: NIGGLI MARCEL ALEXANDER/WIPRÄCHTIGER HANS (Hrsg.), Basler Kommentar. Strafgesetzbuch I, Art. 1-110 StGB, Jugendstrafgesetz, 2. Aufl., Basel u.a.: Helbing & Lichtenhahn 2007.

GERCKE MARCO, Die Entwicklung der Rechtsprechung zum Internetstrafrecht in den Jahren 2000 und 2001, ZUM 2002, 283-288.

HÄFELIN ULRICH/HALLER WALTER/KELLER HELEN, Schweizerisches Bundesstaatsrecht, 7. Aufl., Zürich u.a.: Schulthess 2008.

Hans-Bredow-Institut/EMR (Hrsg.), Final report. Study on co-regulation measures in the media sector. O.O. [Hamburg/Saarbrücken]: Hans-Bredow-Institut for Media Research/Institute for European Media Law 2006.

HEIMGARTNER STEFAN, Weiche Pornographie im Internet, AJP 2005, 1482-1490.

HIPELI EVELINE/SÜSS DANIEL, Generation Porno: Mediales Schreckgespenst oder Tatsache?, in: Eidgenössische Kommission für Kinder- und Jugendfragen (Hrsg.), Internet-Recht und Electronic Commerce Law, Bern: EKKJ 2009, 49-61.

HOLZINGER ANDREAS, Basiswissen IT/Informatik, Band 1: Informationstechnik, Würzburg: Vogel Buchverlag 2002.

HÖRNLE TATJANA, Pornographische Schriften im Internet: Die Verbotsnormen im deutschen Strafrecht und ihre Reichweite, NJW 2002, 1008-1013.

HURTADO POZO JOSÉ, Droit pénal. Partie speciale, Genève u.a.: Schulthess 2009.

IMFELD CLAUDIA, Kampf gegen brutale Handyfilme. Tages-Anzeiger vom 4.4.2006, 15.

VON INS PETER/WYDER PETER-RENÉ, Art. 179-179[novies] StGB, in: NIGGLI MARCEL ALEXANDER/WIPRÄCHTIGER HANS (Hrsg.), Basler Kommentar. Strafgesetzbuch II, Art. 111-401 StGB, 2. Aufl., Basel u.a.: Helbing & Lichtenhahn 2007.

JENNY GUIDO, Art. 187-200, in: SCHUBARTH MARTIN (Hrsg.), Kommentar zum schweizerischen Strafrecht. Schweizerisches Strafgesetzbuch, Besonderer Teil. 4. Band: Delikte gegen die sexuelle Integrität und gegen die Familie, Art. 187-200, Art. 213-220 StGB, Bern: Stämpfli 1997.

KAISER GÜNTHER, Kriminologie. Ein Lehrbuch, 3. Aufl., Heidelberg: C.F. Müller Verlag 1996.

KLEY ANDREAS/TOPHINKE ESTHER, Art. 16 BV, in: EHRENZELLER BERNHARD et al. (Hrsg.), Die schweizerische Bundesverfassung. Kommentar, 2. Aufl., Zürich u.a.: Dike Verlag/Schulthess 2008, 366-384.

KOLLER DANIEL, Cybersex. Die strafrechtliche Beurteilung von weicher und harter Pornographie im Internet unter Berücksichtigung der Gewaltdarstellungen, Bern: Weblaw 2007.

KROTTENTHALER SUSANNA, Die Pornographiebestimmungen in der österreichischen und schweizerischen Rechtsordnung, Salzburg: AWOS-Verlag 1998.

KUDLICH HANS, Anmerkung zum Urteil des BGH vom 27. Juni 2001 – 1 StR 66/01, JZ 2002, 310-312.

MEIER PHILIPP, Umschreibung von sexuellen Verhaltensweisen im Strafrecht. Konkretisierung strafrechtlich relevanten Verhaltens aus juristischer und sexualwissenschaftlicher Sicht, AJP 1999, 1387-1401.

MENG KASPAR/SCHWAIBOLD MATTHIAS, Art. 194-200 StGB, in: NIGGLI MARCEL ALEXANDER/WIPRÄCHTIGER HANS (Hrsg.), Basler Kommentar. Strafgesetzbuch II, Art. 111-401 StGB, 2. Aufl., Basel u.a.: Helbing & Lichtenhahn 2007.

MICHAUD PIERRE-ANDRÉ/AKRÉ CHRISTINA, Sexualität von Jugendlichen: Entwicklung über die letzten 40 Jahre, in: Eidgenössische Kommission für Kinder- und Jugendfragen (Hrsg.), Internet-Recht und Electronic Commerce Law, Bern: EKKJ 2009, 11-27.

MINELLI LUDWIG A., Das Recht auf Zugang zu Pornographie, SJZ 1987, 182-183.

MÜLLER STEPHANIE, Die strafrechtliche Verantwortlichkeit für Verweisungen durch Hyperlinks nach deutschem und Schweizer Recht, Berlin: Duncker & Humblot 2011.

NIGGLI MARCEL ALEXANDER/SCHWARZENEGGER CHRISTIAN, Strafbare Handlungen im Internet, SJZ (98) 2002, 61-73.

NIGGLI MARCEL ALEXANDER/RIKLIN FRANZ/STRATENWERTH GÜNTER (Hrsg.), Die strafrechtliche Verantwortlichkeit von Internet Providern, Medialex Sonderausgabe 2002.

NUSSBAUM MARIE-LOUISE, Aufklärungsmittel Pornografie? Eine Bestandesaufnahme zum Pornografiekonsum von Jugendlichen. Kurzfassung 2009, Fribourg 2009: Philosophische Fakultät (Lizenziatsarbeit).

PEDUZZI ROBERTO, Meinungs- und Medienfreiheit in der Schweiz. Zürich u.a.: Schulthess 2004.

PERRON WALTER/EISELE JÖRG, § 184 StGB, in: SCHÖNKE ADOLF/SCHRÖDER HORST (Hrsg.), Strafgesetzbuch. Kommentar, 28. Aufl., München: Beck 2010.

Radiotele, Jugendbarometer Schweiz. „Simsen, Chatten, Surfen, Zappen", Bern: Radiotele 2006.

RIKLIN FRANZ, Schweizerisches Presserecht, Bern: Stämpfli 1996 (zit. RIKLIN, Schweizerisches Presserecht).

RIKLIN FRANZ, Schweizerisches Strafrecht. Allgemeiner Teil I. Verbrechenslehre, 3. Aufl., Zürich u.a.: Schulthess 2007 (zit. RIKLIN, Schweizerisches Strafrecht).

RIKLIN FRANZ/STRATENWERTH GÜNTER, Medienstrafrecht/Kaskadenhaftung, in: NIGGLI MARCEL/RIKLIN FRANZ/STRATENWERTH GÜNTER (Hrsg.), Die strafrechtliche Verantwortlichkeit von Internet Providern, Medialex Sonderausgabe 2000, 8-21.

ROSENTHAL DAVID, Internet-Provider-Haftung – ein Sonderfall?, in: JUNG PETER (Hrsg.), Aktuelle Entwicklungen im Haftungsrecht. Bern u.a.: Edition Weblaw/ Schulthess 2007, 149-206.

SCHREIBAUER MARCUS, Das Pornographieverbot des § 184 StGB. Grundlagen – Tatbestandsprobleme – Reformvorschläge. Regensburg: Roderer 1999.

SCHROEDER FRIEDRICH-CHRISTIAN, Pornographie, Jugendschutz und Kunstfreiheit. Heidelberg: C.F. Müller Verlag 1992.

SCHULTZ HANS, Die unerlaubte Veröffentlichung – ein Pressedelikt?, ZStrR (108) 1991, 273-281.

SCHULZ WOLFGANG/KORTE BENJAMIN, Jugendschutz bei non-fiktionalen Fernsehformaten, ZUM 2002, 719-732.

SCHWARZENEGGER CHRISTIAN, Skrupellos und verwerflich! Über Emotionen und unbestimmte Rechtsbegriffe im Strafrecht, ZStrR (117) 2000, 349-377 (zit. SCHWARZENEGGER, ZStrR 2000).

SCHWARZENEGGER CHRISTIAN, E-Commerce – Die strafrechtliche Dimension, in: ARTER OLIVER/JÖRG FLORIAN S. (Hrsg.), Internet-Recht und Electronic Commerce Law, Lachen/St. Gallen: Dike Verlag 2001, 329-375 (zit. SCHWARZENEGGER, E-Commerce).

SCHWARZENEGGER CHRISTIAN, Sperrverfügungen gegen Access-Provider – Über die Zulässigkeit polizeilicher Gefahrenabwehr durch Sperranordnungen im Internet, in: ARTER OLIVER/JÖRG FLORIAN S. (Hrsg.), Internet-Recht und Electronic Commerce Law, Bern: Stämpfli 2003, 249-286 (zit. SCHWARZENEGGER, Sperrverfügungen gegen Access-Provider).

SCHWARZENEGGER CHRISTIAN, Hyperlinks und Suchmaschinen aus strafrechtlicher Sicht, in: PLÖCKINGER OLIVER/DUURSMA DIETER/MAYRHOFER MICHAEL (Hrsg.), Internet-Recht, Wien/Graz: NWV 2004, 395-434 (zit. SCHWARZENEGGER, NWV).

SCHWARZENEGGER, CHRISTIAN, Urheberstrafrecht und Filesharing in P2P-Netzwerken – Die Strafbarkeit der Anbieter, Downloader, Verbreiter von Filesharing-Software und Hash-Link-Setzer, in: SCHWARZENEGGER CHRISTIAN/ARTER OLIVER/JÖRG FLORIAN S. (Hrsg.), Internet-Recht und Strafrecht, 4. Tagungsband. Bern: Stämpfli 2005, 205-255 (zit. SCHWARZENEGGER, Urheberstrafrecht und Fileshaing in P2P-Netzwerken).

SCHWARZENEGGER CHRISTIAN, Art. 111-117 StGB, in: NIGGLI MARCEL ALEXANDER/WIPRÄCHTIGER HANS (Hrsg.), Basler Kommentar. Strafgesetzbuch II, Art. 111-401 StGB, 2. Aufl., Basel u.a.: Helbing & Lichtenhahn 2007 (zit. SCHWARZENEGGER, Art. XX).

SCHWARZENEGGER CHRISTIAN/NIGGLI MARCEL ALEXANDER, Über die Strafbarkeit des Hyperlink-Setzers, Medialex 2003, 26-31.

SCHWEIZER RAINER J., Art. 36 BV, in: EHRENZELLER BERNHARD et al. (Hrsg.): Die schweizerische Bundesverfassung. Kommentar, 2. Aufl., Zürich u.a.: Dike Verlag/Schulthess 2008, 727-742.

STEINER OLIVIER, Neue Medien und Gewalt. Überblick zur Forschungslage hinsichtlich der Nutzung Neuer Medien durch Kinder und Jugendliche und der Wirkungen gewaltdarstellender Inhalte, Bern: Bundesamt für Sozialversicherungen 2009.

STRATENWERTH GÜNTER, Schweizerisches Strafrecht. Allgemeiner Teil I: Die Straftat, 4. Aufl., Bern: Stämpfli 2011.

STRATENWERTH GÜNTER/WOHLERS WOLFGANG, Schweizerisches Strafgesetzbuch. Handkommentar, 2. Aufl., Bern: Stämpfli 2009.

STRATENWERTH GÜNTER/JENNY GUIDO/BOMMER FELIX, Schweizerisches Strafrecht, Besonderer Teil I. Straftaten gegen Individualinteressen, 7. Aufl., Bern: Stämpfli 2010.

TRECHSEL STEFAN/BERTOSSA CARLO, Art. 187-200, in: TRECHSEL STEFAN et al., Schweizerisches Strafgesetzbuch. Praxiskommentar, Zürich/St.Gallen: Dike Verlag 2008.

TRECHSEL STEFAN/JEAN-RICHARD-DIT-BRESSEL MARC, Art. 10-33, in: TRECHSEL STEFAN et al., Schweizerisches Strafgesetzbuch. Praxiskommentar. Zürich/St.Gallen: Dike Verlag 2008.

VAN DIJK PIETER/VAN HOOF GODEFRIDUS J.H., Theory and practice of the European Convention on Human Rights. 3. ed., The Hague u.a.: Kluwer Law 2006.

VILLIGER MARK E., Handbuch der Europäischen Menschenrechtskonvention (EMRK) unter besonderer Berücksichtigung der schweizerischen Rechtslage, 2. Aufl., Zürich: Schulthess 1999.

VILLIGER MARK E., EMRK und UNO-Menschenrechtspakte, in: THÜRER DANIEL/AUBERT JEAN-FRANÇOIS/MÜLLER JÖRG PAUL (Hrsg.): Verfassungsrecht der Schweiz, Zürich: Schulthess 2001, § 40.

WAGNER PIERRE-ANDRÉ, Von der Vaporisierung der Frau in der schweizerischen Pornographierechtsprechung – einige ideologiekritische Bemerkungen, AJP 1999, 257-264.

ZELLER FRANZ, Art. 28 StGB, in: NIGGLI MARCEL ALEXANDER/WIPRÄCHTIGER HANS (Hrsg.), Basler Kommentar. Strafgesetzbuch I, Art. 1-110 StGB, Jugendstrafgesetz, 2. Aufl., Basel u.a.: Helbing & Lichtenhahn 2007.

ZIHLER FLORIAN, Die EMRK und der Schutz des Ansehens. Bern: Stämpfli 2005.

Prävention statt Regulierung – Das Nationale Programm Jugendmedienschutz und Medienkompetenzen

Thomas Vollmer

Inhalt

I. Einführung 110
II. Kinder- und Jugendmedienschutz 111
    1. Situation in der Schweiz 112
    2. Möglichkeiten und Grenzen der staatlichen Regulierung 112
    3. Bestehende Angebote zur Förderung der Medienkompetenzen 113
III. Präventionsmassnahmen des Bundes 115
    1. Aufbau eines zentralen Informationsportals 116
    2. Schulungen weiterentwickeln und Qualität sichern 116
    3. Ausarbeitung und Umsetzung von Strategien zur Erreichung von Risikogruppen und zur Nutzung der Peer Group 117
    4. Tag der Medienkompetenz und Nationales Fachforum Jugendmedienschutz...118
    5. Monitoring Regulierung 118
IV. Schlussbemerkungen 119
Literaturliste 120

Der Bundesrat hat am 11. Juni 2010 das Nationale Programm Jugendmedienschutz und Medienkompetenzen verabschiedet. Das Programm will dazu beitragen, dass Kinder und Jugendliche Medien auf eine sichere, altersgerechte und verantwortungsvolle Weise nutzen und dass Eltern, Lehr- und Betreuungspersonen in ihrer Begleit- und Erziehungsfunktion gestärkt werden. Dieses Ziel will der Bund mittels verschiedener Projekte in Zusammenarbeit mit den Kantonen, den Medienbranchen, pädagogischen Hochschulen sowie privaten Organisationen erreichen. Parallel dazu setzt der Bund ein Programm auf gesamtschweizerischer Ebene zur Prävention von Jugendgewalt um. Die Programme sind Teil der kinder- und jugendpolitischen Gesamtstrategie des Bundes und basieren auf dem Bericht des Bundesrats zu Jugend und Gewalt vom Mai 2009.

I. Einführung

Die Nutzung des Internets, von virtuellen sozialen Netzwerken, Mobilfunkgeräten und elektronischen Unterhaltungsmedien ist unter Kindern und Jugendlichen weit verbreitet. Rund drei Viertel der 12-19 Jährigen haben einen eigenen Computer mit Internetzugang. Die tägliche Surfdauer im Internet liegt während der Woche bei zwei und am Wochenende bei drei Stunden. Über 80% der Jugendlichen in der Schweiz verfügen über einen aktiven Facebook Account[1], 30% der Jugendlichen haben schon einmal erlebt, dass Fotos oder Videos ohne Zustimmung veröffentlicht wurden.[2] Neue Medien haben viele angenehme und faszinierende Seiten. Insbesondere für Kinder und Jugendliche bestehen aber auch potenzielle Risiken aufgrund jugendgefährdender Inhalte (Gewalt, Pornografie). Wissenschaftliche Untersuchungen haben ergeben, dass Haushalte mit Kindern und Jugendlichen eine hohe Ausstattung mit elektronischen Medien[3] aufweisen, erwachsene Bezugspersonen aber nur ungenügend mit der Mediennutzung und Online-Aktivitäten von Kindern und Jugendlichen sowie den damit verbundenen Gefahren vertraut sind.[4] Im Zusammenhang mit dem Thema Jugend und Gewalt kommt der Bundesrat in seinem Bericht vom Mai 2009 zu der Einschätzung, dass gewaltdarstellende Medien bei häufigem Konsum und einer Kumulation von spezifischen personalen und sozialen Risikofaktoren eine aggressionssteigernde Wirkung bei Kindern und Jugendlichen haben können.

Der Bundesrat hält es deshalb für dringend, Sensibilisierungsmassnahmen für eine sichere, verantwortungsvolle und altersgerechte Nutzung von Medien zu verstärken und die Angebote zur Förderung von Medienkompetenzen zu verbessern. Gleichzeitig ist auf die konsequente Umsetzung der frei-

---

[1] <http://facebookmarketing.de/tag/schweiz>.
[2] Jugend-Aktivitäten-Medien Erhebung Schweiz JAMES Studie 2010.
[3] Computer, Spielkonsolen, Mobilfunkgeräte, Fernsehen.
[4] STEINER O., 2009.

willigen Regulierungsmassnahmen durch die Industrie sowie deren gesetzlicher Flankierung auf Kantonsebene[5] hinzuwirken. Schliesslich ist an die Anbieter- und Providerverantwortung zu appellieren, Beiträge zur Verbesserung des Kinder- und Jugendschutzes zu leisten.

Im Fokus des Programms stehen alle elektronischen Unterhaltungsmedien, interaktive und online-basierte Medien, die aufgrund bestimmter Inhalte (für Kinder und Jugendliche ungeeignete Sprache, Darstellungen von Gewalt und Pornografie), sowie aufgrund von vielfältigen technischen Nutzungsmöglichkeiten (Kommunikation, Social Networking, Erzeugung und Austausch von Schrift-, Ton- und Bildmaterial) neben den positiven Aspekten auch Risiken beinhalten und Medienkompetenzen auf Seiten der Nutzenden erfordern.

II. Kinder- und Jugendmedienschutz

Der Kinder- und Jugendmedienschutz hat nach allgemeinem Verständnis die beiden Hauptaufgaben:

- Im Sinne eines *fördernden und erzieherischen Kinder- und Jugendmedienschutzes* gilt es, auf entwicklungsfördernde Medieninhalte hinzuweisen, die Medienkompetenzen zu fördern sowie das Interesse der Eltern an den Medienaktivitäten ihrer Kinder zu erhöhen und sie in ihrer Erziehungsfunktion zu stärken.

- Im Sinne eines *abwehrenden Kinder- und Jugendmedienschutzes* gilt es, die missbräuchliche Nutzung von Medien zu verhindern, Medieninhalte auf ihr Gefährdungspotenzial zu untersuchen und ihre Erhältlichkeit

---

[5] Der Regulierungsbereich der Kantone bezieht sich auf die elektronischen Unterhaltungsmedien, auch elektronische Trägermedien genannt. Gemeint sind namentlich Video, DVD und Computerspiele. Als Beispiel gilt das im Frühjahr 2010 verabschiedete Gesetz beider Basel betreffend öffentlicher Filmvorführung und die Abgabe von elektronischen Trägermedien (FTG) welches Anfang 2011 in Kraft getreten ist.

sowie den Zugang zu regulieren. Dies kann durch medienspezifische Regulierungsmassnahmen[6] und strafrechtliche Verbote geschehen.[7]

1. Situation in der Schweiz

Der Kinder- und Jugendmedienschutz hat in der Schweiz erst in den letzten Jahren im Zuge der zunehmenden Verfügbarkeit und Nutzung von Computerspielen, Mobilfunkgeräten und Online-Medien eine stärkere öffentliche Aufmerksamkeit erhalten. Dabei sind die weit verbreiteten und zum Teil sehr brutalen und realitätsnahen Darstellungen von Gewalt und Pornografie, Missbräuche bei der Mediennutzung (z.B. unerwünschte Kontakte, Verfügbarkeit und Missbrauch von persönlichen Daten) sowie schädliche Folgen einer exzessiven Internet- und Computerspielnutzung besorgniserregend und Gegenstand verschiedener parlamentarischer Vorstösse.

Für die Regulierung der unterschiedlichen Medienbereiche gilt eine geteilte Zuständigkeit zwischen Bund und Kantonen. Beim Bund liegt die Zuständigkeit für die Strafgesetzgebung sowie die Regulierungshoheit für die Bereiche Fernsehen, Radio und Telekommunikation. Die Kantone sind für die Bereiche Film und Unterhaltungsmedien (elektronische Trägermedien) zuständig. Gleichzeitig übernehmen Branchenverbände (Film, Computerspiele und Telekommunikation) sowie private Trägerschaften selbstregulierende und präventive Aufgaben.

2. Möglichkeiten und Grenzen der staatlichen Regulierung

Weite Teile des Internets entziehen sich hingegen einer wirksamen staatlichen Regulierung, insbesondere dort, wo sich ausländische Angebote mit unerwünschten Inhalten nicht verbieten lassen, Zugangssperren leicht zu umgehen sind und die Einhaltung von Verboten, die sich an die inländischen Konsumenten richten, schwer zu kontrollieren sind. Auch die Selbstregulierung ist im Online-Bereich wenig ausgeprägt. Der Bundesrat hat in seinem

---

[6] Bspw. Selbstregulierungsmassnahmen wie PEGI für den Bereich der Computerspiele.

[7] Insbesondere Art. 135 StGB (Gewaltdarstellungen) sowie Art. 197 StGB (pornografische Darstellungen).

Bericht vom 20.5.2009 die aktuelle Situation im Kinder- und Jugendmedienschutz sorgfältig analysiert und betont, dass sich die Präventionsmassnahmen im Medienbereich gerade aufgrund der begrenzten Regulierungsmöglichkeiten im Online-Bereich vornehmlich auf die Förderung der Mediensozialisation von Kindern, Jugendlichen und ihren erwachsenen Bezugspersonen konzentrieren sollen. Die Möglichkeiten der rechtlichen und technischen Regulierung hat er zurückhaltend bewertet und den Selbstregulierungsmassnahmen der Branche den Vorzug gegeben, gleichzeitig jedoch betont

... dass die Selbstregulierungsmassnahmen der Branche konsequent umgesetzt und im Rahmen der verfassungsmässigen Kompetenzen von den Kantonen rechtlich abgestützt werden sollen und

... insbesondere Internetdienstleister ihre Kundinnen und Kunden verstärkt auf (technische) Schutzmöglichkeiten hinweisen sollen.

... gewisse Regulierungsfragen im Online-Bereich in gesonderten Berichten zu klären sind.

Der Bundesrat will die Umsetzung von Selbstregulierungsmassnahmen durch die Branche in den verschiedenen Medienbereichen und flankierende Massnahmen auf Kantonsebene während der Programmlaufzeit genau verfolgen. Sollten Kantone und Branchenverbände ihre Aufgabe ungenügend wahrnehmen oder die von ihnen getroffenen Massnahmen nicht greifen, wird der Bundesrat auf Bundesebene die notwendigen Regulierungsmassnahmen einleiten und bei Bedarf entsprechende verfassungsrechtliche Grundlagen für den Kinder- und Jugendmedienschutz vorschlagen.

3. Bestehende Angebote zur Förderung der Medienkompetenzen

Im Bereich der Förderung von Medienkompetenzen sind in der Schweiz verschiedene Angebote unterschiedlicher Akteure bekannt:

Im Rahmen der freiwilligen Selbstregulierung gewährleisten die *Branchenverbände* die Alterskennzeichnung von DVDs und Computerspielen gemäss anerkannten Systemen.[8] Die vier grossen Telekommunikations- und Inter-

---

[8] <www.siea.ch>, <www.svv-video.ch>.

netzugangsanbieter haben im Juni 2008 eine Brancheninitiative für einen verbesserten Jugendschutz unterzeichnet.[9] Weiter sind verschiedene Initiativen zur Förderung von Medienkompetenzen unter Beteiligung der *Industrie* entwickelt worden. Zu nennen sind die Initiative security4kids sowie die zahlreichen Materialien und Unterstützungsangebote der Swisscom basierend auf der 2002 lancierten Initiative „Schulen ans Netz".[10]

Im Bereich der Sensibilisierung und Förderung von Medienkompetenzen haben *private Trägerschaften*, bspw. Kinderschutz- und Familienorganisationen eine wichtige Rolle übernommen. Hier bestehen mehrere Informations- und Schulungsangebote, die über die altersgerechte Mediennutzung, Gefahren und Schutzmöglichkeiten informieren.[11]

Im Rahmen der *Angebote von Polizeidiensten auf verschiedenen Ebenen* sowie der Schweizerischen Kriminalprävention SKP wird insbesondere auf die Gefahren des Internets, wie Cyberbullying, sexuelle Belästigung, Kinderpornographie, Suchtverhalten oder die Konfrontation mit Gewalt hingewiesen.[12]

Die schweizerische Konferenz der kantonalen Erziehungsdirektoren (EDK) hat Strategien zur Integration der IKT in die Schule und den Unterricht sowie Empfehlungen für die Grundausbildung und Weiterbildung der Lehrpersonen in diesem Bereich erarbeitet und finanziert gemeinsam mit dem Bundesamt für Berufsbildung BBT den *schweizerischen Bildungsserver educa.ch* sowie die Lern- und Arbeitsplattform educanet2.ch.

Eine wichtige Ressource zur Entwicklung von Bildungsangeboten im Medienbereich stellen verschiedene *Fachhochschulen, pädagogische Hochschulen und Hochschulen* der Schweiz dar, die zahlreiche Materialien, Aus- und Weiterbildungsmöglichkeiten anbieten. Hier bestehen ausserdem For-

---

[9] <www.asut.ch>.
[10] <www.security4kids.ch>, <www.swisscom.com/schule>, <www.swisscom.com/enter>.
[11] <www.elternet.ch>, <www.kinderonline.ch>, <www.handyprofis.ch>, <www.netcity.org>; <www.actioninnocence.org (suisse)>, <www.zischtig.ch>.
[12] <www.safersurfing.ch>, <www.t-ki.ch>, <www.fit4chat.ch>, <www.schaugenau.ch>.

schungsgruppen, die sich intensiv mit Fragen der Mediennutzung und Medienkompetenz auseinandersetzen.[13]

Auf *Bundesebene* arbeitet das Bundesamt für Sozialversicherungen BSV im Bereich Jugendmedienschutz eng mit der Koordinationsstelle Informationsgesellschaft im Bundesamt für Kommunikation BAKOM sowie der Schweizerischen Koordinationsstelle zur Bekämpfung der Internetkriminalität KOBIK zusammen. KOBIK ist die Anlaufstelle für Personen, die verdächtige Internetinhalte melden möchten. Sie beteiligt sich insbesondere an der Präventionsarbeit zum Schutz vor Kinderpornografie und sexueller Anmache im Internet.[14] Um für einen bewussteren Umgang mit persönlichen Daten und Informationen zu sensibilisieren hat der Eidgenössische Datenschutzbeauftragte eine Kampagne mit dem Rat für Persönlichkeitsschutz initiiert.[15]

Die vielfältigen Anstrengungen, die in diesem Bereich bereits unternommen werden, sind anzuerkennen. Gleichzeitig teilen die verschiedenen Fachleute die Auffassung, dass die Angebote tendenziell jene Bevölkerungsgruppen erreichen, die bereits eine gewisse Sensibilität für die Thematik aufweisen. In weiten Bevölkerungsteilen ist das Problembewusstsein für Mediengefahren noch zu gering. Ausserdem sind die Kompetenzen im Umgang mit Neuen Medien noch zu wenig ausgeprägt. Gleichzeitig wird bemängelt, dass eine zentrale Anlaufstelle, Austausch- und Koordinationsmöglichkeiten zwischen den verschiedenen Akteuren und Instrumente zur Qualitätssicherung fehlen. Deshalb sollen im Rahmen des Nationalen Programms Jugendmedienschutz und Medienkompetenzen die Zusammenarbeit verbessert werden und gezielt die Lücken und Defizite angegangen werden.

III. Präventionsmassnahmen des Bundes

Der Bund verfolgt mit dem Nationalen Programm Jugendmedienschutz und Medienkompetenzen das Ziel, dass Kinder und Jugendliche sowie Eltern, Lehrpersonen und weitere Erziehungspersonen in der Lage sind, kompetent

---

[13] <www.medienbildung.ch>, <www.fri-tic.ch>, <www.hepl.ch/mediastic>.
[14] <www.kobik.ch>.
[15] <www.netla.ch>.

mit den Chancen und Gefahren von audiovisuellen, elektronischen und interaktiven Medien umzugehen. Der Bundesrat hat mit der Verabschiedung des Programmkonzeptes vom 11. Juni 2010 eine Reihe von Projektvorhaben definiert und will dabei auf die zahlreichen bestehenden Angebote von privaten Organisationen und von Seiten der Medienbranche Bezug nehmen und mit der Industrie, NGO sowie den zuständigen Stellen auf kantonaler und lokaler Ebene zusammenarbeiten.

1. Aufbau eines zentralen Informationsportals

Der Projektbereich „Information" umfasst als zentrales Instrument den Aufbau einer *Internetplattform für den Kinder- und Jugendmedienschutz*. Die Plattform hat eine Bibliotheksfunktion. Hier sollen allgemeine Informationen zur altersgerechten, verantwortungsvollen und kreativen Nutzung von neuen Medien, zu Angeboten zur Förderung von Medienkompetenzen sowie aktuelle Hinweise zu Risiken und Schutzmöglichkeiten gebündelt werden. Die Plattform richtet sich vor allem an Eltern, Lehrpersonen und erwachsene Bezugspersonen. Gleichzeitig sollen *Broschüren und Ratgeber für unterschiedliche Zielgruppen* zu unterschiedlichen Themen in verschiedenen Sprachen angeboten werden. Das mit der Programmumsetzung beauftragte Bundesamt für Sozialversicherungen BSV lässt derzeit im Rahmen einer wissenschaftlichen Bestandesaufnahme eine Übersicht über die bestehenden Präventionsangebote in der Schweiz erstellen. Die Bereitstellung der Internetplattform soll bis Herbst 2011 erfolgen. In 2012 und 2013 ist der kontinuierliche Ausbau vorgesehen.

2. Schulungen weiterentwickeln und Qualität sichern

Gerade aufgrund der vielfältigen regionalen Initiativen und Anbieter in diesem Bereich sollen im Rahmen des Programms mit Unterstützung geeigneter Fachpersonen *einheitliche Kriterien und Standards* für die Inhalte und Durchführung von Schulungsmassnahmen für Kinder, Jugendliche, Eltern, Lehr- und Betreuungspersonen definiert werden, die als Orientierungshilfe dienen. Denkbar ist auch, verschiedene Schulungsmodule zu entwickeln, die von Lehrpersonen und unterschiedlichen externen Anbietern genutzt werden können. Begleitend dazu soll mittels einer Community of Practice Fachpersonen gezielt Austausch- und Unterstützungsmöglichkeiten angeboten werden. Im Rahmen einer Projektgruppe werden derzeit diese Themen konzeptionell bearbeitet. Die Umsetzung von einzelnen Massnahmen ist ab 2012 geplant.

3. Ausarbeitung und Umsetzung von Strategien zur Erreichung von Risikogruppen und zur Nutzung der Peer Group

Das dritte Projektvorhaben zielt darauf, Strategien *zum Erreichen von Risikogruppen und Schulungsangebote für Multiplikatoren* zu entwickeln. Multiplikatoren sollen ein Bewusstsein für Zusammenhänge zwischen gefährdeten Gruppen und einem problematischen Medienkonsum entwickeln, Informationen vermitteln und niederschwellig Beratungen anbieten. Nach einer Entwicklungsphase in 2011 sollen ab 2012 verschiedene Strategien im Modell erprobt werden. Gestützt auf die Erfahrungen können dann Empfehlungen für die Umsetzung in die Breite formuliert werden. Ein ähnliches Vorgehen kommt in Bezug auf die Entwicklung von Strategien und Modellen zur *Nutzung der Peer-Group* zur Anwendung. Empirische Untersuchungen haben hinreichend belegt, dass die Peer Group in ihrer Bedeutung für Jugendliche dem Elternhaus nahezu gleichgestellt ist[16]. Die Peer Group erfüllt deshalb eine zentrale Rolle für die Mediensozialisation von Kindern und Jugendlichen. Angesichts dieser Tatsache mag es überraschen, dass der Peer-Education in Verbindung mit der Medienerziehung bisher wenig Bedeutung beigemessen wurde. So bestehen in der Schweiz derzeit keine Präventionsprogramme, die solche Gruppendynamiken im Zusammenhang mit der Mediennutzung auf breiter Ebene gezielt ansprechen sowie sich die Einflussmöglichkeiten der Peer Group zu Nutze machen[17].

---

[16] NÖRBER MARTIN, Peer Education, in: Kinder- und Jugendschutz in Wissenschaft und Praxis. Peer-to-Peer. Aufklärung von Gleich zu Gleich, KJug 3/2010.

[17] Im Bereich der Gewaltprävention kommen solche Methoden hingegen schon zur Anwendung (siehe <www.ncbi.ch/de/programme/pm/peacemaker>).

4. Tag der Medienkompetenz und Nationales Fachforum Jugendmedienschutz

Der Nationale Tag der Medienkompetenz soll in den nächsten fünf Jahren jährlich durchgeführt werden, und die konstante und medienwirksame Wahrnehmung des Nationalen Programms Jugendmedienschutz und Medienkompetenzen in der Öffentlichkeit gewährleisten. Für die konzeptionelle Vorbereitung des Anlasses am 27. Oktober 2011 hat der Verband der Computerspielbranche, die Swiss Interactive Entertainment Association SIEA, die Federführung übernommen.

Der Tag der Medienkompetenz 2011 will in einer Gesamtschau eine Übersicht über die Mediennutzung von Kindern und Jugendlichen geben, aktuelle Entwicklungstrends aufzeigen, über die positiven Nutzungsmöglichkeiten von Neuen Medien informieren und auf mögliche Gefahren sowie entsprechende Schutzmöglichkeiten hinweisen. Mittels einer Ausstellung sollen die in der Schweiz bereits bestehenden Angebote zur Förderung von Medienkompetenzen präsentiert werden. Die Besuchenden werden zudem Gelegenheit haben, direkt mit den digitalen Welten in Kontakt zu kommen und ihre Erfahrungen anschliessend zu reflektieren. Schliesslich wird das BSV in Verbindung mit dem Tag der Medienkompetenz das Nationale Fachforum Jugendmedienschutz durchführen, welches in den nächsten Jahren zu einer nationalen Austausch- und Koordinationsplattform ausgebaut werden soll.

5. Monitoring Regulierung

Das BSV wird eine Projektgruppe einsetzen, um die *Entwicklungen und Erfolge im Bereich der Regulierung und Selbstregulierung* von audiovisuellen, elektronischen und interaktiven Medien zu verfolgen. Im Rahmen dieser Projektgruppe soll der Austausch gepflegt und aktuelle Herausforderungen und Vorschläge zur Weiterentwicklung des Jugendmedienschutzes diskutiert werden. Gleichzeitig soll der Kontakt mit jenen Branchen gesucht werden, die bisher noch keine nennbaren Anstrengungen zur Verbesserung des Jugendschutzes unternehmen, vordringlich im Online-Bereich. Weiter besteht ein grosses Potenzial hinsichtlich der Nutzung von technischen Schutzmöglichkeiten (Jugendschutzprogramme, familienfreundliche Filtereinstellungen bei Suchmaschinen, Einschränkungen des Zugriffs für Minderjährige auf das Internet über Mobilfunkgeräte etc.)

Derzeit werden im Eidgenössischen Polizei- und Justizdepartement EJPD (Bundesamt für Justiz) verschiedene Fragestellungen im Bereich der Neuen Medien näher untersucht. So unter anderem auch Möglichkeiten der Einschränkung der freien Verfügbarkeit von Gewaltdarstellungen für Kinder und Jugendliche im Online-Bereich. Sobald die jeweiligen Berichte vorliegen, sollen die entsprechenden Erkenntnisse in dieses Programm einfliessen.

IV. Schlussbemerkungen

Der Bundesrat hat das Eidgenössische Departement des Inneren (Bundesamt für Sozialversicherungen BSV) beauftragt, die Federführung für die Steuerung und operative Umsetzung des auf fünf Jahre befristeten Nationalen Programms Jugendmedienschutz und Medienkompetenzen zu übernehmen. Die von Seiten BSV eingesetzte Steuergruppe und fachliche Begleitgruppe sind breit abgestützt. Dazu zählen verschiedene Bundesstellen, kantonale und kommunale Vertreter und Vertreterinnen aus den Bereichen Bildung, Justiz und Polizei, die Verbände und Unternehmungen der Medienbranchen, Verbände und Fachorganisationen aus den Bereichen Familienförderung, Lehrerschaft, Kinder- und Jugendschutz sowie Forschende und Hochschulen. Damit ist gewährleistet, dass alle relevanten Kreise in die Programmumsetzung eingebunden sind.

Insgesamt stellt der Bund Finanzmittel in Höhe von 3 Mio. Fr. inkl. der Personalkosten für 1.5 Stellen zur Verfügung. Die Bundesmittel sollen durch Beiträge der Medienbranchen ergänzt werden. Entsprechende Rahmenvereinbarungen wurden bisher mit der Swisscom sowie der Swiss Interactive Entertainment Association abgeschlossen. Die Verhandlungen mit weiteren Verbänden und Unternehmungen sind am Laufen.

Bis Ende 2015 soll dem Bundesrat ein Evaluationsbericht vorgelegt werden, um die Ergebnisse und Wirkungen der Programmaktivitäten zu bewerten. Aufgrund der Evaluationsergebnisse soll über die weitere Zusammenarbeit mit den Medienbranchen entschieden, und der Bedarf nach einem geeigneten institutionellen Rahmen erörtert werden. Weiter wird der Bundesrat zum Regulierungsbedarf auf Bundesebene Stellung nehmen.

Literaturliste

Beschluss des Bundesrates vom 11. Juni 2010: Gesamtschweizerisches Präventionsprogramm Jugend und Gewalt, Nationales Programm Jugendmedienschutz und Medienkompetenzen, Verordnung über Massnahmen zum Schutz von Kindern und Jugendlichen und zur Stärkung der Kinderrechte (SR 311.039.1)

Bericht des Bundesrates vom 20. Mai 2009: „Jugend und Gewalt – Wirksame Prävention in den Bereichen Familie, Schule, Sozialraum und Medien".

STEINER O., Neue Medien und Gewalt. Überblick zur Forschungslage hinsichtlich der Nutzung von gewaltdarstellenden Inhalten Neuer Medien und Wirkung auf Kinder und Jugendliche, in: Beiträge zur Sozialen Sicherheit. Expertenbericht Nr. 4/09. Bundesamtes für Sozialversicherungen BSV.

Ausgewählte Gesetzgebungsprojekte mit Bezug zu Pornografie und Gewaltdarstellungen in neuen Medien im Bereich der Repression

Patrik Gruber

Inhalt

I. Einleitung 121
II. Vorentwurf zum Bundesgesetz über die Harmonisierung der Strafrahmen im Strafgesetzbuch, im Militärstrafgesetz und im Nebenstrafrecht 123
III. Umsetzung der Vorstösse im Bereich „Killerspiele" 125
IV. Neuregelung der verdeckten Ermittlung 127
V. Ratifizierung des Übereinkommens des Europarats zum Schutz von Kindern vor sexueller Ausbeutung und sexuellem Missbrauch (Lanzarote-Konvention; ETS 201) 131
VI. Ratifizierung des Übereinkommens des Europarats über die Cyberkriminalität (Cybercrime-Convention) 134

I. Einleitung

Der vorliegende Beitrag ist der zweite Teil eines Vortrages zur Rolle des Bundes bei der Bekämpfung von Pornografie und Gewaltdarstellungen in neuen Medien. Die Anstrengungen des Bundes im Bereich der *Prävention* werden vorne im Beitrag von THOMAS VOLLMER in diesem Tagungsband erläutert. Nachfolgend soll eine Auswahl von aktuellen Gesetzgebungsprojekten des Bundes im Bereich der Repression näher vorgestellt werden.

Leider ist es im Gesetzgebungsalltag oft schwierig, präventive und repressive Lösungsansätze im Sinne einer ganzheitlichen Betrachtungsweise auf einen Nenner zu bringen. Dies hängt nicht nur mit den unterschiedlichen Zuständigkeiten[1] zusammen. Vielmehr werden Prävention und Repression in der politischen Diskussion nicht als gleichwertige Instrumente zur Lösung von Problemen wahrgenommen, da unterschiedliche gesellschaftliche Erwartungshaltungen in Bezug auf die Wirksamkeit solcher Massnahmen bestehen: Während die Öffentlichkeit an Präventionsmassnahmen meist keine grossen Erwartungen knüpft, verspricht sie sich von Repressionsmassnahmen alles Glück dieser Welt. So wird der Ruf nach dem Strafrecht gerade in jüngster Zeit wieder lauter. Dort, wo keine Zeit für das Erstellen einer umfassenden Ausgeordnung besteht, wird das Strafrecht aber allzu schnell zur „ultima ratio". Hinzu kommt, dass die politische Agenda oft von Einzelanliegen bestimmt wird, die es „Schritt für Schritt" umzusetzen gilt. Sinnbildlich dafür ist, dass sich allein die strafrechtlichen Gesetzgebungsarbeiten beim Bundesamt für Justiz im Bereich Pornografie und Gewaltdarstellungen in viele unterschiedliche Revisionsvorhaben aufteilen, die in separaten Projekten bearbeitet werden. Im Rahmen dieses Aufsatzes soll folgende Gesetzgebungs-Liste näher vorgestellt werden:

– Der Vorentwurf zum Bundesgesetz über die Harmonisierung der Strafrahmen im Strafgesetzbuch, im Militärstrafgesetz und im Nebenstrafrecht (Ziff. II);

– Die Umsetzung der Vorstösse im Bereich „Killerspiele" (Ziff. III);

– Die Neuregelung der verdeckten Ermittlung (Ziff. IV);

– Die Ratifizierung des Übereinkommens des Europarats zum Schutz von Kindern vor sexueller Ausbeutung und sexuellem Missbrauch; Lanzarote-Konvention; ETS 201 (Ziff. V);

– Die Ratifizierung der Cybercrime-Convention (Ziff. VI).

---

[1] Unterschiedliche Zuständigkeiten bestehen etwa zwischen Bund (dem die Strafrechtshoheit obliegt) und den Kantonen (die grundsätzlich für Jugendschutzmassnahmen zuständig sind) oder innerhalb der Verwaltung (Das Bundesamt für Justiz betreut federführend die Gesetzgebung im Bereich Strafrecht; das fedpol beschäftigt sich mit Fragen der internationalen Polizeizusammenarbeit und führt die Koordinationsstelle zur Bekämpfung der Internetkriminalität KOBIK; das BAKOM wacht über die Fernmeldegesetzgebung; das Bundesamt für Sozialversicherungen ist zuständig für Präventionsprojekte).

II. Vorentwurf zum Bundesgesetz über die Harmonisierung der Strafrahmen im Strafgesetzbuch, im Militärstrafgesetz und im Nebenstrafrecht

Im Rahmen dieses Gesetzgebungsprojektes[2] sollen auch die Artikel 135 StGB (Gewaltdarstellungen) und Artikel 197 StGB (Pornografie) überarbeitet werden. Die Neugestaltung dieser Straftatbestände geht jedoch über eine reine Strafrahmenharmonisierung hinaus, da in der Umsetzung gewisser parlamentarischer Vorstösse auch materielle Anliegen berücksichtigt worden sind.

Ziel der Revision ist einerseits die Einführung der Strafbarkeit des besitzlosen Konsums von harter Pornografie und Gewaltdarstellungen[3] und andererseits die Erhöhung der Strafrahmen bei Darstellungen, die tatsächliche sexuelle Handlungen mit Kindern oder tatsächliche Gewalttätigkeiten an Kindern zum Inhalt haben[4].

Die Umsetzung dieser Ziele bedingt eine fundamentale Umgestaltung von Artikel 135 und 197 StGB, da das bestehende gesetzgeberische Konzept durch die Rechtsprechung des Bundesgerichts etwas in Schieflage geraten ist. Die heutigen Artikel 197 Ziffer 3bis und Artikel 135 Absatz 1bis StGB (betreffend die Strafbarkeit von Besitz und Erwerb von harter Pornografie und Gewaltdarstellungen) wurden u.a. deshalb eingeführt, um den Download

---

[2] Am 8. September 2010 schickte der Bundesrat einen entsprechenden Vorentwurf in die Vernehmlassung. Diese endete am 10. Dezember 2010. Zurzeit werden die Vernehmlassungsergebnisse ausgewertet. Es ist geplant, dem Bundesrat bis Ende Jahr eine Botschaft vorzulegen (vgl. <http://www.bj.admin.ch/content/dam/data/sicherheit/gesetzgebung/strafrahmenharmonisierung/entw-d.pdf>).

[3] Das Parlament hat mit der Überweisung zweier Vorstösse bereits Ende 2007 die Einführung der Strafbarkeit des „besitzlosen Konsums" von harter Pornografie und Gewaltdarstellungen beschlossen: Motion Schweiger 06.3170; Motion Hochreutener 06.3554.

[4] Eine Erhöhung der Strafrahmen bei Kinderpornografie fordern etwa die Motion Fiala 08.3609 (umgewandelt in einen Prüfungsauftrag) und die Standesinitiative SG 08.334 (zurzeit im Ständerat sistiert). Die Erhöhung der Strafdrohung rechtfertigt sich vor allem dort, wo ein reales Geschehen dokumentiert wird – nicht aber bei fiktionalen Gemälden oder bei Comic-Zeichnungen.

von harter Pornografie aus dem Internet unter Strafe zu stellen. Nach dem Willen des Gesetzgebers sollten reine Konsumentenhandlungen aber strafrechtlich privilegiert werden. Die Rechtsprechung des Bundesgerichts wertet nun aber jedes vorsätzliche „elektronische Kopieren" – also auch den Internet-Download – als „Herstellen".[5] Somit fallen diese Tathandlungen unter die schwere Strafdrohung gemäss Artikel 197 Ziffer 3 und Artikel 135 Absatz 1 StGB. Im Ergebnis werden also *nicht mehr alle Formen des Erwerbs gleich behandelt*; was nicht zu befriedigen vermag.[6]

Um bei harter Pornografie und Gewaltdarstellungen Konsumentenhandlungen einerseits und Herstellungs- bzw. Verbreitungshandlungen andererseits schlüssig unterscheiden zu können, sieht der Vorentwurf vor, bei den Artikeln 135 und 197 StGB die gleiche Mechanik wie bei den Betäubungsmitteldelikten zu übernehmen. Gemeint ist Folgendes:

- Grundsätzlich sollen *alle Tathandlungen gleich behandelt* werden und unter die qualifizierte Strafdrohung gemäss Artikel 135 Absatz 1 und Artikel 197 Ziffer 3 VE-StGB fallen.[7]

- Soweit eine Tathandlung hingegen lediglich *zum Eigenkonsum* erfolgt, gilt die *privilegierte Strafdrohung* gemäss Artikel 135 Absatz 2 und Artikel 197 Ziffer 3bis VE-StGB.

- Schliesslich wird vorgeschlagen die Strafrahmen zu erhöhen, soweit es um *Darstellungen von realen Kindern* geht. Das heisst, dass in Bezug auf entsprechende Herstellungshandlungen neu eine Höchststrafe von fünf (statt wie bisher von drei) Jahren Freiheitsstrafe gelten soll. Bei Konsumentenhandlungen soll die Höchststrafe von einem Jahr auf drei Jahre Freiheitsstrafe erhöht werden.

---

[5] Vgl. BGE 131 IV 16.

[6] Nicht einzusehen ist beispielsweise auch, weshalb der „Import zum Eigenkonsum" dem (nicht elektronischen) „Inlanderwerb zum Eigenkonsum" nicht gleichgestellt ist (vgl. BGE 124 IV 106).

[7] Neu wird deshalb auch der „Besitz" und der „Erwerb" zusammen mit der „Herstellung" genannt. Damit wurden auch heikle Abgrenzungsfragen (etwa zwischen Besitz und Lagerung) entschärft.

Noch können keine Aussagen darüber gemacht werden, inwiefern der Vorentwurf gestützt auf die Erkenntnisse aus der Vernehmlassung überarbeitet werden muss. Es ist auch denkbar, dass die Vorlage aufgrund der Ratifizierung der Lanzarote-Konvention noch weitere Anpassungen erfährt (siehe dazu Ziff. V).

III. Umsetzung der Vorstösse im Bereich „Killerspiele"

Das Parlament hat am 18. März 2010 zwei Vorstösse in Sachen Killerspiele überwiesen:

- Die Motion Allemann 09.3422 „Verbot von Killerspielen" verlangt eine Herabsetzung der absoluten Verbotsgrenze von Artikel 135 StGB (d.h. gewisse Spiele sind auch für Erwachsene zu verbieten).

- Die Motion Hochreutener 07.3870 „Verbot von elektronischen Killerspielen" möchte bloss ein relatives Verbot einführen (verlangt werden Verkaufsverbote an Jugendliche für bestimmte, nicht altersgerechte Inhalte).

Die Besonderheit ist, dass sich diese Gesetzgebungsaufträge widersprechen. Denn dort, wo etwas total verboten werden soll, braucht es gar keine zusätzlichen Jugendschutzbestimmungen mehr. Vor allem der Ständerat war sich dieser Widersprüchlichkeit durchaus bewusst. Anlässlich der parlamentarischen Beratungen wurde denn auch betont, dass eine wortwörtliche Umsetzung der Motionsanliegen nicht die Meinung sei. Vielmehr gehe es darum, ein Zeichen zu setzen, dass Handlungsbedarf bestehe. Es sei nun am Bundesrat eine angemessene Lösung vorzuschlagen. Mit dieser Begründung haben die Rechtskommissionen des National- und Ständerates die Sistierung weiterer Vorstösse zum Thema Killerspiele beantragt.[8]

---

[8] Ebenfalls eine Herabsetzung der absoluten Verbotsgrenze gemäss Artikel 135 StGB fordern die Standesinitiativen der Kantone BE (08.316), FR (09.332), TI (09.314) und SG (09.313). Für einen einheitlichen Jugendmedienschutz, Alterskennzeichnungen und Verkaufsverbote an Jugendliche sprechen sich die Standesinitiativen der Kantone SG (09.313) und ZG (10.302) aus. In die gleiche Richtung geht die

Nun ist also der Bundesrat gefordert. Dieser hat sich bisher immer klar *gegen eine generelle Herabsetzung der Verbotsgrenze von Artikel 135 StGB* ausgesprochen. Absolute Verbote lassen sich zwar relativ einfach umsetzen. Es wäre jedoch unverhältnismässig, Erwachsenen den Zugang zu gewissen Formen von Gewaltdarstellungen zu verbieten, ohne den wissenschaftlichen Nachweis erbringen zu können, dass diese Inhalte auch für Erwachsene schädliche Auswirkungen haben. Ein generelles Verbot von im Ausland weiterhin frei erhältlichen Spielen wäre zudem auch kaum praktikabel.

Der Bundesrat hat aber in seiner Antwort auf die Motion Amherd (09.3807) sowie auf die Interpellation Amherd (10.3761) klar festgehalten, dass für ihn spezifische Jugendschutzverbote durchaus vorstellbar sind, welche sich auf den Verkauf und die Verbreitung von Gewaltdarstellungen beziehen, die nicht unter Artikel 135 StGB fallen, aber für bestimmte Alterskategorien ungeeignet sind. Zur Umsetzung solcher relativer Verbote bedarf es jedoch zusätzlicher Massnahmen wie die Festlegung verbindlicher Altersfreigaben auf den Produkten durch eine nationale Regulierungsbehörde. Da solche Regulierungsmassnahmen im Bereich des Kinder- und Jugendmedienschutzes gemäss der aktuellen verfassungsrechtlichen Kompetenzverteilung grundsätzlich Sache der Kantone sind, braucht es für eine Bundeslösung zwingend eine Verfassungsänderung.

Damit ist die grundsätzliche Marschrichtung zwar vorgezeichnet, viele Fragen sind jedoch noch offen, die nur im Rahmen einer *Gesamtausgeordnung* zu beantworten sind. Wenn eine Prüfstelle für Spiele eingeführt wird, müsste sich diese nicht auch um andere Medien kümmern (Filme, Tonträger)? Auf welche Gefahren (Gewalt, Sex, schmutzige Sprache etc.) sollte sich ein solches Rating beziehen? Inwieweit können bestehende (international anerkannte) Ratings übernommen werden?[9] Wie soll die Zusammenar-

---

Motion Amherd (09.3807), welche vom Parlament bisher nicht behandelt worden ist.

[9] Das grosse Volumen und die weltweite Verfügbarkeit von Produkten erlaubt es nicht, dass die Schweiz ein eigenes Rating aufzieht. Die Auswahl eines Produkte-Ratings ist nicht einfach, da diese z.T. einen unterschiedlichen Abdeckungsgrad und unterschiedliche Altersabstufungen aufweisen.

beit mit der Branche und den Kantonen erfolgen?[10] Wie können präventive und repressive Massnahmen bestmöglich aufeinander abgestimmt werden? Welche Massnahmen lassen sich mit welchem Aufwand umsetzen? Sind die möglichen Massnahmen überhaupt wirksam? Was sind die Erfahrungen im Ausland?

Die Strukturen zur Beantwortung dieser Fragen sind im Programm „Jugendmedienschutz und Medienkompetenzen" angelegt, welches vom Bundesrat am 11. Juni 2010 verabschiedet wurde. Dort ist auch ein entsprechendes Monitoring zur Überprüfung der getroffenen Massnahmen der Branche und der Kantone vorgesehen. Dem Bundesrat sollen spätestens zum Ende der Programmlaufzeit (2015) Vorschläge zum Regulierungsbedarf auf Bundesebene unterbreitet werden.

Es ist zu hoffen, dass die Politik dem Bundesrat genügend Zeit lässt, die richtigen Antworten zu finden und eine umfassend koordinierte Lösung vorzuschlagen. Denn die Kosten für die Umsetzung solcher Regulierungsmassnahmen sind hoch, weshalb man sich einen Schnellschuss oder eine rein symbolische Gesetzgebung, welche bloss weitere Revisionen nach sich ziehen würde, kaum leisten kann.

IV. Neuregelung der verdeckten Ermittlung

Seit einem Entscheid des Bundesgerichtes im Jahr 2008 (BGE 134 IV 266) und der Inkraftsetzung der Schweizerischen Strafprozessordnung vom 5. Oktober 2007 (StPO; SR 312.0) am 1. Januar 2011 wird heftig über die Zulässigkeit von *verdeckten Ermittlungshandlungen* diskutiert (wie etwa die Möglichkeit der Chatroom-Überwachung). Gemeinhin lassen sich verdeckte Ermittlungshandlungen wie folgt unterscheiden:

– Nach Massgabe der *Eingriffsschwere* (Eingriffsintensität; Täuschungsaufwand) unterscheidet man zwischen der (schwereren) *verdeckten Ermittlung* einerseits und der (leichteren) *verdeckten Fahndung* anderseits.

---

[10] Unter Federführung der KKJPD haben die Kantone die Schaffung einer gesamtschweizerischen Filmkommission beschlossen. Allerdings sind bis heute nicht alle Kantone diesem Konkordat beigetreten.

– Entsprechend dem *Verdachtsgrad* kann man zwischen *präventiven* Ermittlungsmassnahmen des Polizeirechts (die ohne konkreten Tatverdacht, vor der Einleitung eines Strafverfahrens erfolgen) und *repressiven* Ermittlungsmassnahmen des Strafprozessrechts (welche einen hinreichenden Tatverdacht für die Einleitung des Strafverfahrens voraussetzen) differenzieren.

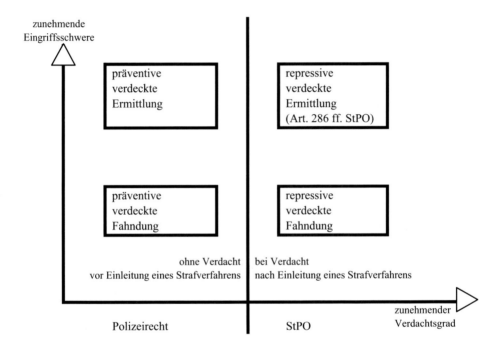

In Bezug auf die Frage, welche verdeckten Ermittlungsmassnahmen unter welchen Bedingungen zulässig sein sollen, stellen sich zwei Probleme:

1. Das erste Problem gründet darin, dass die *StPO die präventive Tätigkeit (Ermittlung/Fahndung) nicht regelt, ja nicht regeln kann:* Die präventive Tätigkeit – also das Erkennen und Verhindern von Straftaten – ist seit jeher Gegenstand des Polizeirechts, welches aufgrund der verfassungsmässigen Kompetenzverteilung vorwiegend kantonal geregelt ist. Die StPO regelt nur die repressive Tätigkeit, die an einen Tatverdacht anknüpft – also die Aufklärung und Beurteilung von Straftaten. Für eine verdeckte Ermittlung verlangt die StPO einen „Verdacht" auf eine

strafbare Handlung im Sinne von Artikel 286 Absatz 2 StPO (wodurch die verdeckte Ermittlung auch möglich ist bei Art. 135, 197 Ziff. 3 und 3bis StGB). Bei Vorliegen eines solchen Verdachtes ist durch die Staatsanwaltschaft ein Verfahren zu eröffnen. Somit bildet die StPO keine Grundlage für verdeckte Ermittlungshandlungen der Polizei zur Verhinderung der Begehung von Straftaten und solche zur Überprüfung von vagen Hinweisen auf Straftaten, die noch keinen Tatverdacht begründen.

Im Bereich der präventiven Ermittlungshandlungen müssen daher die Kantone aktiv werden, um allfällige Regelungslücken zu schliessen. Um eine Vielzahl von unterschiedlichen kantonalen Regelungen möglichst zu vermeiden, hat die Konferenz der kantonalen Justiz- und Polizeidirektorinnen und -direktoren (KKJPD) im April 2011 eine entsprechende *Musterregelung für die präventive Fahndung* verabschiedet. Diese Musterregelung muss von den Kantonen noch ins kantonale Recht überführt werden. Künftig dürfte demnach wieder sichergestellt sein, dass gewisse Formen von Chatroom-Überwachungen auch ohne einen konkreten Tatverdacht (präventiv) erfolgen können.[11]

2. Das zweite Problem liegt in der Rechtsprechung des Bundesgerichts zur repressiven verdeckten Ermittlung nach StPO begründet. Gemäss dem Bundesgericht (BGE 134 IV 266) ist eine Differenzierung zwischen der „verdeckten Ermittlung" und der „verdeckten Fahndung" unzulässig. Oder anders formuliert: Die Kategorie der verdeckten (repressiven) Fahndung gibt es gar nicht. Jede Massnahme, bei der Angehörige der Polizei nicht als solche erkennbar sind oder unter Verwendung einer falschen Identität mit Zielpersonen in Kontakt treten, gilt als verdeckte Ermittlung im Sinne von Artikel 286 StPO. Folglich gelten für verdeckte Ermittlungsmassnahmen nach StPO – unabhängig von Eingriffsintensität bzw. Täuschungsaufwand – sehr strenge Voraussetzungen: Diese sind folglich nur beim Vorliegen eines Tatverdachts auf eine der in Artikel 286 StPO genannten Straftaten erlaubt, müssen von der Staatsan-

---

[11] Ob ein polizeiliches Eingreifen zur Verhinderung von sexuellen Übergriffen auf Kinder möglich ist, dürfte aber nicht zuletzt davon abhängen, inwieweit es im Bereich des Groomings zu einer Vorverlagerung der Strafbarkeit kommt (vgl. dazu die Ausführungen zu Ziff. V.).

waltschaft angeordnet werden und bedürfen einer richterlichen Genehmigung. Diese Rechtslage wird heute mehrheitlich kritisiert.

So fordert die *Parlamentarische Initiative Jositsch (08.458)*, dass der Anwendungsbereich der verdeckten Ermittlung nach Artikel 286 StPO wieder eingeschränkt werden soll, damit gewisse, weniger schwer wiegende Ermittlungstätigkeiten wie die „blosse Verheimlichung der Identität" nicht mehr unter die verdeckte Ermittlung nach StPO fallen und damit ohne richterliche Genehmigung erfolgen können.[12]

Die gleiche Absicht verfolgt auch der *Vorentwurf zum Bundesgesetz über die polizeilichen Aufgaben des Bundes (Polizeiaufgabengesetz; VE-PolAG)*, welcher am 27. November 2009 in die Vernehmlassung gesandt wurde.[13] Dort ist eine Ergänzung der StPO um einen neuen Artikel 286a vorgesehen, der ebenfalls eine Abgrenzung der polizeilichen verdeckten Fahndung von der verdeckten Ermittlung (mit richterlicher Genehmigung) bringen soll.[14] Allerdings bedarf auch diese Bestimmung noch zusätzlicher Konkretisierungen und dürfte nochmals überarbeitet werden.[15]

---

[12] Die Umsetzung der Initiative benötigt aber noch weitere Gesetzgebungsarbeiten, denn sie schafft noch keine gesetzliche Grundlage, welche die Durchführung und die Zuständigkeit für verdeckte Fahndungen regelt.

[13] Da die Stellungnahmen sehr kontrovers ausfielen, war die Auswertung der Vernehmlassung und die Festlegung des weiteren Vorgehens zeitaufwändiger als geplant. Ein bestimmter Zeitpunkt, wann der Bundesrat diesen Entscheid fällen wird, kann zurzeit nicht angegeben werden.

[14] Art. 286a nStPO (in der Fassung gemäss VE-PolAG) hat folgenden Wortlaut:
Abgrenzung zu anderen Fahndungs- und Ermittlungsmassnahmen
¹ Einsätze von Angehörigen der Polizei, welche zu Fahndungs- und Ermittlungszwecken Kontakte knüpfen, ohne ihre wahre Identität und Funktion bekannt zu geben, gelten nicht als verdeckte Ermittlung, so lange davon abgesehen wird, durch Aufbau eines besonderen Vertrauensverhältnisses zu den kontaktierten Personen in ein kriminelles Umfeld einzudringen.
² Für das Mass der zulässigen Einwirkung gilt Artikel 293 sinngemäss.

[15] Die Schwächen von Artikel 286a VE-PolAG liegen darin, dass dieser nicht regelt, in welchem Rahmen und durch wen solche Massnahmen im Strafverfahren verfügt werden können. Aus dem Verweis auf Artikel 293 StPO kann geschlossen werden, dass verdeckte Fahndungen im Strafverfahren zulässig sind (nach gewissen Lehr-

Ausgewählte Gesetzgebungsprojekte mit Bezug zu Pornografie und Gewaltdarstellungen

Die Probleme sind also erkannt und man arbeitet auf allen Ebenen mit Hochdruck an einer Neuregelung der verdeckten Ermittlungstätigkeit. Die beteiligten Akteure auf Ebene des Bundes und der Kantone sind sich bewusst, dass nur eine gute Koordination all dieser Gesetzgebungsverfahren den gewünschten Erfolg bringt. Ein Beispiel: Würde der Bund auf die Regelung der verdeckten Fahndung in der Strafprozessordnung verzichten, bestünde die Gefahr, dass eine präventive verdeckte Fahndung mangels gesetzlicher Grundlage abgebrochen werden müsste, sobald sich ein Tatverdacht ergeben hat.

V. Ratifizierung des Übereinkommens des Europarats zum Schutz von Kindern vor sexueller Ausbeutung und sexuellem Missbrauch (Lanzarote-Konvention; ETS 201)

Die Schweiz hat die Lanzarote-Konvention[16] am 16. Juni 2010 unterzeichnet und die meisten Vorgaben der Konvention in ihrer Gesetzgebung bereits umgesetzt. Allerdings sind dennoch einige Anpassungen des Strafgesetzbuches erforderlich, damit die Konvention von der Schweiz, wie beabsichtigt, auch ratifiziert werden kann. Eine entsprechende Gesetzgebung ist zurzeit in Vorbereitung. Der Bundesrat wird noch in diesem Jahr einen Vorentwurf in die Vernehmlassung senden.

Im Rahmen der Umsetzungsarbeiten wird auch die Schaffung eines spezifischen *Straftatbestandes des „Groomings"* geprüft. Gemäss Artikel 23 der Lanzarote-Konvention[17] soll ein Erwachsener sich strafbar machen, wenn er

---

meinungen wird die Kompetenz zur verdeckten Fahndung auf die allgemeine Ermittlungskompetenz der Polizei nach Art. 306 StPO gestützt).

[16] Offizielle Version auf <http://conventions.coe.int/Treaty/EN/Treaties/Html/201.htm> abrufbar.

[17] Die deutsche Übersetzung des Artikels 23 der Lanzarote-Konvention lautet wie folgt:
Artikel 23 Kontaktanbahnung zu Kindern zu sexuellen Zwecken
Jede Vertragspartei trifft die erforderlichen gesetzgeberischen oder sonstigen Massnahmen, um die Handlung eines Erwachsenen, wenn vorsätzlich begangen, als

– mittels Informations- und Kommunikationstechnologie – einem Kind, das die sexuelle Mündigkeit (welche in der Schweiz bei 16 Jahren liegt) noch nicht erreicht hat, den Vorschlag macht, sich zu treffen, um eine sexuelle Handlung zu begehen oder Kinderpornografie herzustellen, sofern diesem Vorschlag konkrete Handlungen für das Treffen folgen. Es stellen sich folgende Probleme:

- Der Anwendungsbereich dieser Bestimmung umfasst nur die Benützung von Informations- und Kommunikationstechnologien, also Internet und Mobiltelefone, nicht hingegen andere Formen wie reale Kontakte oder nichtelektronische Kommunikation. Es stellt sich die Frage, ob man bei der Umsetzung tatsächlich einen solch engen Anwendungsbereich für das Grooming vorsehen möchte.

- Da die Konvention nur eine Strafbarkeit fordert, wenn *konkrete Handlungen im Hinblick auf ein Treffen folgen* (der Täter muss beispielsweise am Treffpunkt erscheinen; das einfache „chatten" genügt nicht), kann man sich fragen, ob es eine besondere schweizerische Strafnorm zur Umsetzung der Konvention überhaupt braucht. Denn die Unterbreitung eines Vorschlages für ein Sex-Treffen oder für Sex-Fotos ist nach geltendem schweizerischem Recht als straflose Vorbereitungshandlung zu den entsprechenden Straftaten zu werten. Folgt jedoch ein tatsächliches Treffen, so kann dies u.U. bereits als Versuch gewertet werden (vgl. BGE 131 IV 105 E. 8.1).

- Im Rahmen der Umsetzungsarbeiten wird aber auch zu prüfen sein, wo genau die Schwelle der Strafbarkeit angesiedelt werden soll. Schliesslich ist auch eine Vorverlagerung der Strafbarkeit denkbar. Der Bundesrat hat eine solch umfassende Prüfung bereits im Rahmen der Beant-

---

Straftat zu umschreiben, der mit Hilfe der Informations- und Kommunikationstechnologien ein Treffen mit einem Kind, das noch nicht das in Artikel 18 Absatz 2 festgesetzte Alter [massgebend sind die innerstaatlichen Regeln zur sexuellen Mündigkeit] erreicht hat, vorschlägt, um diesem gegenüber eine Straftat nach Artikel 18 Absatz 1 Buchstabe a [d.h. sexuelle Handlungen mit einem Kind] oder Artikel 20 Absatz 1 Buchstabe a [d.h. Herstellen von Kinderpornografie] zu begehen, sofern auf diesen Vorschlag auf ein solches Treffen hinführende konkrete Handlungen folgen.

wortung der Motion Amherd 07.3449 „Virtueller Kindsmissbrauch im Internet. Neuer Straftatbestand" angekündigt.

– Als problematisch erweist sich in der Praxis insbesondere, dass die Polizei, die Kenntnis erhält von einem geplanten Treffen eines Erwachsenen mit einem Kind zwecks Vornahme strafbarer sexueller Handlungen, den Täter praktisch nur dann der Strafjustiz zuführen kann, wenn sie sich selbst zum vereinbarten Treffpunkt begibt. Dabei besteht ein gewisses Risiko, dass das Treffen vorher – durch die Nutzung nicht kontrollierbarer Kommunikationskanäle – räumlich oder zeitlich verschoben wird, was ein Eingreifen verunmöglichen kann. Die Festlegung der Strafbarkeitsgrenze sollte daher in Abstimmung mit den Möglichkeiten der Fernmeldeüberwachung und der verdeckten Ermittlung erfolgen.

Die Konvention verlangt ferner die Strafbarkeit verschiedener Verhaltensweisen im Bereich der „Kinderpornografie". Brisant ist, dass gemäss Artikel 3 der Konvention generell Personen *unter 18 Jahren* als „Kinder" gelten.[18] Damit die Konvention ratifiziert werden könnte, müsste das Schweizer Recht entsprechend angepasst werden, so dass unter den Begriff „Kinderpornografie" auch Darstellungen fallen, die „sexuelle Handlungen mit Unmündigen" zeigen. Denn der in Artikel 197 Ziffer 3 und 3bis StGB in Bezug auf Kinderpornografie verwendete Begriff „Kind" ist in der schweizerischen Literatur zwar umstritten, mehrheitlich wird darunter aber eine Person unter 16 Jahren verstanden.

Die Neudefinition des Begriffs des Kindes dürfte noch reichlich Diskussionsstoff liefern. So ist beispielsweise auch zu prüfen, ob die Schweiz nicht von der Möglichkeit, einen Vorbehalt im Sinne von Artikel 20 Absatz 3 Ali-

---

[18] Die deutsche Übersetzung von Artikel 3 Buchstabe a der Lanzarote-Konvention lautet wie folgt:
Artikel 3 Begriffsbestimmungen
Im Sinne dieses Übereinkommens
a) bedeutet „Kind" eine Person unter achtzehn Jahren; ...

nea 2 der Konvention[19] anzubringen, Gebrauch machen sollte, um gewisse „einvernehmliche Konsumentenhandlungen" (im Bereich der Herstellung und des Besitzes) von Strafe zu befreien. Zu denken ist etwa an eine Person über 16 Jahre, die zur Auslebung ihrer Sexualität Photos von sich selber herstellt und diese für den Eigengebrauch verwendet. Es sollte gewährleistet werden, dass es im Privatbereich bei sexueller Mündigkeit – also mit 16 Jahren – nicht plötzlich zu einer unnötigen Kriminalisierung kommt.

VI. Ratifizierung des Übereinkommens des Europarats über die Cyberkriminalität (Cybercrime-Convention)

Gute Neuigkeiten sind aus dem Bereich der internationalen Zusammenarbeit zur Bekämpfung der Cyberkriminalität zu vermelden. Das Parlament hat am 18. März 2011 die Vorlage zur Umsetzung und Ratifikation der Europaratskonvention über die Cyberkriminalität[20] verabschiedet. Dies bedeutet, dass die Schweiz, nach Ablauf diverser Fristen, noch in diesem Jahr Vertragsstaat zur genannten Konvention wird.

Das erwähnte Übereinkommen des Europarates ist die erste und bisher einzige internationale Strafrechts-Konvention, die sich mit Computer- und Netzwerkkriminalität befasst. Die Vertragsstaaten werden verpflichtet, ihre

---

[19] Die deutsche Übersetzung des Artikels 20 Absatz 3 der Lanzarote-Konvention lautet wie folgt:
Artikel 20 Straftaten im Zusammenhang mit Kinderpornografie
(3) Jede Vertragspartei kann sich das Recht vorbehalten, Absatz 1 Buchstabe a und e ganz oder teilweise nicht auf das Herstellen und den Besitz pornografischen Materials anzuwenden,
– Das ausschliesslich simulierte Darstellungen oder wirklichkeitsnahe Abbildungen eines nicht existierenden Kindes enthält;
– bei dem Kinder dargestellt werden, die das nach Artikel 18 Absatz 2 festgesetzte Alter [gemeint ist das innerstaatlich definierte Alter für sexuelle Mündigkeit: in der Schweiz = 16 Jahre] erreicht haben, wenn diese Bilder von ihnen mit ihrer Zustimmung und allein zu ihrem persönlichen Gebrauch hergestellt worden sind und sich in ihrem Besitz befinden.

[20] Offizielle Version ist unter <http://conventions.coe.int/Treaty/GER/Treaties/Html/185.htm> abrufbar. Die Gesetzesvorlage findet sich im BBl 2011, 2765. Die Referendumsfrist dauert bis zum 7. Juli 2011.

Gesetzgebung – in materieller und prozessualer Hinsicht – den Herausforderungen der neuen Informationstechnologie anzupassen und die internationale Zusammenarbeit zu gewährleisten.

Die Schweiz erfüllt die Anforderungen des Übereinkommens bereits weitgehend. Anpassungsbedarf ergab sich vor allem in Bereichen, welche nicht unter das Thema dieses Aufsatzes fallen.[21] Keine Anpassungen wurden im Bereich der Kinderpornografie vorgenommen. Im Zusammenhang mit Artikel 9 Absatz 3 des Übereinkommens (Straftaten mit Bezug zu Kinderpornographie)[22] hat der Bundesrat jedoch festgehalten, dass die Frage, ob bereits Personen unter 18 Jahren als Kinder gelten sollen, im Rahmen der Umsetzung der Lanzarote-Konvention näher geprüft wird (vgl. Ziff. V).

Die Bedeutung der vorliegenden Europaratskonvention darf zum heutigen Zeitpunkt nicht überschätzt werden. Die Erfahrungen aus der letzten Staatenkonferenz haben gezeigt, dass zahlreiche Staaten bei der Umsetzung des inhaltlich komplizierten Übereinkommens nach wie vor an ihre Grenzen stossen. Die positiven Effekte des Vertrages werden in den kommenden Jahren jedoch weiter zunehmen. Wirkungen, aus denen unser Land als Mitgliedstaat ebenfalls seinen Nutzen wird ziehen können. Ein verbesserter Austausch von Informationen und eine eingespielte Rechtshilfe im Bereich der Computerkriminalität liegen auch im schweizerischen Interesse.

---

[21] So wurde etwa bezüglich des Straftatbestandes des unbefugten Eindringens in ein Datenverarbeitungssystem (sog. „Hacking"-Tatbestand) eine massvolle Vorverlagerung der Strafbarkeit beschlossen. Im Bereich der Rechtshilfe können elektronische Verkehrsdaten zudem neu *vor* Abschluss des Rechtshilfeverfahrens – unter gewissen Voraussetzungen – weiter gegeben werden. Die Rechte der betroffenen Person bleiben geschützt.

[22] Der Wortlaut von Artikel 9 Absatz 3 der Cybercrime-Convention ist nachzulesen im BBl 2010, 4756.

Safer Internet Programm und andere Massnahmen der EU zum Jugendschutz im Internet und in den neuen Medien

Gian Ege/Sandra Muggli

Inhalt

I. Die Entwicklung der europäischen Regelungen im Bereich des Jugendschutzes im Internet 140
II. Der Safer Internet Action Plan 1999-2004 143
    1. Kurzer Überblick 143
        a) Die Ziele 143
        b) Finanzieller Rahmen...144
        c) Durchführung, Evaluation und Mitgliedschaft............................145
    2. Die einzelnen Aktionsbereiche des Plans 146
        a) Schaffung eines sicheren Umfelds 146
            aa) Schaffung eines europäischen Hotline-Netzes.....................146
            bb) Förderung der Selbstkontrolle und Einführung von Verhaltenskodizes 147
        b) Entwicklung von Filter- und Bewertungssystemen.....................148
            aa) Demonstration der Vorteile von Filterung und Bewertung...149
            bb) Erleichterung internationaler Abkommen über Bewertungssysteme....149
        c) Förderung von Sensibilisierungsmassnahmen 150
    3. Evaluation..151
        a) Programm 1999-2002 151
        b) Programm 2003-2004 152
III. Safer Internet plus Programm 2005-2008 153
    1. Kurzer Überblick 153
        a) Entstehung des Programms 153
        b) Finanzieller Rahmen...154
        c) Durchführung und Evaluation 155
    2. Die einzelnen Aktionsbereiche des Programms 155
        a) Kampf gegen illegale Inhalte 156
        b) Bekämpfung unerwünschter und schädlicher Inhalte.................156
        c) Förderung eines sicheren Umfelds 157
        d) Sensibilisierung..157
    3. Jährliche Arbeitsprogramme..158
    4. Evaluation des Programms 159

IV. Safer Internet Programm 2009-2013 162
    1. Kurzer Überblick 162
        a) Entstehung des Programms 162
        b) Finanzieller Rahmen 163
        c) Durchführung und Evaluation 164
        d) Die einzelnen Aktionsbereiche des Programms 164
            aa) Bekämpfung illegaler Inhalte und Bekämpfung schädlichen Online-
                 Verhaltens 165
            bb) Förderung eines sicheren Online-Umfelds 165
            cc) Sensibilisierung der Öffentlichkeit 165
            dd) Aufbau einer Wissensbasis 166
    2. Jährliche Arbeitsprogramme 166
    3. Evaluation 167
V. Unter dem Programm gegründete bzw. unterstützte Projekte 168
    1. Netzwerke 169
        a) INSAFE 169
        b) INHOPE 170
    2. Projekte zur Bekämpfung von illegalen Inhalten 171
        a) Measurement and Analysis of P2P Activity Against Paedophile Content
           (MAPAP) 171
        b) I-Dash: The Investigator's Dashboard 172
        c) Filter-Projekte 173
    3. Selbstregulierung 174
        a) European Framework for Safer Mobile Use by Young Teenagers and
           Children 174
        b) Safer Social Networking Principles for the EU 176
VI. Weitere Massnahmen 178
VII. Schlusswort 180

Materialenverzeichnis 182
1. Pressemitteilungen 182
2. Safer Internet Programme 183
3. Mitteilungen der Kommission 184
4. Weitere Materialien 185

Das Internet ist aus unserer Gesellschaft kaum mehr wegzudenken. Die heutige Generation wächst zum grössten Teil bereits mit diesem Medium auf, wird damit schon früh zuhause und später auch in der Schule konfrontiert und bedient sich seiner daher mit einer gewissen Selbstverständlichkeit. Das World Wide Web öffnet den Nutzern mit wenig Aufwand die Tore zur Aussenwelt, indem es ihnen Zugriff zu praktisch jeglicher Informationsquelle erlaubt. Nie war es so einfach wie heute, sich dieser Informationen zu bedienen, sind sie doch oft nur einen Mausklick entfernt. Daneben wurde mit den *social networks* eine neue Ära geschaffen, die es den Menschen erlaubt, online mit unzähligen Personen in Kontakt zu treten, sich gegenseitig auszutauschen oder sogar zu treffen. Auf den verschiedenen Plattformen des Internets werden nebst Gedanken oftmals auch bereitwillig Adressen, Fotos, Videos etc. ausgetauscht, was wiederum dazu führt, dass der Fluss von persönlichen Daten enorme Masse angenommen hat und durch den Einzelnen kaum mehr aufzuhalten ist, sobald diese Daten einmal der Öffentlichkeit zugänglich gemacht worden sind.

Jugendliche und Kinder sind heute eine der grössten Nutzergruppen von Online- und Mobiltechnologien in Europa. Gerade sie sind jedoch – aufgrund ihres altersbedingten Leichtsinns – noch nicht fähig, mit diesem Medium verantwortungsbewusst umzugehen, weshalb schnell einmal (oft psychische) Schäden angerichtet werden können, die sich nicht mehr so einfach beheben lassen.[1] Zum einen gefährden die Jugendlichen durch undurchdachte Preisgabe persönlicher Daten ihre Zukunft in Schule und Beruf, zum anderen werden sie zunehmend Opfer von „*Cyber-Mobbing*"[2] und „*Online-Grooming*"[3]. Aus diesem Grund ist es eine wichtige Aufgabe, diese Gruppe zu schützen. Die Europäische Union hat diesen Bedarf richtigerweise bereits vor einigen Jahren erkannt und mit verschiedensten Massnahmen reagiert, welche das Problem differenziert angehen. Es wurden sowohl Massnahmen im Bereich des Strafrechts (3. Säule) als auch solche, die im präventiven Bereich anzusiedeln sind, getroffen. Diese breitgefächerte Herangehensweise

---

[1] LIVINGSTONE S./HADDON L./GÖRZIG, A./ÓLAFSSON K., Risks and safety on the internet: The perspective of European children. Full Findings. LSE, London: EU Kids Online, 2011, 5 ff.

[2] Unter *Cyber-Mobbing* werden Verhaltensweisen verstanden, wenn eine Person Online-Dienste benützt um eine andere Person zu verspotten, bedrohen, blamieren oder ihr in anderer Weise Schaden zuzufügen. Definition nach MCQUADE III, SAMUEL C./COLT JAMES P./MEYER NANCY B.B., Cyber Bullying – Protecting Kids and Adults from Online Bullies, Westport, Connecticut, London 2009, 2; vgl. zum Thema auch: TROLLEY BARBARA C./HANEL CONSTANCE, Cyber Kids, Cyber Bullying, Cyber Balance, Thousand Oaks 2010.

[3] Unter *Online-* oder *Cyber-Grooming* wird verstanden, dass eine erwachsene Person sich mit einem Kind über Online-Plattformen anfreundet, um es dann sexuell zu missbrauchen. Vgl. OST SUZANNE, Child Pornography and Sexual Grooming – Legal and Societal Responses, Cambridge u.a. 2009, 37 f.

ist auch nötig, um die vielfältigen Risiken einzudämmen. Während der strafrechtliche Jugendschutz durch den Erlass von Rahmenbeschlüssen im Folgenden nicht näher betrachtet wird[4], soll den Präventionsmassnahmen erhöhte Aufmerksamkeit geschenkt werden. Eine davon stellt das „Safer Internet Programm" dar. Daneben wird auf weitere präventive Massnahmen zum Jugendschutz eingegangen. Ziel dieses Beitrags ist das Aufzeigen der Entwicklung dieser Massnahmen in verschiedenen Etappen, sowie eine kritische Würdigung und die Einschätzung der Fortschritte.

I. Die Entwicklung der europäischen Regelungen im Bereich des Jugendschutzes im Internet

Seinen Lauf nahm die europäische Regelung des „Jugendschutzes im Internet" bereits am 24. April 1996 in Bologna, als der für Telekommunikation, Kultur und audiovisuelle Angelegenheiten zuständige Minister an einer informellen Tagung die Kommission ersuchte, eine Zusammenfassung der Probleme vorzulegen, welche sich mit der schnellen Entwicklung des Internets stellen könnten, und gleichzeitig zu prüfen, ob eine gemeinschaftliche oder internationale Regelung in diesem Bereich wünschenswert sei.[5] Die dafür eingesetzte Gruppe wurde gestützt auf die *„Schlussfolgerungen des Rates vom 27. September 1996 über Pädophilie und Internet"* durch Vertreter der Minister für Telekommunikation, der Server- und Diensteanbieter, des gewerblichen Multimedia-Sektors sowie Vertreter der Nutzer erweitert.[6] Am 23. Oktober 1996 legte die Kommission schliesslich ein *„Grünbuch über den Jugendschutz und den Schutz der Menschenwürde in den audiovisuellen und den Informationsdiensten"*[7] vor. Das Grünbuch gliedert sich in drei Ka-

---

[4] Vgl. zu den strafrechtlichen Massnahmen der EU im Bereich der Cyberkriminalität: SCHWARZENEGGER CHRISTIAN, Die Internationalisierung des Wirtschaftsstrafrechts und die schweizerische Kriminalpolitik: Cyberkriminalität und das neue Urheberstrafrecht, ZSR 2008 II, 425 ff.

[5] Entschliessung vom 17. Februar 1997, 1.

[6] Entschliessung vom 17. Februar 1997, 1.

[7] Das Grünbuch ist nicht mehr online verfügbar, vgl. daher für den Inhalt: <http://europa.eu/legislation_summaries/audiovisual_and_media/l24030_de.htm>.

pitel, wobei es im ersten Kapitel um die verschiedenen Aspekte der Entwicklung neuer audiovisueller Dienste und Informationsdienste geht, welche für den Jugendschutz und den Schutz der Menschenwürde von Relevanz sind, und um die Analyse inhaltlicher Kategorien, welche potentiell problemträchtig sind. Es wird des Weiteren darauf hingewiesen, dass es im Rahmen dieser Thematik um zwei Arten von Problemen geht, die man nicht miteinander vermengen darf. Auf der einen Seite stehen demnach Inhalte, die gesetzlich verboten und damit illegal sind, auf der anderen Seite an sich legale Inhalte, die jedoch nur für Erwachsene bestimmt sind und für die Entwicklung von Minderjährigen schädlich sein könnten.

Das zweite Kapitel widmet sich der Analyse des bestehenden rechtlichen und konstitutionellen Regelungsrahmens auf europäischer und einzelstaatlicher Ebene. Es wird festgehalten, dass Artikel 10 der EMRK zwar ein Recht auf freie Meinungsäusserung gewährleistet, dieses aber aus besonderen Gründen eingeschränkt werden darf. Damit besteht dieses Recht an keinem Ort der Europäischen Union absolut, sondern unterliegt gewissen Einschränkungen wie dem vom EGMR entwickelten Grundsatz der Verhältnismässigkeit. Des Weiteren wird darauf hingewiesen, dass die neuen Dienste allgemein zu neuen Problemen bei der Durchsetzung von Rechtsvorschriften führen können, da die Bestimmung der verantwortlichen Personen sich angesichts der Vielzahl unterschiedlicher Akteure schwierig gestaltet und noch schwieriger wird, wenn man bedenkt, dass die verschiedenen Glieder zusätzlich in unterschiedlichen Ländern ansässig sind.

In Kapitel 3 wird schliesslich darauf aufmerksam gemacht, dass der freie Dienstleistungsverkehr zu den vier Grundfreiheiten der Gründungsverträge zählt, bei welchen Einschränkungen lediglich bei Vorliegen von vorrangigem öffentlichem Interesse möglich sind und immer der Grundsatz der Verhältnismässigkeit gewahrt werden muss. Das Grünbuch stellt klar, dass der Jugendschutz und der Schutz der Menschenwürde zu diesen vorrangigen öffentlichen Interessen zu zählen sind. Im Weiteren werden Möglichkeiten zur Verbesserung der Zusammenarbeit zwischen den einzelstaatlichen Verwaltungen und der Kommission sowohl im Gemeinschaftsrahmen als auch in den Bereichen Justiz und Inneres geprüft und Möglichkeiten zur Förderung der Zusammenarbeit zwischen den entsprechenden Branchen vorgeschlagen. Diese Punkte werden als wichtig bezeichnet, da der Zusammenarbeit der

Mitgliedstaaten in den Bereichen Justiz und Inneres im Kampf gegen gesetzeswidrige Inhalte eine fundamentale Rolle zukommt.[8]

Als Reaktion auf dieses Grünbuch gab der Rat vorerst in seiner *„Entschliessung vom 17. Februar 1997 zu illegalen und schädlichen Inhalten im Internet",*[9] den Mitgliedstaaten den Auftrag, erste, vereinzelte Massnahmen einzuleiten[10]. Ausserdem anerkannten der Rat und die im Rat vereinigten Vertreter in diesem Dokument, dass das Internet durchaus Vorteile biete – dies insbesondere im Bildungsbereich sowie im Hinblick auf die Entfaltungsmöglichkeiten für die Verbraucher, den Abbau der Hemmnisse für die Schaffung und Verbreitung von Inhalten und die Eröffnung eines breiten Zuganges zu immer ergiebigeren Quellen digitaler Information –, betonte aber auch gleichzeitig die Notwendigkeit, die illegale Nutzung der technischen Möglichkeiten des Internets, insbesondere bei Straftaten gegen Kinder, zu bekämpfen.[11] Am 25. Januar 1999 präsentierte der Rat schliesslich seine *„Entscheidung zur Annahme eines mehrjährigen Aktionsplans der Gemeinschaft zur Förderung der sicheren Nutzung des Internet durch die Bekämpfung illegaler und schädlicher Inhalte in globalen Netzen"*[12]. Damit wurde der erste Aktionsplan geboren, ein Programm, das bis heute fortgesetzt wird.[13]

---

[8] Das Grünbuch ist nicht mehr online verfügbar, vgl. daher für den Inhalt: <http://europa.eu/legislation_summaries/audiovisual_and_media/l24030_de.htm>.

[9] Entschliessung vom 17. Februar 1997.

[10] Namentlich die Aufträge zur Förderung und Erleichterung von Systemen der Selbstkontrolle unter Einbeziehung von Vertretungsgremien der Internet-Dienstanbieter und -nutzer, von effizienten Verhaltenskodizes und möglicherweise von Hotline-Meldesystemen für die Öffentlichkeit; sowie Förderung der Bereitstellung von Filtermechanismen für die Nutzer und der Errichtung von Klassifizierungssystemen. Z.B. sollte der vom internationalen World-Wide-Web-Konsortium mit Gemeinschaftsunterstützung initiierte PICS-Standard (Platform for Internet Content Selection) gefördert werden und aktive Teilnahme an der unter deutscher Schirmherrschaft auszurichtenden internationalen Ministerkonferenz und Förderung der Teilnahme von Vertretern der betroffenen Marktteilnehmer.

[11] Entschliessung vom 17. Februar 1997, vor Ziff. 1.

[12] Entscheidung Nr. 276/1999/EG.

[13] Vgl. zum ganzen Entstehungsprozess auch ALLHUTTER DORIS, „Illegale und schädigende Internetinhalte": Pornografie und Grundrechte im *Policy Framing* der Eu-

II. Der Safer Internet Action Plan 1999-2004

1. Kurzer Überblick

a) Die Ziele

Dieser Aktionsplan, welcher als vierjähriges Arbeitsprogramm ausgestaltet wurde, war ursprünglich für eine Laufzeit vom 1. Januar 1999 bis 31. Dezember 2002 angelegt[14] und stand in engem Zusammenhang mit der *„Empfehlung des Rates zum Jugendschutz und zum Schutz der Menschenwürde"*[15]. Mit der *„Entscheidung des Europäischen Parlaments und des Rates vom 16. Juni 2003"* wurde der Plan nachträglich bis zum 31. Dezember 2004 verlängert[16]. Diese Verlängerung (zweijähriges Arbeitsprogramm) sollte der Tatsache Rechnung tragen, dass neue Online-Technologien, neue Nutzer und neue Nutzungsmuster einerseits neue Gefahren erzeugen sowie bestehende Gefahren verstärken, andererseits aber auch zahlreiche neue Möglichkeiten eröffnen. Das neue Arbeitsprogramm 2003-2004 wird in der Entscheidung als „zweite Phase" des ausgearbeiteten Aktionsplans angesehen, in welcher einzelne Aktionsbereiche angepasst werden könnten und in welcher den gemachten Erfahrungen und Ergebnissen des Bewertungsberichts Rechnung zu tragen sei[17]. Künftig beachtet werden sollten dabei insbesondere auch neue Online-Technologien wie Inhalte von Mobil- und Breitbanddiensten, Onlinespiele, Peer-to-Peer-Datenübertragung sowie alle Arten der Echtzeitkommunikation wie Chaträume und Sofortübermittlung von Nachrichten.[18]

Der Aktionsplan wurde mit dem Ziel konstruiert, die sichere Nutzung des Internets zu fördern und auf ein, für die Entwicklung der Internet-Branche,

---

ropäischen Union, Österreichische Zeitschrift für Politikwissenschaft (ÖZP), 33 Jg. (2004) H. 4, 423-436.

[14] Entscheidung Nr. 276/1999/EG, Art. 1, Ziff. 1.

[15] Empfehlung des Rates vom 24. September 1998. Erstmalig bewertet im Jahr 2001, siehe (KOM 2001) 106 endg. vom 27.2.2001.

[16] Entscheidung Nr. 1151/2003/EG, Art. 1, Abs. 2.

[17] Entscheidung Nr. 1151/2003/EG, Art. 1 Ziff. 4 und 10.

[18] Arbeitsprogramm 2003-2004, Titel 2.2, Ziff. 4, S. 5

günstiges Umfeld hinzuwirken.[19] Sein Inhalt umfasste dabei die vier folgenden Aktionsschwerpunkte[20]:

- *Schaffung eines sicheren Umfelds* durch Aufbau eines europäischen Hotline-Netzes und durch Förderung der Selbstkontrolle seitens der Branche und die Einführung von Verhaltenskodizes;
- *Entwicklung von Filter- und Bewertungssystemen,* insbesondere indem die Vorteile dieser Verfahren aufgezeigt und ein internationales Übereinkommen über die Ausarbeitung eines Bewertungssystems erleichtert werden;
- *Förderung von Sensibilisierungsmassnahmen* auf allen Ebenen, damit Eltern und andere Personen, die Kinder in ihrer Obhut haben (Lehrer, Sozialarbeiter usw.), besser informiert werden über den optimalen Schutz Minderjähriger vor Inhalten, die ihrer Entwicklung schaden können;
- *Flankierende Massnahmen* wie die Prüfung der rechtlichen Auswirkungen, die Koordinierung der im Rahmen des Aktionsplans ergriffenen Massnahmen mit ähnlichen Initiativen ausserhalb der Union und die Bewertung der Wirksamkeit der Gemeinschaftsmassnahmen.

b) Finanzieller Rahmen

Für die Erreichung der aufgeführten vier Hauptziele wurde dem Plan ein Finanzrahmen von 25 Mio. € zugestanden, wobei Anhang II des Dokumentes eine vorläufige Aufteilung dieser Mittel enthält.[21] Die Aufschlüsselung der Ressourcen gestaltete sich wie folgt, wobei im Verlauf des Programms allfällige Anpassungen möglich waren:

- Schaffung eines sicheren Umfelds: 26-30%;
- Entwicklung von Filter- und Bewertungssystemen: 32-38%;

---

[19] Entscheidung Nr. 276/1999/EG, Artikel 2.
[20] <http://europa.eu/legislation_summaries/information_society/l24190_de.htm>.
[21] Entscheidung Nr. 276/1999/EG, Artikel 1, Ziff. 3.

- Förderung von Sensibilisierungsmassnahmen: 30-36%;
- Flankierende Massnahmen: 3-5%.

Zusammen mit den im Verlängerungsbeschluss genehmigten Mitteln wurde das Budget für die Gesamtlaufzeit von 1999-2004 auf 38.3 Mio. € festgelegt[22] und die Aufgliederung der Ausgaben wie folgt geändert[23]:

- Schaffung eines sicheren Umfelds: 20-26%;
- Entwicklung von Filter- und Bewertungssystemen: 20-26%;
- Förderung von Sensibilisierungsmassnahmen: 42-46%;
- Flankierende Massnahmen: 3-5%.

c) Durchführung, Evaluation und Mitgliedschaft

Für die Durchführung des Aktionsplans war die Kommission zuständig, welche dabei durch einen Ausschuss unterstützt wurde, der sich aus Vertretern der einzelnen Mitgliedstaaten zusammensetzte.[24] Die Durchführung sollte überwiegend auf indirekte Aktionen, wenn möglich auf Kostenteilungsbasis, basieren. Solche Projekte sollten durch eine Ausschreibung ausgewählt werden. Nur in Spezialfällen konnte die Kommission andere Finanzierungsmodelle verwenden.[25] Ebenfalls in den Aufgabenbereich der Kommission fiel eine anschliessende Evaluierung, um festzustellen, ob die ursprünglichen Ziele erreicht worden waren.[26]

---

[22] Entscheidung Nr. 1151/2003/EG, Art. 1, Abs. 3.
[23] Entscheidung Nr. 1151/2003/EG, Anhang II.
[24] Entscheidung Nr. 276/1999/EG, Art. 5.
[25] Entscheidung Nr. 276/1999/EG, Anhang III, Ziff. 1-6.
[26] Entscheidung Nr. 276/1999/EG, Art. 6.

2. Die einzelnen Aktionsbereiche des Plans

a)   Schaffung eines sicheren Umfelds

Der Aktionsbereich „Schaffung eines sicheren Umfelds" umfasst grob gesehen zwei Aspekte, welche sich in der Schaffung eines europäischen Hotline-Netzes und der Förderung der Selbstkontrolle und Verhaltenskodizes niederschlagen.

aa)   Schaffung eines europäischen Hotline-Netzes

Der Sinn eines europäischen Hotline-Netzes liegt darin, dass den Benutzern des Internets die Möglichkeit geboten werden soll, Inhalte zu melden, auf die sie bei der Nutzung gestossen sind und die sie für illegal halten. Für die Bestrafung und Verfolgung sollen zwar nach wie vor die nationalen Strafverfolgungsbehörden zuständig bleiben, welche dabei von den Organisationen Europol und Interpol unterstützt werden, jedoch soll die Hotline bei der vorrangigen Aufdeckung solchen Materials helfen.[27] Bis zur Inkraftsetzung des Aktionsplanes gab es solche Hotlines lediglich in einer begrenzten Zahl von Mitgliedstaaten. Ihre Einrichtung musste deshalb laut Rat gefördert werden, damit Hotlines betrieben werden können, welche die Union sowohl geographisch als auch sprachlich abdecken. Damit dieses Netz seine Möglichkeiten voll entfalten kann, wird im Aktionsplan darauf hingewiesen, dass zusätzlich eine Verbesserung der Zusammenarbeit zwischen der Branche und den Strafverfolgungsbehörden erforderlich ist. Die Wirksamkeit soll dabei zusätzlich durch einen Informations- und Erfahrungsaustausch erhöht werden. Die teilnehmenden Organisationen können bei der Errichtung eines solchen Netzes unterschiedlichster Art sein und von verschiedensten Akteuren der Branche wie Zugangs- und Diensteanbietern, Telekom-Betreibern oder nationalen Hotline-Betreibern unterstützt werden. Auch soll es möglich sein, dass pro Mitgliedstaat mehrere Hotlines existieren. In einem solchen Fall müssten die betroffenen Einrichtungen jedoch angeben, in welchen Bereichen sie operieren, um unnötige Überschneidungen und Doppelarbeit zu

---

[27]   Arbeitsprogramm 1999-2002, 7.

vermeiden.[28] Allgemein wird im Aktionsplan verlangt, dass die Hotlines einen zukunftsorientierten und innovativen Ansatz zeigen, insbesondere wenn es um die Beziehungen zu den nationalen Strafverfolgungsbehörden geht. Des Weiteren sollen sie verpflichtet sein, im Falle von Beschwerden Meldung zu erstatten und zu berichten, wie sie im Einzelfall tätig geworden sind.[29]

Nach Ablauf des ersten Arbeitsprogramms (1999-2002) wurde im neuen Arbeitsprogramm (2003-2004) festgehalten, dass in der Zwischenzeit 13 Mitgliedstaaten und Island solche Meldestellen für schädliche und illegale Inhalte eingerichtet hätten und zusammen ein EU-Meldestellennetz im Rahmen des INHOPE-Verbands[30] bildeten. Zwischen Dezember 2001 und Mai 2002 haben INHOPE-Mitglieder über 35'000 Meldungen bearbeitet. Es hat sich erwiesen, dass die nationalen Strafverfolgungsbehörden die Hilfe und Unterstützung der Meldestellen schätzen und auch nutzen, weshalb das Ziel in der zweiten Phase im Rahmen des Arbeitsprogramms 2003-2004 vor allem in die Richtung ging, die Ausweitung des bestehenden Netzes auf alle Mitgliedstaaten voranzutreiben und seine funktionelle Wirksamkeit weiter zu verbessern.[31] Zusätzlich sollte zur Vernetzung der verschiedenen Meldestellen ein Koordinierungszentrum geschaffen werden, um europäische Leitlinien, Arbeitsmethoden und Verfahren des Netzes auszuarbeiten.[32]

bb) *Förderung der Selbstkontrolle und Einführung von Verhaltenskodizes*

Neben den Nutzern, welche illegale Inhalte melden, sollen gemäss Aktionsplan auch die Branchen selbst einen wirksamen Beitrag zur Eindämmung illegaler und schädigender Inhalte leisten und dafür in Absprache miteinander ein Selbstkontrollsystem entwickeln, das ein hohes Schutzniveau bietet und Fragen der Rückverfolgbarkeit regelt[33]. Ausserdem sollten auf europäi-

---

[28] Arbeitsprogramm 1999-2002, 7.
[29] Arbeitsprogramm 1999-2002, 7.
[30] Vgl. dazu unten, V.1.a).
[31] Zum Ganzen: Arbeitsprogramm 2003-2004, Nr. 4, S. 7.
[32] Arbeitsprogramm 2003-2004, Nr. 4.1.4, S. 9.
[33] Arbeitsprogramm 1999-2002, 7.

scher Ebene Leitlinien für Verhaltenskodizes erarbeitet werden, um einen Konsens über deren Anwendung zu erzielen und ihre Umsetzung zu unterstützen. Das Einhalten der vereinbarten Regeln sollte sich im Endeffekt im Gütesiegel „Qualitätsseite" für Internetdiensteanbieter niederschlagen, die es den Internetbenutzern erlaubt, diejenigen Anbieter zu erkennen, die sich an die Verhaltenskodizes halten.[34] Nützliche Grundlagen für dieses Vorhaben sollen dabei die Ergebnisse der Konferenz des deutschen Ratsvorsitzes über Selbstkontrolle im Medienbereich vom April 1999 in Saarbrücken bieten.[35]

Im Arbeitsprogramm 2003-2004 wurde unter diesem Arbeitsbereich erstmals das „Safer Internet Forum" als neues Programminstrument vorgeschlagen. Es soll Diskussionen von Fachleuten kanalisieren und als Plattform für die Konsensfindung und Erarbeitung von Schlussfolgerungen, Empfehlungen, Leitlinien usw. dienen.[36]

b)   Entwicklung von Filter- und Bewertungssystemen

Der Einsatz von Filter- und Bewertungssystemen soll dem Benutzer ermöglichen, auszuwählen, welche Inhalte er erhalten möchte und welche nicht. Es wird im Aktionsplan darauf hingewiesen, dass es bereits einige Filter- und Bewertungssysteme gebe, diese sich jedoch noch auf einem niedrigen Entwicklungsniveau befänden und deshalb keine Garantie dafür geben können, dass die verschiedenen Inhalte zuverlässig bewertet werden. Dies führe möglicherweise dazu, dass schädliche Inhalte nicht erkannt und umgekehrt harmlose Inhalte gesperrt werden. Aus diesem Grund ist die Akzeptanz von Bewertungssystemen durch europäische Inhaltanbieter und Benutzer – gemäss Aussagen der Kommission – nach wie vor gering, was durch die folgenden Massnahmen geändert werden sollte.[37]

---

[34] Arbeitsprogramm 1999-2002, 8; vgl. allgemein zu der Wirkungsweise von Selbstregulierungsmassnahmen: TAMBINI DAMIAN/LEONARDI DANILO/MARSDEN CHRIS, Codifying Cyberspace, London und New York 2008, 50 ff.
[35] Arbeitsprogramm 1999-2002, 8.
[36] Arbeitsprogramm 2003-2004, 11.
[37] Arbeitsprogramm 1999-2002, 8.

aa) Demonstration der Vorteile von Filterung und Bewertung

In diesem Bereich sollen vorerst Möglichkeiten und Grenzen von Filter- und Bewertungssystemen im täglichen Einsatz demonstriert werden, um so die Einrichtung europäischer Systeme zu fördern und gleichzeitig die Nutzer im Umgang mit solchen Systemen vertraut zu machen. Dabei ist es wichtig, dass Filter- und Bewertungssysteme international aufeinander abgestimmt und interoperabel sind. Im Vordergrund eines geeigneten Filter- und Bewertungssystems stehen dabei Nutzen und Praxistauglichkeit. Um eine kritische Masse zu erreichen, muss einerseits eine möglichst grosse Anzahl von Webseiten durch die Filtersysteme erfasst werden und diese wiederum von unabhängigen Stellen bewertet werden, sofern von den Inhaltsanbietern selbst keine sachgerechte Bewertung erfolgt.[38] Um ein solches praxistaugliches Filtersystem zu schaffen, wird verlangt, dass vorerst ein europaweites Befragungsverfahren anlaufen soll, welches als vorgelagerter Schritt darüber Auskunft gibt, welche Inhalte Eltern und andere für Jugendliche verantwortliche Personen überhaupt herausfiltern möchten.[39]

Die Demonstrationsprojekte dieses Aktionsbereichs könnten laut Arbeitsprogramm gleichzeitig einen wichtigen Beitrag zu den Sensibilisierungsmassnahmen im Aktionsbereich 3 leisten, indem sie auf die Gefahren, die mit der Internetnutzung in Verbindung stehen, aufmerksam machen.

bb) Erleichterung internationaler Abkommen über Bewertungssysteme

Da die Gewährleistung der Interoperabilität einer internationalen Zusammenarbeit zwischen Betreibern und anderen Beteiligten der EU bedarf, sollen in diesem Bereich ebenfalls Anstrengungen getätigt werden. Angestrebt werden der Input derjenigen, welche bereits Erfahrungen in der Bewertung von Inhalten in anderen Medien haben, und eine Vereinbarung über die Interoperabilität zwischen dem Bewertungssystem für europäische Inhalte und anderen Bewertungssystemen.[40]

---

[38] Arbeitsprogramm 1999-2002, 9.
[39] Arbeitsprogramm 1999-2002, 10.
[40] Arbeitsprogramm 1999-2002, 8.

c)   Förderung von Sensibilisierungsmassnahmen

Die besten Präventionsmassnahmen können keine vollständige Effizienz erreichen, wenn die Gesellschaft nicht erkennt, dass es Gefahren gibt, welchen mit den erarbeiteten Massnahmen präventiv begegnet werden kann. Hintergrund dieses Sensibilisierungs-Aktionsbereichs bildet dementsprechend die Tatsache, dass die Öffentlichkeit zwar zunehmend vom Internet Gebrauch macht, aber nicht selten eine Unsicherheit im Umgang mit diesem Medium aufweist. So wissen Eltern oder Lehrer oftmals nicht, wie Kinder vor unerwünschten Inhalten geschützt werden können oder dass sie überhaupt vor solchen Inhalten geschützt werden müssen. Deshalb sollen Eltern, Lehrer und auch Kinder mehr für die Gefahren, die das Internet mit sich bringt, sensibilisiert werden. Als Mittel für dieses angestrebte Ziel wird die Durchführung einer europäischen Kampagne sowie ein Informations- und Sensibilisierungsprogramm genannt, das aus dem EU-Haushalt finanziert werden soll um alle Personen, die mit Kindern zu tun haben, darüber zu informieren, wie sie ihre Schützlinge am besten vor unerwünschten Inhalten schützen können. Die Massnahmen sollen dabei auf den Sensibilisierungstätigkeiten anderer Programme aufbauen. Sie sollen in zwei Schritten durchgeführt werden. Zunächst soll eine Festlegung der besten Mittel zur Erreichung der genannten Ziele erfolgen, um anschliessend Organisationen in den Mitgliedstaaten auf nationaler Ebene beim Einsatz dieser ausgewählten Mittel zu unterstützen.[41] Die einzelnen Massnahmen sollten dabei den Erfordernissen der einzelnen Mitgliedstaaten angemessen sein und daher laut Aktionsplan entsprechend ihrer Grösse, Bevölkerungszahl, Intensität der Internetnutzung usw. variieren. Grundsätzlich sind aber stets dieselben zwei Arten von Massnahmen zu unterscheiden: Die erste Sparte richtet sich an Lehrer und an den Bildungssektor, die zweite Kategorie an die gesamte, breite Öffentlichkeit.

---

[41]   Arbeitsprogramm 1999-2002, 12.

3. Evaluation

a) Programm 1999-2002

Die Kommission legte am 3. November 2003 eine Bewertung über den mehrjährigen Aktionsplan vor. Sie hielt darin fest, dass während seiner Laufzeit 37 Projekte kofinanziert wurden, an welchen über 130 verschiedene Organisationen beteiligt gewesen waren.[42] Die Evaluation konzentrierte sich dabei auf folgende Fragen: Relevanz der Ziele, Prioritäten und Durchführungsmittel, Wirksamkeit und Auswirkungen, Effizienz und Kostenwirksamkeit, Nutzen und Nachhaltigkeit, Kausalverbindungen zwischen den eingesetzten Mitteln, Aktivitäten und voraussichtliche Auswirkungen, sowie Schlussfolgerungen, die sich daraus für künftige ähnliche Massnahmen ergeben.[43] Es wurden folgende Ergebnisse festgehalten:[44]

- Im Allgemeinen erkannten die Gutachter die positiven Auswirkungen des Aktionsplans an und die interessierten Kreise sind sich einig, dass die ursprünglichen Ziele, Prioritäten und Durchführungsmittel des Programms weiterhin gelten sollen und dass die Aktionsbereiche gut gewählt sind.

- Es wird betont, dass die europäische Vernetzung der Meldestellen ausserordentlich wichtig ist und dass auch Sensibilisierungsmassnahmen von grösster Relevanz sind.

- Dank des Programms hat man laut Mitteilung erreicht, dass die Fragen zur Entwicklung eines sicheren Internets nun fest auf der Tagesordnung der EU und der einzelnen Mitgliedsstaaten stehen.

- Betreffend Filterprogramme wird einerseits festgehalten, dass der Aktionsplan nützlich gewesen sei und zu einer Reihe von Produkten geführt hatte, andererseits aber auch ins Feld geführt, dass die verbreitete Anwendung der Filterung und deren Bewertung umstritten bleibe.

---

[42] Mitteilung vom 3. November 2003, 2.
[43] Mitteilung vom 3. November 2003, 3.
[44] Mitteilung vom 3. November 2003, 3-4, 10-12.

- Positiv angesehen wird der Effekt, dass sich eine Reihe von Internet- und Inhaltsanbietern seit dem Programm stärker für ein sicheres Internet verantwortlich fühlten. Leider beteiligten sich jedoch laut Kommission noch zu wenig Internetanbieter an dem Programm, weshalb sie auch künftig dazu angeregt werden sollen.

b)   Programm 2003-2004

Am 6. Januar 2006 wurde von der Kommission die abschliessende Bewertung zum mehrjährigen Aktionsplan 2003-2004 vorgelegt.[45] Es wurden in dieser Zeit 52 Projekte gefördert, an denen 105 Organisationen und 22 Mitgliedsstaaten teilnahmen.[46] Die Beurteilung unterlag denselben Schwerpunkten wie beim vorgängigen Aktionsprogramm. Im Fazit kamen die Gutachter zum Schluss, dass der Aktionsplan erfolgreich durchgeführt worden sei. Die Hauptargumente waren dabei:[47]

- Sämtliche Beteiligten stuften das Programm als relevant und effizient ein und waren der Ansicht, dass dieses auch in Zukunft fortgeführt werden soll.

- Als eines der wichtigsten Ergebnisse befand man die Einrichtung nationaler Meldestellen, welche einen nützlichen, sinnvollen und wirksamen Dienst leisteten. Problematisch in dieser Hinsicht sei jedoch die Tatsache, dass die meisten Internetendnutzer nicht um die Existenz dieser Meldestellen wüssten.

- Auch die Sensibilisierung wird wiederum als äusserst vielversprechend eingestuft, wobei festgehalten wird, dass sich das Sensibilisierungsnetz noch am Anfang der Entwicklung befände und oftmals nur eine begrenzte Zahl von Zielgruppen erreiche. In diesem Zusammenhang wird kritisiert, dass die Sensibilisierungsmassnahmen im politischen Diskurs häufig noch nicht die erforderlichen Prioritäten hätten.

---

[45] Mitteilung vom 6. Januar 2006, 2.
[46] Mitteilung vom 6. Januar 2006, 3.
[47] Mitteilung vom 6. Januar 2006, 4.

- Die Filterprogramme werden von allen Akteuren als wesentlicher Faktor von zunehmender Bedeutung angesehen. Deren Effizienz werde jedoch durch die Tatsache eingeschränkt, dass gerade Eltern häufig noch zu wenig darüber informiert seien, wie diese Programme anzuwenden sind.

III. Safer Internet plus Programm 2005-2008

1. Kurzer Überblick

a) Entstehung des Programms

Als Vorbereitung für das neue Programm legte die Kommission bereits im März 2004 einen Vorschlag für eine Entscheidung des Europäischen Parlaments und des Rates[48] sowie eine ex ante Evaluation des Safer Internet plus Programms (2005-2008)[49] vor. Darin wurden für das neue Programm zwei zentrale Grundsätze formuliert: Kontinuität und Verbesserung. Das heisst zum einen, dass auf den bestehenden Massnahmen aus dem vorhergegangenen Aktionsplan und den daraus resultierten Erfahrungen aufgebaut werden soll. Zum anderen soll aber auch auf neue Gefahren und Herausforderungen reagiert werden.[50] Solche neuen Herausforderungen ergaben sich dabei sowohl in qualitativer als auch quantitativer Hinsicht. Als qualitative Herausforderung wird angeführt, dass die Technologie sich stetig weiterentwickelte und damit Verbreitungsmöglichkeiten und Speicherkapazität dauernd wachsen würden. Quantitativ besteht die grösste Herausforderung darin, dass – gerade aufgrund dieser neuen Entwicklungen – auch immer mehr und vor allem auch vielfältigere Inhalte im Internet im Umlauf seien.[51]

Im Mai 2005 beschlossen das Europäische Parlament und der Europäische Rat ihre Bemühungen im Bereich der Internetprävention und des Jugend-

---

[48] Vorschlag vom 12. März 2004.
[49] Ex ante Evaluation.
[50] Vorschlag vom 12. März 2004, 7.
[51] Vorschlag vom 12. März 2004, 2 f.; Ex ante Evaluation, 3.

schutzes im Internet durch ein neues, mehrjähriges Gemeinschaftsprogramm fortzuführen. Das Programm wurde unter dem Namen *Safer Internet plus Programme* für den Zeitraum 2005-2008 lanciert. Dabei wurde, insbesondere auf den Aktionsplan 1999-2004 Bezug genommen und geplant, auf den bisherigen Arbeiten aufzubauen.[52]

Als zentrales Ziel des Programms statuiert der Beschluss in Art. 1 denn auch, dass ein Gemeinschaftsprogramm für den Zeitraum 2005 bis 2008 zur Förderung der sichereren Nutzung des Internets und neuer Online-Technologien, insbesondere durch Kinder, und zum Kampf gegen illegale und vom Endnutzer unerwünschte Inhalte geschaffen werden soll.

Im Rahmen des neuen Programms wurden wiederum 4 Aktionsebenen definiert, welche sich weniger inhaltlich, als vor allem in terminologischer Hinsicht von den Aktionsschwerpunkten des Safer Internet Action Plan 1999-2004 unterscheiden. Es sind dies: Kampf gegen illegale Inhalte, Bekämpfung unerwünschter und schädlicher Inhalte, Förderung eines sicheren Umfelds und Sensibilisierung.[53]

b)   Finanzieller Rahmen

Dem Safer Internet Plus Programm 2005-2008 wurde ein Gesamtbudget von 45 Mio. € zugesprochen.[54] Dies bedeutet im Verhältnis zum Safer Internet Action Plan 1999-2004 eine nicht unerhebliche Erhöhung, zumal dem neueren Programm gegenüber seinem Vorgänger zusätzlich eine kürzere Laufzeit gesetzt wurde. Es wurde zudem folgende, vorläufige Aufteilung der Mittel vorgesehen:[55]

- Kampf gegen illegale Inhalte: 25-30%;
- Bekämpfung unerwünschter und schädlicher Inhalte: 10-17%;

---

[52] Beschluss Nr. 854/2005/EG.
[53] Beschluss Nr. 854/2005/EG, Art. 1 Abs. 2.
[54] Beschluss Nr. 854/2005/EG, Art. 6.
[55] Beschluss Nr. 854/2005/EG , Anhang II.

- Förderung eines sicheren Umfelds: 8-12%;
- Sensibilisierung: 47-51%.

c)   Durchführung und Evaluation

Als für die Durchführung des Programms zuständige Behörde wurde erneut die Kommission bestimmt. Sie wurde insbesondere dazu angehalten, ein Arbeitsprogramm zu entwickeln. Ebenso wurde darauf Wert gelegt, dass die Kommission eng mit den einzelnen Mitgliedstaaten zusammenarbeitet und mit einschlägigen Politikern, Programmen und bereits bestehenden Massnahmen ein kohärentes System entwickelt.[56] Die Durchführung sollte wiederum auf Grundlage von indirekten Aktionen erfolgen. Dazu zählen Aktionen auf Kostenteilungsbasis (z.B. Pilotprojekte, Netzwerke, angewandte Forschungsarbeiten) und Begleitmassnahmen (z.B. vergleichende Bewertungen, Studien zur Unterstützung des Programms, Preisausschreiben für empfehlenswerte Verfahren).[57]

Die Kommission wurde überdies angehalten, alle durchgeführten bzw. durchzuführenden Aktionen einer vorhergehenden Beurteilung, einer ständigen Kontrolle und einer abschliessenden Bewertung zu unterziehen. Ebenso wurde von der Kommission eine abschliessende Evaluation des Programms verlangt.[58]

2.   Die einzelnen Aktionsbereiche des Programms

Da die einzelnen Massnahmen des Safer Internet plus Programms 2005-2008 denjenigen des Safer Internet Action Plans von 1999-2004 weitgehend entsprechen, wird hier unter den einzelnen Aspekten vor allem darauf eingegangen, inwiefern sich etwas Neues ergeben hat.

---

[56] Beschluss Nr. 854/2005/EG, Art. 3.
[57] Beschluss Nr. 854/2005/EG, Anhang III.
[58] Beschluss Nr. 854/2005/EG, Art. 5.

a) Kampf gegen illegale Inhalte

Unter dem Punkt „Kampf gegen illegale Inhalte", wird nun – was unter dem früheren Aktionsplan noch unter einen Teilaspekt der Schaffung eines sicheren Umfelds fiel – das Unterstützen von Meldestellen geregelt. Dabei sind die Ziele inhaltlich dieselben geblieben: So wird unter dem Safer Internet plus Programm ebenfalls angestrebt, in allen Mitgliedstaaten, welche noch keine Meldestellen haben, solche einzurichten. Diese sollen dann auch rasch und wirksam in das europäische Meldestellennetzwerk eingebunden werden. Im Rahmen dieses EU-Netzwerkes sollen auch Verbindungen zu Meldestellen in Drittstaaten gefördert werden, um einen guten Know-How-Transfer garantieren zu können. Um die bestmögliche Wirkung mit den eingesetzten Mitteln zu erzielen, soll – wie bereits im Arbeitsprogramm 2003-2004 vorgeschlagen – zusätzlich ein Koordinierungszentrum für die Meldestellen eingerichtet werden. Insbesondere hat dieses die Aufgabe, das Meldestellennetzwerk insgesamt zu fördern, dessen Wirksamkeit zu verbessern, Informations- und Erfahrungsaustausch zu organisieren sowie mit einem Koordinierungszentrum für Sensibilisierung eng zusammenzuarbeiten.[59]

b) Bekämpfung unerwünschter und schädlicher Inhalte

Die Ziele der Bekämpfung unerwünschter und schädlicher Inhalte entsprechen inhaltlich der im früheren Programm genannten Entwicklung von Filter- und Bewertungsprogrammen. Zur Bekämpfung unerwünschter und schädlicher Inhalte soll dem Nutzer – auch unter dem neuen Aktionsplan – eine Reihe an Hilfsmitteln, insbesondere auch solche technischer Natur, zur Verfügung gestellt werden. Aus diesem Grund soll eine Finanzierung zur Verbesserung der Leistungsfähigkeit sowie Wirksamkeit von bestehenden Filterprogrammen und -diensten auch unter diesem Programm ein Ziel bleiben. Daneben sollen zudem die Information der Gesellschaft über solche Dienste, die Förderung von Bewertungssystemen und das Einsetzen von Qualitätskennzeichen weiterhin gefördert und intensiviert werden. So sollen verschiedene Systeme aufeinander angepasst und Selbstregulierungsinitiati-

---

[59] Beschluss Nr. 854/2005/EG, Anhang I, 1. Aktion 1, 5 f.; die Aufgabe des Koordinierungszentrum wird bis heute von INHOPE wahrgenommen, vgl. unten V.1.a).

ven überprüft werden, um eine höhere Effektivität zu gewährleisten. Ebenfalls als wünschenswert wird ein Umstand bezeichnet, bei welchem bereits während der Entwicklung neuer technischer Massnahmen auf die sichere Nutzung durch Kinder hingearbeitet würde.[60]

c) Förderung eines sicheren Umfelds

Wie bereits im Vorgängerprogramm wird zur Förderung eines sicheren Umfelds vor allem auf die Selbstregulierung der einzelnen Branchen hingearbeitet. Als zentrales Element dazu soll das Safer Internet Forum dienen, welches als Hilfe in diesem Arbeitsbereich bereits im Arbeitsprogramm 2003-2004 angesprochen wurde. Diese als Diskussionsforum ausgestaltete Massnahme soll als Treffpunkt zum gegenseitigen Austausch von Informationen, Meinungen und Erfahrungen für Experten der einzelnen Branchen und andere Beteiligte dienen. Die Mitarbeit am Safer Internet Forum steht dabei auch Interessenten ausserhalb der Gemeinschaft offen, wodurch die internationale Zusammenarbeit gestärkt werden soll.[61]

d) Sensibilisierung

Unter dem neuen Aktionsplan 2005-2008 soll bei der Sensibilisierung nun – in Berücksichtigung neuer Technologien – auch insbesondere auf neue Formen der Kommunikation eingegangen werden (z.B. Peer-to-Peer-Dienste, Chat-Räume, *instant messaging* usw.). Dabei wird als zentrales Ziel angestrebt, dass die verbreiteten Informationen auch direkt an die beabsichtigte Zielgruppe gelangen. Als zweiter wichtiger neuer Schritt sollen nationale Sensibilisierungszentren unterstützt werden und ein Koordinierungszentrum geschaffen werden. Letzteres soll vor allem der Weiterbildung bezüglich neuer Technologien, der technischen Unterstützung, der Koordinierung von Aktionen verschiedener Sensibilisierungszentren sowie der Vernetzung mit

---

[60] Beschluss Nr. 854/2005/EG, Anhang I, 2. Aktion 2, 6 f.
[61] Beschluss Nr. 854/2005/EG, Anhang I, 3. Aktion 3, 7 f.

Aktivitäten ausserhalb Europas dienen. Dieses Koordinierungszentrum soll daneben ebenfalls am bereits erwähnten Safer Internet Forum mitwirken.[62]

3. Jährliche Arbeitsprogramme

Zur Umsetzung des vorgestellten Aktionsplans wurden von der Kommission zusätzlich jährliche Arbeitsprogramme ausgearbeitet. Darin wiederholt die Kommission jeweils die grundsätzliche Ausrichtung des Programms und stellt für alle Aktionsbereiche die für das entsprechende Jahr geplanten Aktionen vor. Im Rahmen dieser Arbeitsprogramme geht es mit anderen Worten darum, zu zeigen, welche Projekte unter dem aktuellen Programm unterstützt werden und welche Kriterien diese Projekte erfüllen müssen, um von einer Unterstützung durch das Programm profitieren zu können. Die grundsätzliche Handlungsrichtung wird jedoch nicht verändert. So bleibt beispielsweise im Aktionsbereich „Kampf gegen illegale Inhalte" jeweils die Unterstützung von Meldestellen der zentrale Punkt.[63]

Hervorzuheben ist ergänzend, dass in gewissen Bereichen neue Erkenntnisse einfliessen und ins Arbeitsprogramm aufgenommen wurden. So sah das Arbeitsprogramm 2006 ein Pilotprojekt vor, welches die Möglichkeiten verstärkter Zusammenarbeit von Meldestellen und Strafverfolgungsbehörden prüfen sollte.[64] Ausserdem wurde angestrebt, ein Projekt auszuarbeiten, mit dessen Hilfe Strafverfolgungsbehörden Material über Kindsmissbrauch besser auswerten können.[65] Erwähnenswert sind indessen auch die Bemühungen der Kommission, stetig neue Erkenntnisse zu gewinnen, um die Probleme gestützt auf eine solide Wissensbasis angehen zu können. So wurde 2005 eine europaweite Befragung von Eltern durchgeführt, um deren Erfahrungen zu erheben.[66] Zwei Jahre später wurden direkt Kinder und Jugendliche be-

---

[62] Beschluss Nr. 854/2005/EG, Anhang I, 4. Aktion 4, 8 ff.; als Koordinierungszentrum agiert das Netzwerk INSAFE, vgl. dazu unten V.1.b).
[63] Arbeitsprogramm 2005, 4 f.; Arbeitsprogramm 2006, 4 f.; Arbeitsprogramm 2007, 7; Arbeitsprogramm 2008, 8 f.
[64] Arbeitsprogramm 2006, 6.
[65] Arbeitsprogramm 2008, 10.
[66] Arbeitsprogramm 2005, 10.

züglich ihrer Sicht auf Gefahren im Internet befragt.[67] Ebenfalls in den Bereich der Wissenserweiterung gehören schliesslich die Projekte des Arbeitsprogramms 2008, welche darauf abzielen, die Wissensgrundlagen bezüglich Online-Viktimisierung von Kindern[68] sowie die allgemeine Wissenslage[69] zu stärken.

4. Evaluation des Programms

Wie oben bereits erwähnt, ist die Kommission zuständig dem Europäischen Parlament, dem Rat, dem Europäischen Wirtschafts- und Sozialausschuss und dem Ausschuss der Regionen eine endgültige Evaluation des Programms zu unterbreiten. Bereits im November 2006 legte die Kommission eine Mitteilung[70] gestützt auf Art. 5 Abs. 3 des Beschlusses Nr. 845/2005 EG vor. Darin zog sie sehr kurz Bilanz über die Aktionen der Jahre 2005 und 2006 (insbesondere über das Safe Internet Forum und den Safe Internet Day) und kam zum Fazit, dass die getroffenen Massnahmen und damit zusammenhängend auch weitere finanzielle Mittel notwendig seien, um das Programm und die Projekte fortzuführen.

Im Februar 2009 legte die Kommission sodann die endgültige Evaluation des Safe Internet plus Programms 2005-2008 vor.[71] In der Mitteilung zur Evaluation legt die Kommission vorweg Wert darauf, dass das Programm im Vergleich mit seinem Vorgänger neue Formen der Onlinetechnologie abgedeckt habe, so insbesondere Online-Games, Peer-to-Peer-Kommunikation und Datenaustausch. Weiter werden einige Projekte, welche unter dem Safe Internet plus Programm gegründet bzw. unterstützt wurden, hervorgehoben

---

[67] Arbeitsprogramm 2007, 14.
[68] Arbeitsprogramm 2008, 11 f.
[69] Arbeitsprogramm 2008, 12.
[70] Mitteilung vom 6. November 2006.
[71] Mitteilung vom 18. Februar 2009.

und kurz vorgestellt.[72] Sodann präsentiert die Kommission die wichtigsten Evaluationsergebnisse:[73]

- Die Kommission hat es geschafft, die Prioritäten des Programms auf die veränderten Bedürfnisse und Herausforderungen anzupassen. Insbesondere ist gut auf die Veränderungen in Technologie und sozialem Umfeld reagiert worden. Ebenso ist die geographische Erweiterung der EU sehr schnell aufgenommen und sind die neuen Mitgliedstaaten rasch in die Aktivitäten einbezogen worden.

- Das Programm wird als grundsätzlich effizient und effektiv beurteilt, wobei die genaue Effektivität nur schwer messbar ist.

- Das Programm hat beachtliche Erfolge erreicht. So sind die Belangen eines sicheren Internets stets präsent gehalten worden, dies sogar über die europäischen Grenzen hinaus (so sind z.B. einige Nicht-EU-Staaten Mitglied bei INHOPE[74]).

- Die einzelnen Netzwerke, welche vom Programm geschaffen oder unterstützt wurden, sind von den Nutzern als gut nutzbar eingestuft worden. Insbesondere wird darauf hingewiesen, dass durch die Unterstützung des Programms einige Akteure zur Zusammenarbeit angeregt wurden. Extra betont wird zudem auf das grosse Wachstum von INHOPE und INSAFE.

- Ebenfalls als Erfolg gewertet wird die Anregung zum Dialog zwischen verschiedenen Sektoren (z.B. durch Einbezug der Mobiltelefonindustrie).

- Der Safer Internet Day wird als überaus erfolgreich bewertet.

- Als Faktor für den Erfolg des Programms wird die konstante Präsenz gesehen. Gerade im Bereich der Online- und Offline-Präsenz können

---

[72] Vgl. zu den Projekten unten, IV.
[73] Mitteilung vom 18. Februar 2009, 4. f.; vgl. auch den vollständigen Evaluationstext 2005-2008, 7 ff.
[74] Vgl. die Liste der Mitgliedstaaten auf: <http://www.inhope.org/gns/our-members.aspx>.

jedoch noch mehr Anstrengungen unternommen werden, um die Sichtbarkeit des Programms zu verstärken.

- Der Inhalt an sich wird als stabil angesehen. Trotzdem sei es enorm wichtig, die einzelnen Aktivitäten regelmässig zu überprüfen, um zu erreichen, dass das Programm für seine Zwecke so angebracht und so erfolgreich wie möglich bleibt.

- Das Programm wird auch als positiver Antrieb für weitere nationale und internationale Projekte im Bereich der schädlichen und illegalen Inhalte im Internet angesehen.

Trotz dieser überaus positiven Ergebnisse der Evaluation führt die Kommission auch einige Empfehlungen an, welche für das zukünftige Vorgehen in diesem Bereich beachtet werden sollen:[75]

- Die Rechte – insbesondere Persönlichkeitsrechte – von Kindern und Jugendlichen, aber ebenfalls aller übrigen Internetbenutzer, müssen auch innerhalb der Aktivitäten des Programms geschützt werden.

- Es empfiehlt sich eine stärkere Berücksichtigung von jungen Internetnutzern in der Diskussion und Ausarbeitung von Handlungsmöglichkeiten.

- Es wird gefordert, dass die Zusammenarbeit zwischen den verschiedenen relevanten Branchen weiterhin stark gefördert wird. Sie soll auch internationalisiert werden. Das heisst, es soll darauf geachtet werden, dass vermehrt mit Nicht-EU-Staaten – inner- und ausserhalb Europas – zusammengearbeitet wird.

- Die Projekte und die einzelnen Massnahmen sollen vermehrt koordiniert werden, um Synergien zu nutzen.

- Das technische Know-How ist stetig zu verbessern, um ein hohes Niveau halten zu können.

---

[75] Mitteilung vom 18. Februar 2009, 5 ff.; vgl. auch dazu den vollständigen Evaluationstext, 2 f. und 55 f.

- Das Programm soll sich stärker als eigene „Marke" etablieren. Insbesondere sind Print- und andere Medien stärker zu nutzen.

- Die Zusammenarbeit und die Rollen der beiden Netzwerke INHOPE und INSAFE müssen stets überprüft werden, um eine bestmögliche Leistung zu erreichen.

- Es sollen vermehrt Anstrengungen unternommen werden, um unbekannte, nationale Meldestellen einem breiteren Publikum bekannt zu machen.

- Es wird gefordert, dass sich das Programm stärker nach der Industrie ausrichtet. So soll versucht werden, einen Verhaltenskodex für Internet Service Providers zu entwickeln.

In ihrer abschliessenden Bemerkung verweist die Kommission darauf, dass sie die Ergebnisse der Evaluation vollständig zur Kenntnis genommen habe und sie in zukünftige Arbeiten, insbesondere die nachfolgenden Programme, aufnehmen werde. Ebenso lädt die Kommission das Europäische Parlament und den Rat dazu ein, davon Kenntnis zu nehmen, dass das Programm erfolgreich ausgeführt worden sei. Ebenso bittet die Kommission das Parlament und den Rat um Unterstützung, um das Safer Internet Programm noch besser zu machen und den anregenden Dialog über Safer Internet-Anliegen fortzusetzen.[76]

IV. Safer Internet Programm 2009-2013

1. Kurzer Überblick

a) Entstehung des Programms

Um die Bemühungen für ein sicheres Internet fortzuführen, legte die Kommission am 27. Februar 2008 wiederum einen Vorschlag für die erneute Ver-

---

[76] Mitteilung vom 18. Februar 2009, 7.

längerung des Safer Internet Programms vor.[77] In diesem Vorschlag geht die Kommission zuerst davon aus, dass sich insbesondere für Kinder und jugendliche Internetnutzer neue Gefahren (z.B. Grooming oder Cyber-Bullying) ergeben hätten, auf welche unbedingt zu reagieren sei.[78] Es wird insbesondere betont, dass nicht nur auf illegale, sondern auch auf legale, für gewisse Nutzer jedoch schädliche Inhalte eingegangen werden soll. Ebenso wird auf das Problem der technischen Weiterentwicklung hingewiesen; die verschiedenen Medien würden immer mehr in Konvergenz zueinander treten und so könnten sich auch Online- und Offline-Risiken vermischen.[79] Folglich schlägt die Kommission ein neues Safer Internet Programm 2009-2013 vor. Das Programm soll sich dabei auf praktische Hilfe für den Endnutzer – vor allem Kinder, Eltern, Betreuer und Erzieher – konzentrieren. Um dies zu erreichen, sollen verschiedene Akteure ins Programm eingebunden und so zusammengeführt werden.[80]

Der Vorschlag wurde vom Europäischen Parlament und dem Rat übernommen und somit das neue Safer Internet Programm 2009-2013 verabschiedet.[81] Wiederum wurden vier Aktionsfelder definiert, um das Ziel des Programms bestmöglich zu erreichen. Sie lauten: Sensibilisierung der Öffentlichkeit, Bekämpfung illegaler Inhalte und Bekämpfung schädlichen Online-Verhaltens, Förderung eines sicheren Online-Umfelds und der Aufbau einer Wissensbasis.[82]

b) *Finanzieller Rahmen*

Dem Safer Internet Programm 2009-2013 wurde ein Gesamtbudget von 55 Mio. € zugesprochen.[83] Dies erscheint zwar als eine summenmässige Erhöhung, erweist sich jedoch – betrachtet man die längere Laufzeit des

---

[77] Vorschlag vom 27. Februar 2008.
[78] Vorschlag vom 27. Februar 2008, 2 ff.
[79] Vorschlag vom 27. Februar 2008, 4 ff.
[80] Vorschlag vom 27. Februar 2008, 8.
[81] Beschluss Nr. 1351/2008/EG.
[82] Beschluss Nr. 1351/2008/EG, Art. 1 Abs. 2.
[83] Beschluss Nr. 1351/2008/EG, Art. 6 Abs. 2.

Programms – eigentlich als Budgetreduktion im Vergleich zum Safer Internet plus Programm 2005-2008. Es wurde folgende vorläufige Aufteilung der Mittel vorgesehen:[84]

- Sensibilisierung der Öffentlichkeit: 48%;
- Bekämpfung illegaler Inhalte und Bekämpfung schädlichen Online-Verhaltens: 34%;
- Förderung eines sicheren Online-Umfelds: 10%;
- Aufbau einer Wissensbasis: 8%.

c) Durchführung und Evaluation

Wie bei den Vorgängerprogrammen bleibt auch für das Safer Internet Programm 2009-2013 die Kommission zuständig.[85] Die Programmdurchführung erfolgt wiederum mit Hilfe von Aktionen auf Kostenteilungsbasis und Begleitmassnahmen.[86]

Auch Überwachung und Evaluation liegen in den Händen der Kommission.[87] Insofern haben sich in diesem Bereich über die verschiedenen Programme keine strukturellen Änderungen ergeben.

d) Die einzelnen Aktionsbereiche des Programms

Das Safer Internet Programm 2009-2010 setzt auf Kontinuität und lehnt sich, in den meisten Bereichen an die Vorläufer an. Vorweg ist darauf hinzuweisen, dass unter diesem Programm keine Massnahmen mehr gegen Spam, d.h. unerbetene, kommerzielle Kommunikation, ergriffen wurden.[88]

---

[84] Beschluss Nr. 1351/2008/EG, Anhang II.
[85] Beschluss Nr. 1351/2008/EG, Art. 3 Abs. 1.
[86] Beschluss Nr. 1351/2008/EG, Anhang III.
[87] Beschluss Nr. 1351/2008/EG, Art. 5.
[88] Vorschlag vom 27. Februar 2008, 8.

aa) Bekämpfung illegaler Inhalte und Bekämpfung schädlichen Online-Verhaltens

Die Hauptneuerung im Bereich der Bekämpfung illegaler Inhalte und Bekämpfung schädlichen Online-Verhaltens besteht darin, dass der Anwendungsbereich zusätzlich auf Grooming und Cyber-Bullying ausgedehnt wurde. Dabei sollen die in diesem Zusammenhang auftretenden technischen, psychologischen und soziologischen Probleme angegangen werden, während die einzelnen Akteure in stetigem Austausch und fortgesetzter Koordination zusammenarbeiten.[89]

bb) Förderung eines sicheren Online-Umfelds

Im Gegensatz zu den vorangehenden Programmen soll nun verstärkt der Fokus auf der Einbeziehung und Förderung der Kinder und Jugendlichen selbst liegen. So sollen ihre Ansichten und Erfahrungen in die Arbeit der Fachleute einfliessen. Dieser Einbezug soll insbesondere im Rahmen des Safer Internet Forums geschehen.[90]

cc) Sensibilisierung der Öffentlichkeit

Bezüglich der Sensibilisierung bleibt das Ziel darin bestehend, dass das Bewusstsein der Öffentlichkeit – insbesondere dasjenige der Kinder, Eltern, Betreuer, Lehrer und Erzieher – für die Chancen und Risiken aus der Nutzung der Online-Technologien geschärft wird. Explizit gefordert wird, dass auch hier auf die neuen Erscheinungen von Grooming und Cyber-Bullying eingegangen wird.[91]

---

[89] Beschluss Nr. 1351/2008/EG, Anhang I, 123.; Vorschlag vom 27. Februar 2008, 9.
[90] Beschluss Nr. 1351/2008/EG, Anhang I , 124.; Vorschlag vom 27. Februar 2008, 9 f.
[91] Beschluss Nr. 1351/2008/EG, Anhang I, 122.

dd) Aufbau einer Wissensbasis

Gänzlich als neue eigenständige Aktion aufgenommen wurde das Ziel des Aufbaus einer Wissensbasis. Einige Elemente dieses Aktionsbereichs wurden jedoch bereits im letzten Programm angeregt.[92] Es soll unter dieser Aktion vor allem darauf hingearbeitet werden, dass bezüglich momentaner und zukünftiger neuen Nutzungsmöglichkeiten des Online-Umfelds und der damit verbunden Risiken eine geeignete Wissensbasis besteht. Dabei sollen insbesondere Massnahmen ergriffen werden, die schon laufende Untersuchungen koordinieren. Es sollen Statistiken und Trends aus verschiedenen Mitgliedstaaten analysiert werden, um die Arbeit der Strafverfolgungsbehörden zu unterstützten. Ebenso sollen die Untersuchungen über die Online-Viktimisierung von Kindern, die Auswirkungen der Nutzung heutiger und zukünftiger Technologien auf Kinder sowie effiziente Wege zur Verbesserung der sicheren Online-Nutzung gefördert bzw. ausgebaut werden.[93]

2. Jährliche Arbeitsprogramme

Zur Umsetzung des Safer Internet Programm 2009-2013 werden von der Kommission wiederum jährliche Aktionsprogramme ausgearbeitet.[94] Es wird hier nur noch übersichtshalber auf einige wichtige Neuerungen und Anpassungen in den bisherigen drei Arbeitsprogrammen (2009, 2010, 2011) eingegangen.

2009 wurde zur Bekämpfung illegaler Inhalte und schädlichen Online-Verhaltens eine direkte Zahlung an die Interpol im Umfang von 500'000 € geleistet, um eine Datenbank über Bildmaterial aus Kindsmissbrauch anzulegen (International Child Sexual Exploitation Image Database – ICSEDB).[95] Ebenso wurde dazu aufgerufen, Eingaben für Projekte zu machen, welche Wissensverstärkung bezüglich der Online-Viktimisierung von

---

[92] Z.B. die europaweiten Umfragen, vgl. oben, III.3.
[93] Beschluss Nr. 1351/2008/EG, Anhang I, 125; Vorschlag vom 27. Februar 2008, 10 f.
[94] Vgl. dazu bereits oben, III.3.
[95] Arbeitsprogramm 2009, 20 f.

Kindern anstreben. Dabei solle vor allem dem Grooming vermehrte Aufmerksamkeit geschenkt werden.[96]

Das Arbeitsprogramm 2010 sieht zur Schaffung eines sichereren Online-Umfelds insbesondere die gezielte Förderung von für Kinder positivem Onlineverhalten vor.[97] Bezüglich der Wissensverstärkung sollen unter diesem Programm vornehmlich Untersuchungen zur Internetabhängigkeit von Kindern und Jugendlichen sowie zu ihrem allgemeinen Mediengebrauch durchgeführt werden.[98]

Im aktuellen Arbeitsprogramm wird stark auf den Safer Internet Day[99] als universelle Massnahme hingewiesen.[100] Bezüglich der Wissenserweiterung wird auf ein Pilotprojekt gesetzt, welches vor allem Personen, die berufsmässig mit Kindern und Jugendlichen arbeiten, in ihren Fähigkeiten, mit dem Thema Online-Gefahren umzugehen, stärken soll. Dabei sollen insbesondere Schulungsunterlagen sowie ganze Kurse entwickelt werden. Um die Wirksamkeit dieser Schulung zu prüfen, sollen die teilnehmenden Personen nachträglich noch evaluiert werden.[101]

3. Evaluation

Da sich das Safer Internet Programm 2009-2013 erst im dritten Jahr befindet, sind noch keine Evaluationen vorgenommen worden. Trotzdem zeigen sich vereinzelte Ergebnisse:

---

[96] Arbeitsprogramm 2009, 26.
[97] Arbeitsprogramm 2010, 21 f.
[98] Arbeitsprogramm 2010, 23 f.
[99] Vgl. dazu auch unten, V.1.a).
[100] Arbeitsprogramm 2011, 15.
[101] Arbeitsprogramm 2011, 19 ff.

- Der Safer Internet Day wird weiterhin als überaus positiv bewertet. Insbesondere wird darauf hingewiesen, dass sich die Teilnehmerzahl immer noch im Wachstum befindet (2010 haben mehr als 60 Länder teilgenommen).[102]
- Ebenfalls als Erfolg gewertet wird der Umstand, dass im Bereich der Selbstregulierung einige Vereinbarungen abgeschlossen wurden.[103]

Zu erwähnen bleibt hier, dass die Kommission – gestützt auf Art. 5 Abs. 4 des Beschlusses Nr. 1351/2008 EG – angehalten ist, dem Europäischen Parlament dem Rat, dem Europäischen Wirtschafts- und Sozialausschuss sowie dem Ausschuss der Regionen bis zum 24. Juni 2011 einen Bericht über die bisher unter dem neuen Programm durchgeführten Aktionen vorzulegen. Darin werden sich erste Ergebnisse des neuen Programms zeigen.

V. Unter dem Programm gegründete bzw. unterstützte Projekte

Wie bereits mehrfach angesprochen, unterstützt, fördert oder gründet die EU unter dem Safer Internet Programm jeweils verschiedene Projekte. Dabei wurden einige Projekte unter einem Programm lanciert und bis heute unter dem neusten Programm weitergeführt. Andere wiederum wurden nur einmal mit finanziellen Mitteln unterstützt. Seit 1999 sind so über 50 Projekte gegründet bzw. unterstützt worden.[104] Um einen Überblick zu schaffen, werden nachfolgend einige wichtige Projekte aus den verschiedenen Aktionsbereichen vorgestellt.

---

[102] Arbeitsprogramm 2011, 15; vgl. auch Arbeitsprogramm 2010, 13 f.
[103] Arbeitsprogramm 2011, 17 f.; Arbeitsprogramm 2010, 22 (vgl. für die Evaluation der Selbstregulierung unten, V.4.b).
[104] Eine Übersicht über alle Projekte ist abrufbar unter. <http://ec.europa.eu/information_society/apps/projects/index.cfm?prog_id=SIPP&menu=secondary>.

1. Netzwerke

a) INSAFE

Bei INSAFE handelt es sich um ein unter dem Safer Internet plus Programm eingerichtetes Kooperationsnetzwerk im Rahmen der Sensibilisierungsmassnahmen. Es arbeitet mit nationalen Beratungsstellen zusammen und soll dazu dienen, dass Internetnutzer befähigt werden, das Internet und andere Online-Technologien auf positive Art sicher und wirksam zu benutzen. Das Netzwerk richtet sich an Regierungen, Pädagoginnen und Pädagogen, Eltern, Medien, Industrie und andere wichtige Instanzen und fordert sie dazu auf, einen Teil der Verantwortung, insbesondere für den Schutz der Kinder und Jugendlichen, zu übernehmen. Dabei wird eine grosse Palette an Projekten wie beispielsweise Kampagnen, welche das Bewusstsein der Leute für sicheren Internetumgang stärken sollen, unterstützt und durchgeführt. Ebenso soll sichergestellt werden, dass die betroffenen Kinder und Jugendlichen mit ihren Anliegen auch direkt an nationale Beratungsstellen gelangen können.[105]

Eine der von INSAFE mitkoordinierten und organisierten Aktionen ist der *Safer Internet Day*, welcher parallel vom Safer Internet Programm gefördert wird. Dieser findet jährlich statt und ist ein Medium für verschiedene Organisationen, was dazu führen soll, dass das Bewusstsein der Internetnutzer für Safer Internet-Anliegen gestärkt wird.[106] Im Jahr 2011 stand der Tag unter dem Thema: „Das Internet ist mehr als ein Spiel, es ist Dein Leben!" Dabei ging es darum, jungen Menschen klar zu machen, dass alles, was online preisgegeben wird, gleichzeitig auch Auswirkungen auf das „reale" Leben haben kann, selbst wenn ein Avatar oder ein Pseudonym verwendet wird.[107] Der Anlass wurde auch bereits mehrfach genutzt, um wichtige Selbstregulierungsvereinbarungen abzuschliessen.[108]

---

[105] INSAFE, Annual Report, 2009-2010.
[106] Mitteilung vom 6. November 2006, 5.
[107] Pressemitteilung vom 8. Februar 2011.
[108] Vgl. unten, V.3.

b) INHOPE

Bei INHOPE (International Association of Internet Hotlines) handelt es sich um ein Netzwerk von verschiedenen nationalen Meldestellen, d.h. Stellen, bei welchen Internetnutzer eine Seite oder den Inhalt einer Seite melden können, die oder den sie für illegal halten. INHOPE wurde im Jahr 1999 gegründet und vom Safer Internet Action Plan unterstützt. Sie soll dabei die einzelnen nationalen Meldestellen koordinieren. Die Hauptziele von INHOPE sind:

- Aufbau und Unterhaltung eines internationalen Netzwerkes von nationalen Hotlines;
- Austausch von Beschwerden;
- Wissens- und Erfahrungsaustausch;
- Unterstützung neuer Hotlines;
- Entwicklung von wirksamen, gemeinschaftlichen Verfahren für Hotlinebetreiber;
- Identifizierung neuer Trends in der Cyber-Kriminalität und Erarbeitung von Lösungsstrategien.

Ein wesentlicher Vorteil dieses Netzwerkes ist die Möglichkeit, dass seine Mitglieder Beschwerden an die jeweils zuständige Meldestelle weiterleiten können. Dadurch wird es ermöglicht, dass Beschwerden im jeweiligen Ursprungsland behandelt werden. Nur so kann sichergestellt werden, dass die illegalen Inhalte nicht mehr aufgerufen werden können.[109]

---

[109] Zum Ganzen: INHOPE, Annual Report, 2010, 5 f.; INHOPE, Annual Report, 2009, 4 f.; vgl. KARGE SVEN/RICKERT THOMAS, INHOPE. Gegen illegale Inhalte im Internet auf internationaler Ebene, in: tv diskurs – Verantwortung in audiovisuellen Medien, 20, 2002, 32-33.; vgl. auch beispielshalber für eine nationale Meldestelle: KRONIG PHILIPP/BOLLMANN EVA, Die Schweizerische Koordinationsstelle zur Bekämpfung der Internetkriminalität (KOBIK); Eine innovative Antwort auf die besonderen Koordinationsbedürfnisse im Bereich Internetkriminalität, in: Kriminalistik, 2004, 6, S. 415-419.

2. Projekte zur Bekämpfung von illegalen Inhalten

Ein zentrales Anliegen der EU unter dem Safer Internet Programm ist die Bekämpfung von illegalen Inhalten im Internet. Im Hinblick auf dieses Ziel werden verschiedenste Projekte finanziell unterstützt. Um eine bessere Vorstellung davon zu erhalten, welche Projekte bereits existieren, sollen hier einige davon als Beispiel ausgeführt werden.

a)   Measurement and Analysis of P2P Activity Against Paedophile Content (MAPAP)

In neuerer Zeit werden immer mehr pädophile Inhalte über P2P (Peer-to-Peer, d.h. direkte Rechner-zu-Rechner-Verbindungen[110]) ausgetauscht und verbreitet.[111] Dieses Problem wird nunmehr auch unter dem Safer Internet Programm angegangen. So wird MAPAP (Measurement and Analysis of P2P activity Against Paedophile content), ein Projekt, welches genau diesem Problem begegnen will, mit 450'000 € unterstützt.[112]

Das Projekt will dieses Ziel mit drei Grundkonzepten erreichen:

- *Bewertung des Inhalts und System zur Überprüfung der Echtheit:* Es soll ein System geschaffen werden, mit dem ein Inhalt auf pornographischen oder pädophilen Inhalt überprüft werden kann. Darüber hinaus soll gleichzeitig überprüft werden, ob es sich um einen echten oder bloss simulierten Inhalt dieser Art handelt. Dieses System soll einem Benutzer ermöglichen P2P-Inhalte zu überprüfen, bevor sie heruntergeladen werden. Ebenso könnten sie für elterliche Schutzmechanismen genützt werden.

---

[110]   Vgl. zur Funktionsweise von Peer-to-Peer: TANENBAUM ANDREW S., Computernetzwerke, 4. Aufl., München 2003, 419 ff.; dazu auch SCHWARZENEGGER (FN 4) mit Beispielen aus dem Bereich der Urheberrechtsverletzungen und weiteren Hinweisen.

[111]   Les enfants du net – II Pedo-Pornographie et pedophilie sur l'internet, 25 janvar 2005, abrufbar unter: <http://www.foruminternet.org/telechargement/documents/reco-enfance2-20050125.htm>.

[112]   Vgl. <http://ec.europa.eu/information_society/apps/projects/factsheet/index.cfm?project_ref = SIP-2006-PP-221003>.

- *Pädophile Schlüsselwörter:* Die Identifizierung pädophiler Schlüsselwörter ist nötig, um pädophile Inhalte zu filtern und auch um rechtliche Schritte einleiten zu können. Wenn möglich sollen auch versteckte, nur wenigen Leuten bekannte Wörter entschlüsselt werden. Eine Liste der entschlüsselten Wörter soll dann den zuständigen Strafverfolgungs- und anderen relevanten Behörden zur Verfügung gestellt werden.

- *Verbessern der Wissenslage über pädophile Aktivitäten:* Ein weiteres Ziel des Projekts ist es, einen fundierten und aktuellen Überblick darüber zu geben, welche pädophilen Aktivitäten momentan über P2P-Netzwerke ablaufen.[113]

b)   I-Dash: The Investigator's Dashboard

I-Dash ist ein Programm, welches im Juli 2008 aufgenommen wurde und darauf reagiert, dass die Polizei, neben einem immensen Umfang an kinderpornographischem Fotomaterial, zunehmend auch mit Videomaterial solchen Inhalts konfrontiert wird. Als Reaktion auf diese Tatsache benötigen die Beamten ein effizientes Instrument, welches in der Lage ist, tausende Stunden an potentiell illegalem Videomaterial zu prüfen und harmlosen von verbotenem Inhalt zu trennen. Des Weiteren ist dieses Programm in der Lage, die verschiedenen Videos interaktiv miteinander zu vergleichen, um mögliche Zusammenhänge zwischen diesen Dateien zu erkennen und herauszufiltern. So soll es möglich sein, allmählich eine Datenbank mit kinderpornographischem Videomaterial zu erstellen, welche international zur Verfügung steht und den Austausch zwischen den einzelnen Behörden erlaubt. Zu den bereits engagierten Nutzern dieses Programms gehören folgende Organisationen: Ministère de la Défense (Frankreich), Interpol (International), National Police Agency (KLPD) (Niederlande), Politiet (Norwegen), Rikskriminalpolisen (Schweden) und Child Exploitation and Online Protection Centre (Vereinigtes Königreich). Ausgearbeitet wurde das Programm von verschiedenen Institutionen, welche über eine jahrelange Erfahrung im Umgang mit Videoanalyse, europäischer Zusammenarbeit und Systementwicklung bei Kinds-

---

[113] Zum Ganzen: Measurement and Analysis of P2P activity Against Paedophile Content, abrufbar unter: <http://antipaedo.lip6.fr/Presentation.pdf>.

missbrauch und anderen Polizeiuntersuchungen verfügen.[114] Das Programm wies gesamthaft einen Kostenpunkt von 1,06 Mio. € aus, wobei sich die EU im Rahmen des Safer Internet Programms mit 0,8 Mio. € beteiligte.[115]

c) Filter-Projekte

Die Anstrengungen bezüglich Filter-Projekten[116] gehen gegenwärtig in zwei Richtungen. Die eine Richtung beschlägt die direkte Förderung gewisser Filterprogramme. So wurde beispielsweise mit POESIA (Public Open-source Environment for a Safer Internet Access) ein Projekt mit 1,02 Mio. € unterstützt, welches ein Open-Source-Filterprogramm entwickelte.[117]

Die zweite – momentan wohl fast schon grösser angelegte – Bemühung geht indessen dahin, bereits bestehende Filtersysteme zu bewerten. Als dominierendes Projekt in dieser Sache kann das *SIP-Bench* Programm angesehen werden. Dieses bezeichnet eine europaweite Studie zu verschiedenen Filtersystemen, welche geschaffen wurden, um Eltern und weiteren, für Kinder verantwortlichen Personen, eine Möglichkeit zu bieten, Minderjährigen einen sicheren Umgang mit dem Internet zu gewähren. Das Projekt startete am 1. November 2005, dauerte über drei Jahre bis zum 31. Oktober 2008 und kostete 498'480 €. Kontrolliert wurden jährlich wiederkehrend 30 verschiedene Kontrollsysteme, welche nach acht Kriterien bewertet und miteinander verglichen wurden.[118] Relevant bei der Prüfung waren dabei neben anderen Aspekten sowohl die Effektivität des Programms bezüglich des Schutzes von Kindern – wobei zwischen Kindern über 10 und unter 10 Jah-

---

[114] U.a. University of Amsterdam (Niederlande), IST (Portugal), University of Surrey (UK) <http://www.idash.eu/index.php?show=17&titel=Introduction>.

[115] <http://ec.europa.eu/information_society/apps/projects/factsheet/index.cfm?project_ref=SIP-2007-TP-131703>.

[116] Vgl. eine Liste aller Filterungs-Projekte, abrufbar unter: <http://ec.europa.eu/inforation_society/activities/sip/projects/completed/filtering_content_labelling/index_en.htm>.

[117] <http://ec.europa.eu/information_society/activities/sip/projects/completed/filtering_content_labelling/filtering/poesia/index_en.htm>.

[118] Vgl. <http://ec.europa.eu/information_society/activities/sip/docs/project_reports/sip_bench_2008_scores_table_en.pdf>.

ren unterschieden wurde – als auch die Praktikabilität bezüglich der Installation und Aktualisierung des Programms. Die Aufspaltung der Prüfung in zwei Altersklassen der Kinder sollte den unterschiedlichen Risiken Rechnung tragen, welche für die verschiedenen Alterskategorien charakteristisch sind. Am 9. Dezember 2009 wurde eine zweite Studie unter dem Namen *SIP-Bench II* ins Leben gerufen, welche noch bis zum 8. Dezember 2012 andauert und somit gesamthaft wieder einen Zeitrahmen von drei Jahren erfasst. Innerhalb dieser drei Jahre werden halbjährlich 31 verschiedene Kontrollprodukte bewertet und verglichen, was wiederum dem Ziel dient, Eltern eine optimale Auswahl an verschiedenen Filtersystemen zu bieten. Bei dieser zweiten Studie werden die 31 Kontrollprogramme gemäss ihrer Bestimmung zusätzlich den drei Kategorien Computer, Mobiltelefone und Spielkonsolen zugeordnet. Zur Finanzierung dieses Projekts wurden noch einmal 443'960 € aufgewandt.[119] Am 13. Januar 2011 wurden die ersten Ergebnisse veröffentlicht.[120]

3. Selbstregulierung

Wie bereits gezeigt,[121] war die Stärkung der Selbstkontrolle ein Anliegen der EU, welches bereits im ersten Safer Internet Action Plan 1999-2004 enthalten war. Zwei der diesem Zweck dienenden, durch die Safer Internet Bemühungen der EU unterstützten Projekte sollen nachfolgend näher vorgestellt werden.

a)   European Framework for Safer Mobile Use by Young Teenagers and Children

Als Ergebnis einer, von der Kommission durchgeführten, öffentlichen Konsultation zum Jugendschutz bei der Handybenutzung[122] wurde am Safer Internet Day 2007 von mehreren wichtigen europäischen Mobilfunkbetreibern

---

[119] <http://ec.europa.eu/information_society/activities/sip/projects/filter_label/sip_bench2/index_en.htm>.
[120] Vgl. Evaluationsbericht SIP-Bench.
[121] Siehe oben, II.2.a)bb).
[122] Pressemitteilung vom 6. Februar 2007.

eine *Vereinbarung über den Schutz Minderjähriger bei der Nutzung von Handys*[123] unterzeichnet. Zu den Unterzeichnern gehören u.a.: Deutsche Telekom Gruppe, Jamba! GmbH, Orange Group, SFR, Telecom Italia S.p.A, Telefonica Moviles, S.A., Vodafone Limited.[124] Mit dem Unterzeichnen der Vereinbarung erklären sich die Betreiber bereit, eine Reihe von Massnahmen zu unterstützen. Insbesondere sind dies:

- Kontrolle des Zugriffs auf Inhalte, die für Erwachsene bestimmt sind;
- Sensibilisierungskampagnen für Eltern und Kinder;
- Klassifizierung kommerzieller Inhalte nach nationalen Regeln der Sittlichkeit und Angemessenheit;
- Bekämpfung illegaler Inhalte auf Handys.

Zur Verwirklichung dieser Massnahmen wurden die mitwirkenden Parteien verpflichtet, bis Februar 2008 Verhaltensregeln zur Selbstkontrolle auszuarbeiten.[125]

Die ausgearbeiteten, nationalen Verhaltenskodizes wurden in der Folge bereits mehrfach auf ihre Vereinbarkeit mit der Rahmenvereinbarung und ihre Wirksamkeit im Allgemeinen überprüft.[126] Insgesamt wurde festgestellt, dass mittlerweile 96% aller Mobilfunkkunden in der EU von Betreibern bedient werden, welche dieser Selbstkontrollvereinbarung unterliegen. Dabei haben die Mobilfunkbetreiber Massnahmen ergriffen, um den Zugang von Kindern zu nur für Erwachsene bestimmte Inhalte zu kontrollieren. Zudem wird an einem Klassifikationssystem gearbeitet, um die Inhalte altersentsprechend kennzeichnen zu können (z.B. durch farblich gekennzeichnete Symbole).

---

[123] European Framework for Safer Mobile Use by Younger Teenagers and Children.

[124] Vgl. die Liste der Unterzeichnenden: <http://www.gsmeurope.org/documents/List_of_signatories_Dec_09.pdf>.

[125] Pressemitteilung vom 8. Februar 2007.

[126] GSM Europe: European Framework for Safer Mobile Use by Younger Teenagers and Children: One Year After – Implementation Report, 6 March 2008; GSM Europe: European Framework for Safer Mobile Use by Younger Teenagers and Children – Implementation Report, 16 April 2009; GSM Europe: Third implementation review of the European Framework for Safer Mobile Use by Younger Teenagers and Children, Juni 2010.

Die Betreiber engagieren sich auch in der Sensibilisierung, indem sie Aufklärungsmaterial und -kampagnen unterstützen. Die Berichte zeigen auch, dass eine Reihe nationaler Kodizes Anforderungen enthalten, die sogar über den Anwendungsbereich der Rahmenvereinbarung hinausgehen. Es wird aber auch auf die Erwartung hingewiesen, dass die Akteure der Mobilfunkbranche noch mehr Massnahmen ergreifen, um vor allem die Eltern über Risiken und Möglichkeiten des – sich rasch weiterentwickelnden – mobilen Internets zu informieren. So kennen die jungen Mobiltelefonnutzer zwar die potentiellen Risiken und sind teilweise auch besser informiert, wenden sich bei Problemen jedoch erst sehr spät an die Eltern.[127]

b)   Safer Social Networking Principles for the EU

Auch im Bereich der Social Networks begannen die Bemühungen der Kommission unter dem Safer Internet Programm mit einer von ihr durchgeführten Konsultation zum Thema. Die Ergebnisse zeigten vor allem, dass jugendliche Nutzer teilweise neueren Gefahren ausgesetzt sind. Dazu zählen insbesondere Cyber-Bullying, viele Gefahren im Bereich des Persönlichkeitsschutzes und der Privatsphäre sowie des Groomings.[128] Gestützt auf diese Erkenntnisse wurde im Rahmen des Safer Internet Day 2009 von 17 führenden Website-Anbieter erstmalig eine europäische *Vereinbarung zur Verbesserung der Sicherheit für Minderjährige bei der Nutzung von Websites zur sozialen Vernetzung* unterzeichnet.[129] Zu den Unterzeichnenden Anbietern gehören u.a.: Facebook, YouTube, Myspace, Netlog, StudiVZ. Den oben erwähnten Risiken soll dabei mit folgenden Massnahmen entgegen getreten werden:

- Einführung einer einfach anklickbaren Meldetaste, mit der Nutzer problematische Kontaktaufnahmen oder Verhaltensweisen mit einem Mausklick melden können.

---

[127] Pressemitteilung vom 9. Juni 2010.

[128] European Commission, Information Society and Media Directorate-General: Publick Consultation on online social Networking, Summary Report, 3.

[129] Vollständiger Text abrufbar unter: <http://ec.europa.eu/information_society/activities/social_networking/docs/sn_principles.pdf>.

- Es soll sichergestellt werden, dass alle Profile und Kontaktlisten der minderjährigen Nutzer standardmässig als „privat" eingestuft werden. Dies soll mutmasslichen Tätern die Kontaktaufnahme erschweren.
- Es soll gewährleistet werden, dass die privaten Profile von Nutzern unter 18 Jahren nicht durch Suchmaschinen findbar sind.
- Es soll sicher gestellt werden, dass die Privatsphäre- und Schutzeinstellungen einfach auffindbar und zugänglich sind, damit die Nutzer leicht feststellen können, wer ihr Online-Verhalten einsehen kann.
- Es soll gewährleistet werden, dass zu junge Nutzer von den Angeboten ausgeschlossen werden.

Die Betreiber der Webseiten hatten bis April 2009 Zeit, die Kommission über ihre jeweiligen Sicherheitsstrategien und deren Umsetzung zu unterrichten.[130]

Anlässlich des Safer Internet Day 2010 stellte die Kommission einen Bericht vor, der zum einen die grundsätzlichen Wirkungen der Selbstregulierungsmassnahmen der EU[131], zum anderen auch die Webseiten der unterzeichnenden Unternehmen[132] geprüft hat. Dabei zeigte sich unter anderem, dass die meisten Webseiten Sicherheitstipps und Informationen speziell für Kinder und/oder Teenager anbieten. Diese sind in der Regel auch leicht auffindbar sowie leicht verständlich (z.B. bei YouTube, MySpace, SchülerVZ). Darüber hinaus kommt der Bericht zum Schluss, dass die meisten Seiten den Minderjährigen Mittel für den Umgang mit potenziellen Online-Risiken zur Verfügung stellen und eine Strategie zum Schutz der Privatsphäre verfolgen. Bemängelt wurde hingegen, dass nur einige der Anbieter weitere Massnahmen

---

[130] Vgl. zum Ganzen: Pressemitteilung vom 10. Februar 2009.
[131] STAKSRUD E./LOBE B., Evaluation of the implementation of the Safer Social Networking Principles for the EU Part I: General Report. European Commission Safer Internet Programme, Luxembourg 2010; vgl. Ausführungen zu den Safer Social Networking Principles der EU unten, V.4.b).
[132] LOBE B./STAKSRUD E. (ed), Evaluation of the implementation of the Safer Social Networking Principles for the EU Part II: Testing of 20 Providers of Social Networking Services in Europe, European Commission Safer Internet Programme, Luxembourg 2010.

zum Schutz der Privatsphäre bereitstellen. So sind bei nur 40% der bewerteten Webseiten persönliche Daten minderjähriger Nutzer standardmässig nur für deren Freunde einsehbar (z.B. bei SchülerVZ, Facebook, MySpace). Ebenso machen es lediglich 11 von 22 Seiten unmöglich, persönliche Profile Minderjähriger über Suchmaschinen zu finden (z.B. bei Facebook, YouTube, MySpace, SchülerVZ).[133]

VI. Weitere Massnahmen

Auf die weiteren Massnahmen der EU wird im Folgenden nur noch summarisch eingegangen. Dabei geht es vor allem darum zu zeigen, dass die EU auch ausserhalb des Safer Internet Programms aktiv ist und auf vielen Ebenen weitere Massnahmen zum Jugendschutz im Internet verfolgt. Dabei fällt vor allem auf, dass die Massnahmen innerhalb eines breiten Spektrums gestreut sind, was demonstriert, dass das Anliegen auf ganz verschiedene Weise angegangen wird.

- Gestützt auf die *Strategie Europa 2020*[134] wurde als eine der Leitinitiativen die *Digitale Agenda für Europa*[135] geschaffen. Dabei handelt es sich um ein sehr umfassendes Projekt, welches alle Facetten des digitalen Lebens erfasst. Ein kleiner Teil der digitalen Agenda beschäftigt sich auch mit den Themen Vertrauen und Sicherheit. Dabei sollen unter anderem Aktionen durchgeführt werden, die zum Bereich der Prävention im Internet und den neuen Medien zu zählen sind. So sollen Meldestellen (Hotlines) für illegale Online-Inhalte und Kampagnen zur Bewusstseinsbildung bezüglich der Online-Sicherheit für Kinder unterstützt werden. Auch der Dialog und die Selbstregulierung der europäischen und weltweiten Diensteanbieter – insbesondere hinsichtlich der Nutzung ihrer Dienste durch Minderjährige – sind zu fördern. Die

---

[133] Vgl. auch die Pressemitteilung vom 9. Februar 2010, 2.
[134] Vgl. Mitteilung vom 3. März 2010.
[135] Mitteilung vom 26. August 2010, vgl. für weitere Informationen auch die Website der Digitalen Agenda für Europa: <http://ec.europa.eu/information_society/digital-agenda/index_en.htm>.

Kommission weist dabei besonders darauf hin, dass die Bemühungen auch mit dem Safer Internet Programm verknüpft werden sollen.[136]

- Die Europäische Kommission unterstützt die *Aktivitäten der Europäischen Finanzkoalition gegen den sexuellen Missbrauch von Kindern im Internet* mit bis zu 427'000 €. Bei dieser Koalition handelt es sich um eine informelle Gruppe, in der Polizei, Finanzdienstleister, Internetanbieter, NRO und andere Partner vertreten sind. Ihr Ziel ist es, im Kampf gegen Kinderpornographie zusammenzuarbeiten.[137]

- Bereits 2002 beschloss der Rat Massnahmen zum *Schutz der Verbraucher, insbesondere von Jugendlichen, durch Kennzeichnung bestimmter Video- und Computerspiele nach Zielaltersgruppen*.[138] Gestützt darauf wurden insbesondere die Kennzeichnungssysteme PEGI und PEGI-Online (dieses System wurde auch vom Safer Internet Programm kofinanziert) unterstützt, welche Eltern die Auswahl geeigneter Spiele für ihre Kinder erleichtern sollen.[139]

- Ein weiteres Thema wofür sich die Kommission stark macht, ist die *Medienkompetenz*. Das heisst, dass die Menschen in ihrer Fähigkeit, die Medien zu nutzen, die verschiedenen Aspekte der Medien und Medieninhalte zu verstehen und kritisch zu bewerten sowie selbst in vielfältigen Kontexten zu kommunizieren, gestärkt werden sollen.[140]

- Auch im Bereich der in ihrer Mitteilung zur *EU-Agenda für die Rechte des Kindes* weist die Kommission stark auf die Gefahren aus dem Internet (Cyber-Bullying, Cyber-Grooming) hin. Ihr Ziel ist es „die Mitgliedstaaten und sonstigen Akteure dabei [zu] unterstützen, noch mehr vorbeugende Massnahmen zu treffen, Kinder noch stärker zu Eigenverantwortung und Mithilfe zu erziehen, damit sie Online-Technologien bestmöglich nutzen können, und sie […] zu schützen; dabei wird sie vor

---

[136] Mitteilung vom 26. August 2010, 19.
[137] Pressemitteilung vom 3. März 2009.
[138] Entschliessung vom 1. März 2002.
[139] Pressemitteilung vom 22. April 2008; General fact sheet, 69.
[140] Pressemitteilung vom 20. August 2009; Pressemitteilung vom 20. Dezember 2007.

allem auf das Programm für mehr Sicherheit im Internet zurückgreifen"[141].

- Nicht weiter eingegangen wird hier auf die zahlreichen rechtlichen Regelungen der EU im Kampf gegen Cyberkriminalität und insbesondere gegen Kinderpornographie.[142]

VII. Schlusswort

Mit den Safer Internet Programmen liefert die EU ein Rahmenprogramm, welches ihr erlaubt Jugendschutz- und andere Projekte im Bereich der Internetprävention gezielt zu unterstützen. In den Rahmenbeschlüssen legen das Europäische Parlament und der Europäische Rat jeweils die ungefähre Stossrichtung der zu fördernden Massnahmen fest. Die Europäische Kommission hat dann die Aufgabe – mittlerweile mittels jährlicher Aktionsprogramme – diese allgemeinen Vorgaben noch genauer umzusetzen und schlussendlich die explizit zu treffenden Aktionen auszuwählen. Dies geschieht in der Regel über eine Auswahl von zu unterstützenden Projekten.

Als grundsätzliches Statement lässt sich vorweg sagen, dass es als positiv zu bewerten ist, dass sich die EU mit dem Safer Internet Programm und anderen Massnahmen dem Thema Jugendschutz im Internet angenommen hat. So ist es aufgrund dieser Bemühungen möglich, viele nationale Anstrengungen auf diesem Gebiet zu koordinieren und auf einen einheitlichen Standard zu bringen. Denn nur ein solcher kann den bestmöglichen Schutz gewährleisten, da sonst gewisse Inhalte, die an einem Ort als bedenklich eingestuft werden, trotzdem auf Servern eines anderen Landes, welches die Inhalte als unbedenklich einstuft, zu finden sind.[143] Gerade die neusten Entwicklungen im Safer Internet Programm, nämlich das Streben nach einer Wissenserweiterung und auch der direkte Einbezug der Kinder und Jugendlichen, lassen darauf hoffen, dass das Problem gezielt angegangen werden kann. Denn nur

---

[141] Mitteilung vom 15. Februar 2011, 13.

[142] Vgl. dazu z.B. GERCKE MARCO/BRUNST PHILLIP W., Praxishandbuch Internetstrafrecht, Stuttgart 2009, 53 ff.

[143] Ebenso SAEGER JOSEFIN, Jugendschutz im Internet, Berlin 2004, 41 f.

wenn man sich mit dem Zielobjekt – hier: den zu schützenden Kindern und Jugendlichen – auseinandersetzt und seine Massnahmen auf eine genügende Wissensbasis abstützen kann, ist letztlich eine positive Wirkung möglich.

Natürlich kann es – angesichts der zahlreichen, verschiedenen Projekte, welche unter dem Programm unterstützt werden – gerade für den Endnutzer schwierig sein, den Überblick zu behalten und über alle Projekte stets informiert zu bleiben. Dennoch sind Aktionen wie die Studie über Filter- und Bewertungssysteme, welche den für Minderjährige verantwortlichen Personen die Suche nach brauchbaren Lösungen ersparen, positiv hervorzuheben. Durch die breit angelegten Sensibilisierungsmassnahmen bei verschiedenen Zielgruppen wird die erforderliche Grundlage für die zu treffenden Massnahmen überhaupt erst geschaffen, indem die Gesellschaft auf die Gefahren aufmerksam gemacht wird. Die vielen Vernetzungen zwischen einzelnen Projekten und den verschiedensten betroffenen Personen und Organisationen sind auf einem guten Weg und scheinen einen idealen Wissensaustausch zu ermöglichen.

Da die europäischen Bemühungen auf dem Grundsatz der Kontinuität beruhen, ist die genaue Evaluierung der Programme notwendig und muss in die weiterführenden Bemühungen der Folgeprogramme einfliessen. Die Pflicht einer Evaluation ist jeweils bereits in den Rahmenprogrammen enthalten. Um dieser nachzukommen, gibt die Kommission jeweils eine Evaluierungsstudie bei einer unabhängigen Stelle in Auftrag und präsentiert sodann deren Ergebnisse. Bisher wurde die Arbeit der Kommission immer als durchaus positiv bewertet. Dabei fragt sich jedoch, ob in den abschliessenden Evaluierungen nicht viel stärker auf die einzelnen, unter dem Programm unterstützten Projekte einzugehen wäre. Denn nur die konkret ergriffenen Massnahmen lassen schlussendlich einen Rückschluss auf die Wirksamkeit des Programms zu. Hierbei scheint man aber mit dem Problem konfrontiert, dass es erstens sehr viele Projekte gibt, was es schwierig macht, sie alle zu berücksichtigen und zweitens werden die Projekte teilweise in verschiedenen Mitgliedsstaaten umgesetzt, was bei einer Evaluierung auch berücksichtigt werden müsste.

Insgesamt ist zu hoffen, dass sich die EU diesem Thema weiterhin in einer so engagierten Art und Weise annimmt. Dabei sollten stets die sich rasch verändernden Umstände im Online-Bereich im Hinterkopf behalten werden, um bestmöglich auf neue Gefahren zu reagieren. Durch weitere Verbesserungen am Programm könnte so ein gut funktionierendes, fundamentiertes, aber hoffentlich auch etwas durchschaubareres Rahmensystem für den Jugendschutz im Internet im EU-Raum geschaffen werden.

Materialenverzeichnis

1. Pressemitteilungen

Pressemitteilung: Digitale Agenda: Kommission verstärkt ihre Anstrengungen zum Schutz von Kindern im Internet, IP/11/135, Brüssel 8. Februar 2011 (zit. Pressemitteilung vom 8. Februar 2011)

Pressemitteilung: Digitale Agenda: Kommissarin Kroes begrüßt die Arbeit der Mobilfunkbetreiber im Interesse der Sicherheit von Kindern und fordert zusätzliche Bemühungen zur Sensibilisierung der Eltern, IP/10/704, Brüssel 9. Juni 2010 (zit. Pressemitteilung vom 9. Juni 2010)

Pressemitteilung: Europäische Kommission appelliert an Betreiber sozialer Netzwerke, Kinder besser zu schützen, IP/10 /144, Strassburg 9. Februar 2010 (zit. Pressemitteilung vom 9. Februar 2010)

Pressemitteilung: Kommission setzt neues Ziel für die Informationsgesellschaft: Kompetenz im Umgang mit neuen Medien, IP/09/1244, Brüssel 20. August 2009 (zit. Pressemitteilung vom 20. August 2009)

Pressemitteilung: Kommission finanziert die Europäische Finanzkoalition (EFK) gegen die Verbreitung von Bildern im Internet, die den sexuellen Missbrauch von Kindern darstellen, IP/09/342, Brüssel 3. März 2009 (zit. Pressemitteilung vom 3. März 2009)

Pressemitteilung: Soziale Netzwerke: Kommission handelt Vereinbarung der wichtigsten Website-Anbieter aus, IP/09/232, Brüssel 10. Februar 2009 (zit. Pressemitteilung vom 10. Februar 2009)

Pressemitteilung: Videospiele: Kommission begrüsst Fortschritte beim Jugendschutz in 23 EU-Mitgliedstaaten, mahnt aber bessere Selbstregulierung der Branche an, IP/08/618, Brüssel 22. April 2008 (zit. Pressemitteilung vom 22. April 2008)

Pressemitteilung: Medienkompetenz: Wissen die Menschen, wie man am besten mit Blogs, Suchmaschinen oder interaktivem Fernsehen umgeht?, IP/07/1970, Brüssel 20. Dezember 2007 (zit. Pressemitteilung vom 20. Dezember 2007)

Pressemitteilung: Mobilfunkbetreiber einigen sich auf Schutz von Kindern bei der Nutzung von Handys, IP/07/139, Brüssel 6. Februar 2007 (zit. Pressemitteilung vom 8. Februar 2007)

2. Safer Internet Programme

Europäische Kommission: Mehrjähriger Aktionsplan der Gemeinschaft zur Förderung einer sichereren Nutzung des Internet durch die Bekämpfung illegaler und schädigender Inhalte in globalen Netzen, 4-jähriges Arbeitsprogramm 1999-2002, Nr. 276/1999/EG, ABl L 33 vom 6.2.1999, 1 (zit. Arbeitsprogramm 1999-2002)

European Commission: Safer Internet plus, A multiannual Community Programme on promoting safer use of the Internet and new online technologies, Work programme 2006, Luxembourg, Juli 2006 (zit. Arbeitsprogramm 2006)

European Commission: Safer Internet plus, A multi-annual Community Programme on promoting safer use of the Internet and new online technologies, Work Programme 2007, Luxembourg, 9. Juli 2007 (zit. Arbeitsprogramm 2007)

Europäische Kommission: Mehr Sicherheit im Internet, Ein mehrjähriges Gemeinschaftsprogramm zur Förderung der sichereren Nutzung des Internet und neuer Online-Technologien, Arbeitsprogramm 2008, 11. März 2008, C (2008) 862 (zit. Arbeitsprogramm 2008)

European Commission: Safer Internet, A multi-annual Community programme on protecting children using the Internet and other communication technologies, Work Programme 2009, Brüssel 29. Mai 2009, C (2009) 4023 final (zit. Arbeitsprogramm 2009)

European Commission: Safer Internet, A multi-annual Community programme on protecting children using the Internet and other communication technologies, Work Programme 2010, Brüssel 29. Oktober 2009, COM (2009) 8301 (zit. Arbeitsprogramm 2010)

European Commission: Safer Internet, A multi-annual Community programme on protecting children using the Internet and other communication technologies, Work Programme 2011, Brüssel 3. März 2011, C (2011) 1237 (zit. Arbeitsprogramm 2011)

3. Mitteilungen der Kommission

Mitteilung der Kommission an den Rat, das Europäische Parlament, den Europäischen Wirtschafts- und Sozialausschuss und den Ausschuss der Regionen über die Bewertung des mehrjährigen Aktionsplans der Gemeinschaft zur Förderung einer sichereren Nutzung des Internet und neuer Online-Technologien durch die Bekämpfung illegaler und schädlicher Inhalte vor allem im Hinblick auf den Kinder- und Jugendschutz, KOM (2003) 653 endg., Brüssel 03. November 2003 (zit. Mitteilung vom 3. November 2003)

Mitteilung der Kommission an den Rat, das Europäische Parlament, den Europäischen Wirtschafts- und Sozialausschuss und den Ausschuss der Regionen Abschließende Bewertung der Durchführung des mehrjährigen Aktionsplans der Gemeinschaft zur Förderung der sicheren Nutzung des Internet durch die Bekämpfung illegaler und schädlicher Inhalte in globalen Netzen, KOM (2006) 663 endg., Brüssel 6. Januar 2006 (zit. Mitteilung vom 6. Januar 2006)

Mitteilung der Kommission an das Europäische Parlament, den Rat, Den Europäischen Wirtschafts- und Sozialausschuss und den Ausschuss der Regionen, Mitteilung über die Durchführung des mehrjährigen Gemeinschaftsprogramms zur Förderung der sichereren Nutzung des Internet und neuer Online-Technologien (Mehr Sicherheit im Internet), Brüssel, 6. November 2006, KOM (2006) 661 endg. (zit. Mitteilung vom 6. November 2006)

Mitteilung der Kommission an das Europäische Parlament, den Rat, den Europäischen Wirtschafts- und Sozialausschuss und den Ausschuss der Regionen – Abschliessende Bewertung der Durchführung des mehrjährigen Gemeinschaftsprogramms zur Förderung der sichereren Nutzung des Internet und neuer Online-Technologien, Brüssel 18. Februar 2009, KOM (2009) 64 endg. (zit. Mitteilung vom 18. Februar 2009)

Mitteilung der Kommission, Europa 2020, Eine Strategie für intelligentes, nachhaltiges und integratives Wachstum, Brüssel 3. März 2010, KOM (2010) 2020 endg. (zit. Mitteilung vom 3. März 2010)

Mitteilung der Kommission an das Europäische Parlament, den Rat und Sozialausschuss und den Ausschuss der Regionen, Eine Digitale Agenda für Europa, Brüssel 26. August 2010, KOM (2010) 245 endg./2 (zit. Mitteilung vom 26. August 2010)

Mitteilung der Kommission an das Europäische Parlament, den Rat, den Europäischen Wirtschafts- und Sozialausschuss und den Ausschuss der Regionen, Eine EU-Agenda für die Rechte des Kindes, Brüssel 15. Februar 2011, KOM (2011) 60 endg. (zit. Mitteilung vom 15. Februar 2011)

4. Weitere Materialien

Beschluss Nr. 1351/2008/EG des Europäischen Parlaments und des Rates vom 16. Dezember 2008 über ein mehrjähriges Gemeinschaftsprogramm zum Schutz der Kinder bei der Nutzung des Internets und anderer Kommunikationstechnologien, ABl L 348 vom 24.12.2008, 118-127 (zit. Beschluss Nr. 1351/2008/EG)

Beschluss Nr. 854/2005/EG des Europäischen Parlaments und des Rates vom 11. Mai 2005 über ein mehrjähriges Gemeinschaftsprogramm zur Förderung der sichereren Nutzung des Internet und neuer Online-Technologien, ABl. L 149 vom 11.6.2005, 1-13 (zit. Beschluss Nr. 854/2005/EG)

Commission Staff working paper, ex ante evaluation, Safer Internet plus (2005-2008), SEC(2004) 148, Brüssel, 12. März 2004 (zit. Ex ante Evaluation).

Empfehlung 98/560/EG des Rates vom 24. September 1998 zur Steigerung der Wettbewerbsfähigkeit des europäischen Industriezweigs der audiovisuellen Dienste und Informationsdienste durch die Förderung nationaler Rahmenbedingungen für die Verwirklichung eines vergleichbaren Niveaus in Bezug auf den Jugendschutz und den Schutz der Menschenwürde, ABl L 270 vom 7. Oktober 1998 (zit. Empfehlung des Rates vom 24. September 1998)

Entscheidung Nr. 1151/2003/EG des Europäischen Parlaments und des Rates vom 16. Juni 2003 zur Änderung der Entscheidung Nr. 276/1999/EG über die Annahme eines mehrjährigen Aktionsplans der Gemeinschaft zur Förderung der sicheren Nutzung des Internet durch die Bekämpfung illegaler und schädlicher Inhalte in globalen Netzen, ABl L 162 vom 1.7.2003, 1-4 (zit. Entscheidung Nr. 1151/2003/EG)

Entscheidung Nr. 276/1999/EG des Europäischen Parlaments und des Rates vom 25. Januar 1999 über die Annahme eines mehrjährigen Aktionsplans der Gemeinschaft zur Förderung der sicheren Nutzung des Internet durch die Bekämpfung illegaler und schädlicher Inhalte in globalen Netzen, ABl L 033 vom 6.2.1999, 0001-0011 (zit. Entscheidung Nr. 276/1999/EG)

Entschliessung des Rates und der im Rat Vereinigten Vertreter der Regierungen der Mitgliedstaaten vom 17. Februar 1997 zu illegalen und schädlichen Inhalten im Internet, ABl C 070 vom 6.3.1997, 0001-0002 (zit. Entschliessung vom 17. Februar 1997)

Entschliessung des Rates vom 1. März 2002 zum Schutz der Verbraucher, insbesondere von Jugendlichen, durch Kennzeichnung bestimmter Video- und Computerspiele nach Zielaltersgruppen, ABl C 065 vom 14.3.2002, 0002-0002 (zit. Entschliessung vom 1. März 2002)

European Commission, Information Society and Media Directorate-General: Public Consultation on online social Networking, Summary Report, abrufbar unter: <http://ec.europa.eu/information_society/activities/sip/docs/pub_consult_age_rating _sns/summaryreport.pdf>

European Commission: Safer Internet plus, A multiannual Community Programme on promoting safer use of the Internet and new online technologies, Work programme 2005 (zit. Arbeitsprogramm 2005)

European Commission: Worried about kids playing video games? Look at the label! Better information and protection for users of interactive games, General fact sheet 69, Oktober 2008 (zit. General fact sheet 69)

European Framework for Safer Mobile Use by Younger Teenagers and Children, abrufbar unter: <http://ec.europa.eu/information_society/activities/sip/docs/mobile_ 2005/europeanframework.pdf>

Evaluationsbericht SIP-Bench, abrufbar unter: <http://ec.europa.eu/information_ society/activities/sip/docs/sip_bench2_results /report_feb11.pdf>

Gekürzte Fassung abrufbar unter: <http://ec.europa.eu/information_society/activeties/sip/docs/sip_bench2_results/executive_summary_feb11.pdf>

Grünbuch über den Jugendschutz und den Schutz der Menschenwürde in den audiovisuellen und den Informationsdiensten, KOM (96) 483 endg. (zit. Grünbuch)

GSM Europe: European Framework for Safer Mobile Use by Younger Teenagers and Children: One Year After – Implementation Report, 6 March 2008, abrufbar unter: <www.gsmeurope.org/documents/gsma_implementation_report.pdf>

GSM Europe: European Framework for Safer Mobile Use by Younger Teenagers and Children – Implementation Report, 16 April 2009, abrufbar unter: <www.gsmeurope.org/documents/PwC_Implementation_Report.pdf>

GSM Europe: Third implementation review of the European Framework for Safer Mobile Use by Younger Teenagers and Children, Juni 2010, abrufbar unter: <www.gsmeurope.org/documents/GSMA_Exec_Summary_P011.pdf>

INHOPE, Anual Report, 2010, 5 f.; INHOPE, Anual Report, 2009, 4 f., abrufbar unter: <www.inhope.org/gns/about-us/annual-reports.aspx>

INSAFE, Anual Report, 2009-2010; abrufbar unter: <www.saferinternet.org/c/ document_library/get_file?uuid=348ba384-4ff5-4c28-a8d5-ab5a03ee437b&groupId =10145>; INSAFE, Anual Report 2008-2009, abrufbar unter: <www.safer-

internet.org/c/document_library/get_file?uuid=974e2c02-6556-48ff-b4b3-caac71cd
ba6b&groupId=10145>

LOBE B./STAKSRUD E. (Hrsg.) (2010) Evaluation of the implementation of the Safer Social Networking Principles for the EU Part II: Testing of 20 Providers of Social Networking Services in Europe, European Commission Safer Internet Programme, Luxembourg; abrufbar unter: <http://ec.europa.eu/informaton_society/activeties/social_networking/docs/final_report/sec_part.pdf>

STAKSRUD E./LOBE B., Evaluation of the implementation of the Safer Social Networking Principles for the EU Part I: General Report. European Commission Safer Internet Programme, Luxembourg 2010; abrufbar unter: <http://ec.europa.eu/ information_society/activities/social_networking/docs/final_report/first_part.pdf>

Vollständiger Evaluationstext 2005-2008; abrufbar unter: <http://ec.europa.eu/ information_society/activities/sip/docs/prog_evaluation/report_sip_en_2005_2008. pdf>

Vorschlag für eine Entscheidung des Europäischen Parlaments und des Rates über ein mehrjähriges Gemeinschaftsprogramm zur Förderung der sichereren Nutzung des Internet und neuer Online-Technologien, Vorlage der Kommission, KOM (2004) 91 endg., Brüssel, 12. März 2004 (zit. Vorschlag vom 12. März 2004)

Vorschlag für einen Beschluss des Europäischen Parlaments und des Rates über ein mehrjähriges Gemeinschaftsprogramm zum Schutz der Kinder bei der Nutzung des Internet und anderer Kommunikationstechnologien, Vorlage der Kommission KOM (2008) 106 endg., Brüssel 27. Februar 2008 (zit. Vorschlag vom 27. Februar 2008)

EU Safer Internet Programme – Empowering and Protecting Children Online

Michael Busch

Table of Contents

I. Running projects financed by the Safer Internet Programme 190
   1. The Safer Internet Centres 191
   2. Fighting online child sexual abuse images 191
      a) CIRCAMP (COSPOL Internet Related Child Abusive Material Project)... 192
      b) i-Dash (The Investigator's Dashboard) 192
      c) FIVES (Forensic Image and Video Examination Support) 192
      d) INTERPOL 193
   3. Setting up a knowledge base on young people's use of new technologies 193
      a) EU KIDS Online II (Enhancing knowledge regarding European children's use, risk and safety online) 193
      b) POG (Understanding the process of online grooming: the behaviors of men who target young people online) 194
   4. Involving civil society 194
      a) The European NGO Alliance for Child Safety Online (ENACSO I and II) 194
   5. Filtering and content labeling 195
      a) SIP-Bench study 195

II. Safer Internet Forum 195

III. Safer Internet Day 196

IV. Self-regulation 196

Young people and children are today amongst the biggest user groups of online and mobile technologies in Europe. The Safer Internet Programme aims at empowering and protecting children and young people online by awareness raising initiatives and by fighting illegal and harmful online content and conduct.

The Safer Internet Programme was set up in 1999 and it has evolved over the years, taking into account the latest technological developments and their impact on young people's lives.

To empower and protect children online, the Safer Internet Programme:

- finances a great variety of projects, all aimed at creating a safer online environment for young people;
- supports „Safer Internet Day";
- organizes the „Safer Internet Forum";
- promotes and supports industry self-regulation;
- co-operates at international level with other relevant organizations;
- supports the fight against child sexual abuse images in the internet.

The 2009-2013 Safer Internet Programme, which has a budget of € 55 million, is addressing new challenges:

- the raise of web 2.0 and its fast take-up by young people;
- mobile technologies;
- harmful conduct like grooming or cyber-bullying;
- the need for a knowledge base, which would allow better targeting of the activities in the area of online safety for young people.

I. Running projects financed by the Safer Internet Programme

The Safer Internet Programme is mainly implemented through projects funded at national or pan-European level, all aiming at creating a safer online environment for children and young people. The Safer Internet Programme has funded a large number of projects over the years, enhancing awareness raising, the fight against illegal content, filtering and content labelling, involving the civil society in child safety online issues, creating a solid database of information related to the usage of new technologies by young people. Below you will find the running projects funded by the Safer Internet Programme.

1.   The Safer Internet Centres

The Safer Internet Centres are responsible for promoting a safe, responsible use of the Internet and mobile devices to young people. The Safer Internet Centres are now present in 27 European countries and most of them include an awareness centre, a helpline and a hotline.

The *awareness centres'* main objective is to develop awareness raising material, organize campaigns and information sessions for young people, parents, carers and teachers in order to make them more aware of the potential risks young people may encounter online and to empower them to stay safe online.

The *helplines* can offer personalized advice to young people, parents and teachers about how to stay safe online.

The awareness centres and helplines belong to the *INSAFE* network <www.saferinternet.org> coordinated by the European Schoolnet.

The *hotlines* are the place where the public can report illegal content they encounter online. The hotline will investigate these reports to determine if they are illegal and if so, trace the origin of the content and refer this onto law enforcement agencies in the country and the Internet Service Provider for removal.

INHOPE <www.inhope.org> coordinates the network of hotlines. Members of INHOPE are not only hotlines in Europe but also organizations from all over the world.

2.   Fighting online child sexual abuse images

Alongside INHOPE, the network of hotlines, the Safer Internet Programme co-funds and co-funded a number of other initiatives, which aim at supporting law enforcement bodies in their fight against child sexual abuse images:

a)   CIRCAMP (COSPOL Internet Related Child Abusive Material Project)

Running: 01/11/2008 to 31/10/2010
Safer Internet Programme funding: 540.000 €

The goal of this project is to establish and run a thematic network within the European Law Enforcement community in order to facilitate the exchange of information and best practice between countries in Europe, and thereby increase the effectiveness of international police cooperation. 14 partners from 13 different countries, as well as Interpol and Europol, took part in the first phase of this project (ongoing activity, but not funded any more under the Safer Internet programme).

b)   i-Dash (The Investigator's Dashboard)

Running: 01/07/2008 to 30/06/2010
Safer Internet Programme funding: 800.000 €

This project's outcomes are the development of an operational system capable of handling thousands of hours of videos potentially containing child sexual abuse images. Furthermore, it established a technology allowing for multi-nation exchange of information on known child sexual abuse video. The tools are now being promoted for the take-up by police bodies.

c)   FIVES (Forensic Image and Video Examination Support)

Running: 01/02/2009 to 31/01/2011
Safer Internet Programme funding: 550.000

Police investigations of child sexual abuse cases often face the problem of handling large amounts of data in seized equipment.

The objective of the FIVES project is to develop novel investigative tools specifically tailored for investigations involving images and videos of child sexual abuse. 6 partners from 5 different European countries worked on this project which is currently in the final review process.

d)   *INTERPOL*

Running: 01/09/2009 to 31/08/2012
Safer Internet Programme funding: €500.000

The main objective of the International Child Sexual Exploitation image database (ICSE DB) is to increase the number of victims identified and rescued from abuse. The current project aims at connecting 30 more countries to the database and at training law enforcement investigators for using it. INTERPOL member states connected to the system are expected to feed detected child sexual abuse images into the database together with information on victims already identified. The database uses sophisticated image comparison software to make connections between victims and places. More information on the victims, crime scenes and perpetrators will increase the chances to identify and rescue the child victims and to get hold of the perpetrators. The intelligence stored in the database will also help to avoid parallel investigations and investigations on already identified victims.

3.   **Setting up a knowledge base on young people's use of new technologies**

a)   *EU KIDS Online II (Enhancing knowledge regarding European children's use, risk and safety online)*

Running 01/07/2009 to 30/06/2011
Safer Internet Project funding: 2.5 million €

EU KIDS Online II is the first study including most of the Member States, conducted on both parents and children in order find out more about their attitudes and actions towards online safety. 25 different European countries will work together on this project, coordinated by a management group from 5 countries. The project builds on the earlier work of EU Kids Online I, which compared available research across 21 countries.

b) *POG (Understanding the process of online grooming: the behaviors of men who target young people online)*

Running 01/06/2009 to 30/11/2011
Safer Internet Project funding: 420.000 €

POG is the first European research project to study the characteristics and behaviour of sexual offenders who have used the internet to groom young people. Researchers will conduct a scoping study that will review online groomers' case files, provide a report of the research and policy literature from each partner country, and interview strategic stakeholders concerned with the management and prevention of online grooming. The main phase of the research will involve in-depth interviews with online groomers in the UK, Italy, Belgium and Norway. 6 partners from 4 different European countries are working together on this project.

4. Involving civil society

a) *The European NGO Alliance for Child Safety Online (ENACSO I and II)*

Running: 01/09/2008 to 31/08/2010 and 01/08/2010 to 31/08/2012
Safer Internet Programme funding: 300.000 € and 399.955 €

The European NGO Alliance for Child Safety Online (ENACSO) consists of children's rights NGOs leading efforts on child internet safety from across the EU.

It forges joint strategies for change, and promote its recommendations to national, European and international decision-makers and other relevant stakeholders, including in relation to the way the governance of the internet develops into the future.

5. Filtering and content labeling

a) SIP-Bench study

A new benchmarking study of filtering software and services is running in the period 2010-2012. Every 6 months a ranking list will be produced to help European parents to choose the parental control tool that best fits their needs. First results will be available in October 2010.

The first SIP-Bench study was carried out over the period 2006-2008 through an annual benchmarking exercise of approximately 30 parental control products or services. Its results show that overall tools have improved over the last three years and have become easier to install.

II. Safer Internet Forum

The Safer Internet Forum has been organized by the Safer Internet Programme as an annual conference on safer internet issues since 2004. It brings together representatives of industry, law enforcement authorities, child welfare organizations and policy makers.

Each year the Safer Internet Forum has different main topics that, over the years, ranged from child safety and mobile phones, to blocking access to illegal images, age verification, and social networking and children.

The 2010 edition of the Safer Internet Forum took place on 21-22 October, in Luxembourg. It focused on the results of two major research projects funded by the Safer Internet Programme: *EUKidsOnline II,* which surveyed children and parents in 25 European countries about internet use, and *European Online Grooming Project,* the first European research project that studies the characteristics and behaviour of sexual offenders who have used the internet to groom young people.

III. Safer Internet Day

Safer Internet Day, organised by Insafe, has been celebrated since 2004 in more than 70 countries. Held every second Tuesday in February, it is part of a global drive to empower young people and to rally a wide range of internet safety stakeholders to the cause.

The Safer Internet Programme supports the local initiatives and organizes a central event to increase the visibility of Safer Internet Day.

The 2011 edition of Safer Internet Day took place on 8 February, promoted the slogan „Internet is more than a game, it's your life!" which aimed at making children and teenagers realize that actions in the virtual world can have an impact in their real lives and that although one's real identity is hidden behind an avatar or a nickname, one should match their online and offline behaviour. At the same time, this theme intended to raise awareness among children, teachers and parents about the challenges related to their privacy, reputation and health, that youngsters may come across online and present them with solutions to cope with these challenges.

IV. Self-regulation

The Internet and mobile technologies are areas that develop at a very fast pace. Therefore, the Commission has always been a supporter of industry self-regulation, which enables the latter to create a system by which they can respond rapidly to new developments in the field.

Two self-regulation initiatives have been taken by the industry at European level with the support of the European Commission.

European Framework for Safer Mobile use by Young Teenagers and Children

In February 2007, leading mobile operators and content providers signed a *European Framework for Safer Mobile use by younger teenagers and children*. The Framework describes principles and measures that the signatories committed to implementing on the national level throughout Europe.

In March 2008, April 2009 and June 2010 GSM Europe published implementation reports which show that most European countries adopted national codes of conduct in order to ensure safer mobile use by young people. These apply 90% of the European code. However, there are still areas in which the mobile operators have to improve their efforts for protecting children.

Safer Social Networking Principles for the EU

In February 2009, during the Safer Internet Day in Luxembourg, major social networks active in Europe signed the *Safer Social Networking Principles for the EU*, a self-regulatory document regarding the online safety of under 18s. The signatories to the Principles have provided the Commission with self-declarations on how they implement this agreement in their safety policies. These declarations are publicly available online. In February 2010, the Commission published the results of an independent assessment of the implementation of this agreement. These are available online. The European Commission is currently carrying out a further assessment on the progress achieved in the meantime.

Further information on the Safer Internet Programme, as well as contact details of the running projects can be found online at <http://ec.europa.eu/saferinternet>.

INSAFE   <www.saferinternet.org>
INHOPE   <www.inhope.org/>

Übersicht über die Präventionsprogramme der Schweiz

Ronja Tschümperlin

Inhalt

I. Ausgangslage 199
II. Voraussetzung für wirksame Prävention 200
III. Präventionsangebot in der Schweiz 201
    1. Medienspezifische Schutzmassnahmen 202
    2. Medienspezifische Selbstregulierungsmassnahmen der Branchenverbände 202
    3. Information und Sensibilisierung 202
    4. Bildungsangebot zum Thema Medienkompetenz......................................203
IV. Von Lücken und Gemeinsamkeiten im Schweizerischen Präventionsangebot......204
Links zu den erwähnten Angeboten 206

I. Ausgangslage

Kinder und Jugendliche wachsen in einer von Medien geprägten Welt auf. Die neuen Medien sind aber nicht nur allgegenwärtig; sie haben Alltag, Schule und Freizeitverhalten von Kindern und Jugendlichen auch nachhaltig beeinflusst. Heranwachsende verbringen ihre Freizeit in und mit den neuen Medien, sie kommunizieren mit ihnen, sie lernen mit ihnen und sie orientieren sich an ihnen. Der Einfluss der neuen Medien auf Kinder und Jugendliche ist so ausgeprägt, dass sie neben Familie, Schule und Peer-Groups als weitere Sozialinstanz gesehen werden können.

Auch für die Erwachsenen spielen die neuen Medien eine herausragende Rolle, sei es im Beruf, im öffentlichen Leben, in der Weiterbildung, aber auch in der Erziehung.[1]

Die Berührungspunkte mit den verschiedenen Risiken sind mannigfaltig, was eine Bekämpfung der einzelnen Schauplätze stark eingrenzt und eine Fokussierung verlangt. Die Risikominimierung liegt demnach zwingend in der Förderung von Kompetenzen. Der Schlüssel zur Integration in und zur sicheren und verantwortungsbewussten Teilnahme an der Medien- und Informationsgesellschaft heisst daher Medienkompetenz. Und Medienkompetenz grenzt sich klar ab von vermeintlicher Versiertheit im Umgang mit dem Computer. Für einen medienkompetenten Umgang sind zwei Ebenen kumulativ erforderlich. Es bedarf Wissen um die technischen Hilfsmittel und die Fertigkeit im Umgang mit den neuen Medien sowie einzelnen Anwendungen – also der Umgang mit Hardware und Software – es bedarf aber weiter auch die Fähigkeit einer kompetenten, reflektierten, sinnvollen, selbstbestimmten und verantwortungsbewussten Nutzung der Inhalte – zusammengefasst der Umgang mit Information.

II. Voraussetzung für wirksame Prävention

Um wirksame Präventionsprogramme im Zusammenhang mit den neuen Medien umzusetzen müssen verschiedene Komponenten berücksichtigt werden:

Einerseits werden Kinder und Jugendliche vor schädlichen Einflüssen der medialen Welt geschützt (Jugendmedienschutz), andererseits werden Kinder und Jugendliche im Umgang mit der medialen Welt gefördert (Förderung der Medienkompetenz). Schliesslich ist das erziehungsberechtigte Umfeld der Kinder und Jugendlichen miteinbezogen, begleitet und unterstützt sie wirksam in Schule und Freizeit.

Präventionsangebote im Rahmen der Medienbildung verfolgen einen ganzheitlichen Ansatz und richten sich grundsätzlich an die breite Bevölkerung.

---

[1] In Zusammenarbeit mit <elternet.ch>.

Bedarfsweise werden gewisse Risikogruppen mit spezifischen Angeboten unterstützt. Insbesondere dürfen Kinder und Jugendliche in der Medienbildung und der Förderung der Medienkompetenz keine Benachteiligung aufgrund föderalistischer Strukturen erfahren.

III. Präventionsangebot in der Schweiz

Mit Blick auf die Präventionslandschaft Schweiz im Bereich des Jugendmedienschutzes und der Förderung der Medienkompetenz liegt die Trägerschaft sowohl bei der öffentlichen Hand (Bund, Kantone) als auch bei der privaten Hand (Anbieter und Verbände von jeweiligen Wirtschaftsbranchen, NPO, Stiftungen, Vereine). Aus aktueller Perspektive ist keine genaue Aufteilung oder Interventions-Hierarchie festzustellen, ausser dass übergeordnet auch hier die Regelung gilt, dass die Bildungskompetenz in kantonales Hoheitsgebiet gehört.

Das aktuelle schweizerische Präventionsangebot lässt sich in vier Hauptpfeiler aufteilen:

- Medienspezifische Schutzmassnahmen;

- Medienspezifische Selbstregulierungsmassnahmen der Branchenverbände;

- Information und Sensibilisierung;

- Bildungsangebote zum Thema Medienkompetenz mit Fokus auf verschiedene Zielgruppen (Kinder, Jugendliche, Eltern, Lehrpersonen).

Den einzelnen Pfeilern lassen sich verschiedene Angebote und Massnahmen[2] zuordnen, welche jeweils von unterschiedlichen Trägerschaften der öffentlichen oder privaten Hand kostenlos oder gegen ein Entgelt zur Verfügung gestellt werden. Die meisten Angebote wurden in den letzten fünf Jahren entwickelt und werden so nötig den aktuellen Herausforderungen angepasst.

---

[2] Die nachfolgende Aufstellung ist nicht abschliessend zu verstehen.

1. Medienspezifische Schutzmassnahmen

Darunter sind insbesondere Angebote und Massnahmen zu verstehen, welche den direkten Zugang zu gewissen Inhalten im Internet beschränken.

- Provider-seitig verschiedene technische Angebote für erhöhte Sicherheit
- Sperrung von Seiten mit kinderpornografischem Inhalt (freiwillige Massnahme der Provider in vertraglicher Zusammenarbeit mit dem Bundesamt für Polizei)
- Filter- und Schutzprogramme aus dem Handel

2. Medienspezifische Selbstregulierungsmassnahmen der Branchenverbände

Die Unternehmen verschiedener Branchen schliessen sich national oder gar überregional zusammen und erarbeiten sog. Brancheninitiativen oder Verhaltenskodizes, um die einzelnen Marktteilnehmer innerhalb einer Branche zur Respektierung des Jugendschutzes zu motivieren.

- Code of Conduct der SIEA (**S**wiss **I**nteractive **E**ntertainment **A**ssociation), Anwendung der Altersklassifizierung PEGI (**P**an **E**uropean **G**ame **I**nformation)
- Movie Guide des Schweizerischen Video Verbandes SVV, Verhaltenskodex, welcher u.a. die Durchführung von Alterskontrollen vorsieht
- Brancheninitiative asut Schweizerischer Verband der Telekommunikation für verbesserten Jugendmedienschutz

3. Information und Sensibilisierung

Dieser Pfeiler deckt das Informationsbedürfnis in Bezug auf das breite Spektrum der Risiken und Gefahren ab und vermittelt je nach Angebot die grundlegendsten Kenntnisse im Umgang mit den neuen Medien.

- Schweizerische Kriminalprävention
- Bundesamt für Kommunikation, Bakom et al.

- Eidgenössischer Datenschutz, Öffentlichkeitsbeauftragter
- Stadtpolizei Zürich, schaugenau
- Kantonspolizei Luzern, fit4chat
- Kantonspolizei Fribourg, wer-bisch
- Microsoft mit Unterstützung verschiedener Akteure der Schweiz
- Swisscom, Jugendmedienschutz
- Stiftung Kinderschutz Schweiz und Action Innocence im Rahmen der Kampagne netcity
- elternet.ch mit einer umfassenden Informationsplattform für Eltern

4. Bildungsangebot zum Thema Medienkompetenz

Bildungsangebote zum Thema Medienkompetenz, welche sich an verschiedene Zielgruppen, wie beispielsweise Kinder, Jugendliche, Eltern oder Lehrpersonen richten.

- „kampagne-netcity.org" ein schweizweites Bildungsprojekt zur Prävention der mit dem Internet verbundenen Risiken, basierend auf einem Online-Präventionsspiel, Stiftung Kinderschutz Schweiz und Action Innocence
- Bildungsangebot für Eltern in Planung, Stiftung Kinderschutz Schweiz und elternet.ch
- Bildungsmodule für Schulen, Action Innocence
- Bildungsmodule für Schulen und Eltern, Swisscom
- Bildungsmodule für Schulen und Eltern, Handyprofi

IV. Von Lücken und Gemeinsamkeiten im Schweizerischen Präventionsangebot

Es kann festgehalten werden, dass sich das Präventionsangebot in der Schweiz in den letzten Jahren stark entwickelt hat. Insbesondere finden sich Angebote zu sämtlichen genannten Hauptpfeilern. Vergleicht man allerdings die rasante Entwicklung im Netz wie auch auf dem Soft- und Hardwaremarkt, so sind berechtigterweise Zweifel am aktuell bestehenden Angebot in Bezug auf Aktualität, Entwicklungspotential, Kundenfreundlichkeit, Zugang, Reichweite, Vertiefung der Materie sowie Nachhaltigkeit der Vermittlung des Bildungsstoffes erlaubt.

Wer sich einen Überblick verschaffen will, muss sich die Mühe nehmen, die verstreuten Informationen der verschiedenen Angebote zusammenzusuchen.

Es fällt weiter auf, dass die meisten Informationen aus Kostengründen lediglich online verfügbar sind und ohne genaue Stichworte schwierig aufzufinden sind. Daraus kann geschlossen werden, dass das Bildungsangebot im Bereich Medienkompetenz und Jugendmedienschutz bei weitem nicht ausreichend ist und auch nicht systematisiert vermittelt wird. Insbesondere finden sich nur wenige Informationen, welche Medienkompetenz altersgerecht aufbereiten, d.h. die spezifischen Bedürfnisse von Altersgruppen berücksichtigen. Auch sind nicht alle Sprachregionen in der Schweiz umfassend abgedeckt. Mit dieser Art von Informationsbereitstellung ist es sehr schwierig Erziehungsberechtigte und Eltern zu erreichen und sie in ihrer Aufgabe der Medienbildung zu stärken und wirksam zu unterstützen. So sind Kinder und Jugendliche auch weiterhin im Umgang mit neuen Medien, sei es in der Freizeit oder in der Schule, weitgehend auf sich alleine gestellt.

Nennenswert scheint auch die Tatsache, dass die meisten der aktuellen Präventionsprogramme auf Zahlen von ausländischen Studien beruhen. Die ersten Zahlen aus der Schweiz[3] liegen erst seit kurzem vor. Weiter wurden

---

[3] JAMES-Studie 2010; Jugend, Aktivitäten, Medien – Erhebung Schweiz 2010; <www.psychologie.zhaw.ch/de/psychologie/forschung-und-entwicklung/medienpsychologie/forschungsprojekteaktuell/james/james.html>.

die meisten Präventionsprogramme noch nicht evaluiert und entsprechend ist ihre Wirksamkeit nicht per se nachgewiesen.

Abschliessend sei angemerkt, dass die Säulen der Prävention im Bereich Jugendmedienschutz und Förderung der Medienkompetenz gewachsen sind, aber das Prädikat für ein ausgereiftes, lückenloses, solid finanziertes und gesamtschweizerisches Angebot nicht für sich in Anspruch nehmen können. Ein umfassender Ansatz ist nicht zuletzt auch daher unerlässlich, weil der Umgang mit dem Computer kein Nebenschauplatz mehr ist, sondern medienkompetente Menschen aller Altersstufen eine wichtige Basis für einen sicheren und verantwortungsbewussten Umgang mit Informationen in sämtlichen Bereichen der Gesellschaft garantieren.

Links zu den erwähnten Angeboten

<www.kobik.ch>
<www.filtra.info>
<www.sica.ch>
<www.pegi.info/ch>
<www.pegionline.eu>
<www.svv-video.ch>
<www.asut.ch>
<www.skppsc.ch>
<www.safersurfing.ch>
<www.geschichtenausdeminternet.ch>
<www.netla.ch>
<www.schaugenau.ch>
<www.fit4chat.ch>
<www.wer-bisch.ch>
<www.security4kids.ch>
<www.swisscom.ch/jugendmedienschutz>
<www.kinderschutz.ch>
<www.actioninnocence.ch>
<www.netcity.org>
<www.kampagne-netcity.org>
<www.elternet.ch>
<www.handyprofis.ch>

Die Diskussion um Internetsperren im Kampf gegen Kinderpornographie in Deutschland – Ein Trauerspiel in acht Akten

Marco Gercke

Inhalt

I.	Erster Akt – Der Anstoss der Diskussion 2008	208
II.	Zweiter Akt: Angestrebte gesetzliche Verpflichtung der Zugangsprovider	210
III.	Dritter Akt: Vertragliche Verpflichtung	211
IV.	Vierter Akt: Vom Vertrag zum Gesetz	211
V.	Fünfter Akt: Der Bundespräsident verweigert seine Unterschrift	213
VI.	Sechster Akt: Unterzeichnung durch den Bundespräsident und Inkrafttreten des Gesetzes	213
VII.	Siebter Akt: Suspendierung des Gesetzes	214
VIII.	Achter Akt: Aufhebung des Gesetzes	214
IX.	Ausblick	215

Die Sperrung von Internetseiten zählt derzeit zu den am intensivsten diskutierten technischen Massnahmen zur Bekämpfung illegaler Inhalte.[1] Auch Deutschland hat sich der Diskussion nicht entziehen können. Parallel zu den Verhandlungen über den 2009 vorgestellten Entwurf einer EU-Richtlinie zur Bekämpfung von Kinderpornographie[2], die einen entsprechenden Ansatz enthält, hat in Deutschland eine Diskussion stattgefunden, die erst Anfang 2011 ihren vorläufigen Abschluss gefunden hat. Der Gang der Diskussion kann getrost als Negativbeispiel klassifiziert werden und soll daher im Folgenden überblicksweise dargestellt werden.

I. Erster Akt – Der Anstoss der Diskussion 2008

Eingang in die tagespolitische Diskussion haben Internetsperren nicht erstmals 2008 gefunden. Bereits Ende der 90er-Jahre wurde der Versuch unternommen, entsprechende Massnahmen verwaltungsrechtlich durchzusetzen.[3] 2002 hat die Bezirksregierung Düsseldorf den Versuch unternommen, 80 Provider in Nordrhein-Westfalen zur Sperrung von Internetseiten mit nationalsozialistischen Inhalten zu verpflichten.

Während es sich zu diesem Zeitpunkt um Einzelmassnahmen handelte, gewann die Diskussion 2008 neuen Auftrieb.

---

[1] Vgl. beispielsweise zur Diskussion im Ausland: CLAYTON, Failures in a Hybrid Content Blocking System, in: Privacy Enhancing Technologies, 2006, 79; STOL/KASPERSEN/KERSTENS/LEUKFELDT/LODDER, Filteren van kinderporno op internet, 2008, 46 ff.; Schweden: STOL/KASPERSEN/KERSTENS/LEUKFELDT/LODDER, Filteren van kinderporno op internet, 2008, 59 ff.; EDWARDS/GRIFFITH, Internet Censorship and Mandatory Filtering, NSW Parliamentary Library Research Service, Nov. 2008, 6; Schweiz: SIEBER/NOLDE, Sperrverfügungen im Internet, 2008, 55; SCHWARZENEGGER, Sperrverfügungen gegen Access-Provider, in: ARTER/JOERG, Internet-Recht und Electronic Commerce Law, 250.

[2] Vorschlag einer Richtlinie des Europäischen Parlaments und des Rates zur Bekämpfung des sexuellen Missbrauchs und der sexuellen Ausbeutung von Kindern sowie der Kinderpornographie und zur Aufhebung des Rahmenbeschlusses 2004/68/JHA des Rates, COM (2010) 94; vgl. dazu GERCKE, ZUM 2010, 633 ff.

[3] Vgl. SIEBER, CR 1997, 581; STADLER, MMR 2002, 343; MOOS, CR 2003, 385; Weiterführend: GERCKE, in: GERCKE/BRUNST, Praxishandbuch Internetstrafrecht, 2009, Rn. 31; VG DÜSSELDORF, ITRB 2003, 194.

Der Präsident des Bundeskriminalamts (BKA) forderte Mitte 2008, Zugangsprovider in Deutschland gesetzlich zur Sperrung kinderpornographischer Inhalte zu verpflichten.[4] Hintergrund dieser Forderungen war die Erkenntnis des mit anlassunabhängigen Suchen[5] nach illegalen Inhalten betrauten BKAs, dass die deutschen Strafverfolgungsbehörden faktisch keine Möglichkeiten haben, gegenüber im Ausland ansässigen Providern die Entfernung dort gespeicherter Inhalte durchzusetzen. Bemerkenswert an der Forderung ist insoweit, dass anders als die Sperrfügungen der Bezirksregierung Düsseldorf, die sich auf nationalsozialistische Inhalte bezogen, deren Veröffentlichung in den USA von der verfassungsrechtlich gesicherten Redefreiheit geschützt wurde, der Präsident des BKA die Sperrung von Inhalten forderte, deren Bereitstellung nahezu weltweit strafbar ist. Von Unterschieden bei der Definition von Kinderpornographie (z.B. Alter, Erfassung fiktiven Geschehens, usw.) abgesehen, scheitert die Durchsetzung der Entfernung von Inhalten im Ausland nicht an einer fehlenden Strafbarkeit am Speicherort. Auch das für Rechtshilfeersuchen oft erforderliche Erfordernis doppelter Strafbarkeit ist regelmässig erfüllt. Der Forderung nach technischen Sperrmassnahmen schloss sich die Bundesfamilienministerin an.[6]

---

[4] Vgl. dazu KREMPL, BKA fordert Sperrung kinderpornographischer Webseiten, Heise-Online, Nachricht vom 27.8.2008; GERCKE, ZUM 2009, 525 f.

[5] Vgl. dazu FÖRSTER, Kriminalistik 2007, 621.

[6] FREY, MMR 2009, 221.

II. Zweiter Akt: Angestrebte gesetzliche Verpflichtung der Zugangsprovider

Eine Betrachtung von Sperransätzen im europäischen[7] und nicht-europäischen[8] Ausland führte zur zutreffenden Erkenntnis, dass eine Sperrung sinnvollerweise auf Ebene der Zugangsprovider erfolgen sollte. Jedoch stellte sich die Frage, wie eine entsprechende Verpflichtung der Zugangsprovider erreicht werden kann. Die dazu weltweit praktizierten Ansätze sind unterschiedlich.[9] Sie reichen von freiwilligen Selbstverpflichtungen bis hin zu gesetzlichen Regelungen.[10] Die Bundesfamilienministerin entschied sich zunächst für einen gesetzlichen Ansatz.[11]

---

[7] Vgl. beispielsweise: CLAYTON, Failures in a Hybrid Content Blocking System, in: Privacy Enhancing Technologies, 2006, 79; STOL/KASPERSEN/KERSTENS/LEUKFELDT/LODDER, Filteren van kinderporno op internet, 2008, 46 ff.; Schweden: STOL/KASPERSEN/KERSTENS/LEUKFELDT/LODDER, Filteren van kinderporno op internet, 2008, 59 ff.; EDWARDS/GRIFFITH, Internet Censorship and Mandatory Filtering, NSW Parliamentary Library Research Service, Nov. 2008, 6; Schweiz: SIEBER/NOLDE, Sperrverfügungen im Internet, 2008, 55; SCHWARZENEGGER, Sperrverfügungen gegen Access-Provider, in: ARTER/JOERG, Internet-Recht und Electronic Commerce Law, 250.

[8] Vgl. beispielsweise: China: CLAYTON/MURDOCH/WATSON, Ignoring the Great Firewall of China, abrufbar unter: http://www.cl.cam.ac.uk/~rnc1/ignoring.pdf; PFITZMANN/KOEPSELL/KRIEGELSTEIN, Sperrverfügungen gegen Access-Provider, Technisches Gutachten, abrufbar unter: <http://www.eco.de/dokumente/20080428_technisches_Gutachten_Sperrvervuegungen.pdf>.

[9] Die technischen Konzepte, die Art und Weise der Verpflichtung sowie die Reichweite der Massnahmen unterscheidet sich dabei deutlich. In Australien wurde zunächst ein freiwilliger Sperransatz verfolgt und erst kürzlich gesetzliche Sperrfristen eingefügt (Vgl. zu den Filteransätzen: Developments in Internet Filtering Technologies and Other Measures for Promoting Online Safety, ACMA, 2008.), da in der Testphase der freiwilligen Sperrung Australiens grösster Zugangsprovider hat mitteilen lassen, dass er sich an der Sperrung nicht beteiligen wird (<http://www.itu.int/osg/blog/2008/12/12/NetFirms RebuffFilteringPlan.aspx>). In Grossbritannien erfolgt die Sperrung freiwillig, wobei sich die die überwiegende Zahl der Provider an der Sperrung beteiligen.

[10] Vgl. dazu ausführlich: CALLANAN/GERCKE/DE MARCO/DRIES-ZIEKENHEINER, Internet Blocking – Balancing Cybercrime Response in Democratic Societies, 2009.

[11] GAUGELE/RÖTTGER, Kinderpornos: Ministerin will Internetseiten sperren, Hamburger Abendblatt, 20.11.2008.

III. Dritter Akt: Vertragliche Verpflichtung

Die Intensität der Diskussion und die parteiübergreifenden Vorbehalte im Bundestag waren wohl der Anlass dafür, dass die Bundesfamilienministerin von einer gesetzlichen Verpflichtung zu einer (freiwilligen) vertraglichen Verpflichtung der Zugangsprovider umschwenkte.[12] Ob die Selbstverpflichtung noch als freiwillig bezeichnet werden kann, erscheint angesichts des enormen Drucks der Befürworter auf die Provider fraglich. Am 17.04.2009 unterzeichneten die fünf grössten Zugangsanbieter in Deutschland einen vom Bundesfamilienministerium ausgearbeiteten Vertrag.[13] Vertragspartner war das BKA. Dabei sah eine bekannt gewordene Entwurfsfassung des Vertrages unter anderem vor, dass das BKA die Sperrliste erstellt und täglich aktualisiert. Die Sperrung sollte auf Basis vollqualifizierter Domainnamen erfolgen. Sanktionen für die Verletzung der vertraglichen Pflicht zu Sperrung waren im bekannt gewordenen Vertragsentwurf nicht vorgesehen.

IV. Vierter Akt: Vom Vertrag zum Gesetz

Obwohl der Vertrag von den fünf grossen Providern unterzeichnet wurde, haben sowohl die Bundesregierung[14] wie auch die Fraktionen von CDU/CSU und SPD[15] Entwürfe zur Begründung einer gesetzlichen Verpflichtung zur Sperrung von Internetseiten mit kinderpornographischen Inhalten vorgelegt. Ebenso wie die ursprüngliche Initiative des Präsidenten des BKA verweisen die Gesetzesbegründungen übereinstimmend darauf, dass die Sperrung der Internetseiten erforderlich sei, da der Grossteil der Inhalte ausserhalb der EU gespeichert wird und dessen Entfernung daher oft nicht gelin-

---

[12] Die Entwurfsfassung des Vertrages ist abrufbar unter: <http://www.ccc.de/press/releases/2009/20090213/20090211-vertragsentwurf-bka-isp.pdf>.

[13] Vgl. HÖHNE, Das Gesetz zur Erschwerung des Zugangs zu kinderpornographischen Inhalten, jurisPR-ITR 13/2009 sowie die Kleine Anfrage der FDP Fraktion, BT-Drs. 16/13245.

[14] BT-Drs. 16/13125; BT-Drs. 16/ 13385.

[15] BT-Drs. 16/12850.

ge.¹⁶ Während zunächst der (unzutreffende) Eindruck erweckt wurde, dies läge an fehlenden gesetzlichen Verboten in den betroffenen Ländern¹⁷, standen später Reibungsverluste bei der internationalen Zusammenarbeit im Vordergrund der Argumentation. Die Argumentation steht zum einen im Widerspruch zum Umstand, dass nach Erkenntnissen der Internet Watch Foundation 41% der URLs mit kinderpornographischen Inhalten in Europa¹⁸ bereitgehalten werden.¹⁹ Darüber hinaus vermittelt die Argumentation den (unzutreffenden) Eindruck, von den Strafverfolgungsbehörden an die Provider weitergeleitete Hinweise auf kinderpornographische Inhalte würden nicht zu einer Entfernung der Inhalte führen. Aus den Statistiken des BKA wird ersichtlich, dass bereits zwei Wochen nach einer Meldung im Schnitt 93% aller beanstandeter Inhalte gelöscht waren.²⁰ Diese Erhebungen entsprechen den Trends, die die Internet Watch Foundation jüngst in Ihrem jährlichen Report veröffentlicht hat.²¹

Gleichwohl hat der Deutsche Bundestag, basierend auf den Beschlussempfehlungen des Ausschusses für Wirtschaft und Technologie²², am 18.06.2009 das Gesetz zur Erschwerung des Zugangs zu kinderpornographischen Inhalten in Kommunikationsnetzen (ZugErschwG) verabschiedet.²³ Ebenso wie im Vertrag vorgesehen, wird das BKA im ZugErschwG ermächtigt, eine für die Provider verbindliche Sperrliste zu erstellen.²⁴ Vor dem Hintergrund der in der Diskussion deutlich hervorgetretenen Bedeutung der Entfernung der Inhalte sieht das Gesetz nur ausdrücklich vor, dass vorrangig eine Entfernung der Inhalte angestrebt wird.²⁵ Gemäss § 2 ZugErschwG sind Provider,

---

[16] BT-Drs. 16/12850, S. 5.
[17] BT-Drs. 16/13347, S. 3.
[18] Unter Einbeziehung Russlands.
[19] IWF, Annual Report 2010, 9.
[20] Vgl. zu den Zahlen: <http://gruen-digital.de>.
[21] Vgl. IWF Annual Report 2010, 7.
[22] BT-Drs. 16/13411.
[23] BGBl. I, 2010, 78, Vgl. zum Abstimmungsergebnis: <http://www.bundestag.de/parlament/plenargeschehen/abstimmung/20090618_kinderpornografie.pdf>.
[24] FREY/ RUDOLPH, CR 2009, 644 ff.; SCHNABEL, JZ 2009, 996 ff.; GERCKE, ZUM 2010, 633 ff.
[25] Vgl. § 1 Abs. 2, S. 1 ZugErschwG.

die eine Inanspruchnahme ihrer Dienste für mindestens 10.000 Teilnehmer ermöglichen, verpflichtet, die in § 2 Abs.2 ZugErschwG konkretisierten Massnahmen zur Erschwerung des Zugriffs auf die Adressen der Sperrliste zu ergreifen und den Nutzern, die auf entsprechende Inhalte zugreifen möchten, auf eine Stoppmeldung umzuleiten (§ 4 ZugErschwG).

V. Fünfter Akt: Der Bundespräsident verweigert seine Unterschrift

Gemäss Art. 82 des Grundgesetzes bedürften Bundesgesetze zum Inkrafttreten der Gegenzeichnung durch den Bundespräsidenten. Dies ist normalerweise ein Routineakt. Im Falle des ZugErschwG hat der Bundespräsident aber zunächst eine Unterzeichnung des Gesetzes abgelehnt und um ergänzende Stellungnahme der Bundesregierung gebeten.[26]

VI. Sechster Akt: Unterzeichnung durch den Bundespräsident und Inkrafttreten des Gesetzes

Ebenso überraschend wie die Verweigerung der Unterschrift entschied sich der Bundespräsident fast acht Monate nach dem Beschluss des Bundestages am 17.02.2010, das Gesetz nunmehr doch zu unterzeichnen. Er begründete die Aufgabe von Zweifeln damit, dass nunmehr „auf der Grundlage des Zugangserschwerungsgesetzes Kinderpornographie im Internet effektiv und nachhaltig bekämpft" werde.[27] Das Gesetz wurde am 22.02.2010 im Bundesgesetzblatt verkündet[28] und ist am 23.02.2010 in Kraft getreten.[29]

---

[26] Vgl. Antwort der Bundesregierung auf die Kleine Anfrage der Abgeordneten Wunderlich, Sitte, Alpers und weitere Abgeordnete der Fraktion DIE LINKE, BT-Drs. 17/313, S. 2.

[27] Vgl. Pressemitteilung des Bundespräsidialamtes vom 17.02.2010.

[28] BGBl. 2010 I 78.

[29] Vgl. zum Gesetz SCHNABEL, JZ 2009, 996 ff.; FREY/RUDOLPH, CR 2009, 644 ff.; GERCKE, in: GERCKE/BRUNST, Praxishandbuch Internetstrafrecht, 2009, Rn. 61b.

VII. Siebter Akt: Suspendierung des Gesetzes

Der Gesetzgebungsprozess zog sich zum Zeitpunkt der Entscheidung des Bundespräsidenten bereits eineinhalb Jahre hin. Zwischen dem Beginn des Prüfungsprozesses des Bundespräsidenten und der Unterzeichnung fand am 27. September 2009 eine Bundestagswahl statt, die zu einem Regierungswechsel geführt hat. Die bis dahin regierende „grosse" Koalition der beiden Volksparteien CDU/CSU und SPD wurde durch eine Regierungskoalition aus CDU/CSU und FDP abgelöst. Die neue Justizministerin, die von der FDP gestellt wird, hatte sich bereits im Wahlkampf für einen Richtungswechsel im Hinblick auf Internetsperren eingesetzt. Im Rahmen der Regierungsumbildung und Koalitionsverhandlungen[30] hatte sich die Bundesregierung entschieden, keine Internetsperren zu implementieren. Von der Entscheidung des Bundespräsidenten zum Handeln gezwungen wies das Bundesinnenministerium mit Schreiben vom 17.02.2010 das für die Sperrung zuständige BKA an, von der Möglichkeit der Sperrung von Internetseiten vorerst nicht Gebrauch zu machen. Trotz des Inkrafttretens des Gesetzes erfolgt in Deutschland mithin keine Sperrung von kinderpornographischen Inhalten.

VIII. Achter Akt: Aufhebung des Gesetzes

Nach der berechtigten Diskussion um die Zulässigkeit einer faktischen Suspendierung eines Bundesgesetzes durch Anweisung des Innenministeriums hat sich die Bundesregierung Mitte April 2011 entschieden, ein Gesetz in den Bundestag einzubringen, mit dem das ZugErschwG aufgehoben wird.[31]

---

[30] Vgl. zu den Bezügen zum Koalitionsvertrags die Kleine Anfrage der Abgeordneten Wunderlich, Sitte, Alpers und weitere Abgeordnete der Fraktion DIE LINKE, BT-Drs. 17/313, S. 2.

[31] Vgl. dazu die Pressemitteilung der FDP Bundestagsfraktion: <http://www.fdp-fraktion.de/Kabinett-beschliesst-Loeschen-statt-Sperren/2174c2619i1p6/index.html>.

IX. Ausblick

Bei der Bekämpfung der Kinderpornographie im Internet sprechen gewichtige Gründe gegen die in der Diskussion in Deutschland bis Ende 2010 vorherrschende Fokussierung auf Internetsperren. Die Entfernung der Inhalte ist vorzugswürdig, da gesperrte Inhalte weiterhin verfügbar sind[32], derzeit praktizierte Sperransätze leicht umgangen werden und darüber hinaus die Gefahr besteht, dass Sperrlisten an die Öffentlichkeit gelangen.[33] Berücksichtigt man ferner, dass selbst die Statistiken des BKA Erfolge bei der zeitnahen Entfernung von kinderpornographischen Inhalten verdeutlichen, so verdient die Entscheidung der Bundesregierung Zustimmung. Hätte nicht unausgereifter Aktionismus, sondern ein offener Diskurs das Handeln der politischen Hauptakteure bestimmt, hätte sich das Trauerspiel in acht Akten vermeiden lassen. Von einem „happy end" zu sprechen, ist allerdings verfrüht. Zwar hat sich der Ausschuss für bürgerliche Freiheiten, Justiz und Inneres des EU-Parlaments im Februar dafür ausgesprochen, im Entwurf der EU-Richtlinie zur Bekämpfung von Kinderpornographie statt einer verpflichtenden Sperrung von Internetseiten auf eine Entfernung der Inhalte zu setzen – doch noch ist keine abschliessende Entscheidung über den Wortlaut der Richtlinie gefallen. Sofern sie mit einer Verpflichtung zur Sperrung verabschiedet wird, könnte auf diesem Wege trotz divergierendem nationalen politischen Konsens im Rahmen der Umsetzung der Richtlinie doch Sperrpflichten in Deutschland gesetzlich verankert werden.

---

[32] SÜME, im Rahmen des Öffentlichen Expertengesprächs des Unterausschusses Neue Medien vom 12.2.2009, 12 ff.
[33] CALLANAN/GERCKE/DE MARCO/DRIES-ZIEKENHEINER, Internet Blocking – Balancing Cybercrime Response in Democratic Societies, 2009, 11.

Cyberbullying in Schulen am Beispiel der Stadt Zürich

Roland Zurkirchen

Inhalt

I. Einleitung 217
II. Kontext der Stadt Zürich 218
   1. Die Schulgemeinde der Stadt Zürich 219
   2. Die Fachstelle für Gewaltprävention im Schul- und Sportdepartement der Stadt Zürich 220
III. Mobbing/Cyberbullying in der Schule 220
   1. Reale Mobbingvorfälle 221
   2. Arten von Mobbing in Schulen 222
   3. Begriff und Vorkommen des Cyberbullyings 223
   4. Medienkompetenz unserer Schülerinnen und Schüler 224
IV. Bearbeitungsmöglichkeiten in der Schule 225
   1. Interventionen 225
   2. Prävention 226
V. Fazit 227

I. Einleitung

Cyberbullying an Schulen ist ein relativ junges Thema. Bis anhin sprachen wir im schulischen Kontext vor allem von Mobbing. Der Cyberbereich holt uns jedoch in der Schule immer mehr ein. Dass die Schülerinnen und Schüler uns in diesem Segment oftmals überlegen sind und einiges mehr an Medienkompetenz an den Tag legen als gewisse Lehrpersonen, verunsichert die Schule zusätzlich.

Dennoch müssen wir uns dieser Thematik annehmen. Die Schule muss sich auch für diese Art von Kompetenzen einrichten. Fachpersonen sprechen von einer neuen vierten Kulturkompetenz. In den ersten drei (Lesen, Schreiben,

Rechnen) ist die Schule stark. Also sorgen wir dafür, dass wir es auch in der vierten neuen Kompetenz werden.

Im Rahmen dieses Vortrages versuche ich eine Annäherung an das Thema Cyberbullying, wobei ich den Fokus auf die Praxis lege. Die Niederschrift dieses Referates hat somit keinen wissenschaftlichen Anspruch, sondern berichtet aus der Praxis für die Praxis und hofft, dem Leser somit einige Anregungen und Gedankenanstösse vermitteln zu können.

II. Kontext der Stadt Zürich

Um das Thema gut darstellen zu können, ist es grundsätzlich wichtig, die genaue Eingliederung der Arbeit im Praxisfeld zu verstehen. Aus diesem Grunde wird in diesem Kapitel die Schulgemeinde der Stadt Zürich sowie die Arbeit der Fachstelle für Gewaltprävention genauer vorgestellt. Die Fachstelle für Gewaltprävention ist in der Stadt Zürich nicht die einzige Akteurin, die sich diesem Themenbereich widmet. Aufgrund ihrer Schulnähe und der in der Folge genauer dargelegten Fälle hat sich die Fachstelle ein breites Erfahrungswissen angeeignet, auf welchem die Ausführungen beruhen.

1. Die Schulgemeinde der Stadt Zürich

Die Schulgemeinde der Stadt Zürich ist aufgeteilt in sieben Schulkreise mit je einem Schulkreispräsidenten oder einer Schulkreispräsidentin. Dazu gehören sieben mal 25 vom Volk gewählte Behördenmitglieder und zur Unterstützung sieben professionelle Administrationen.

Die offizielle Rekursinstanz ist jedoch nicht, wie vielfach fälschlicherweise angenommen, der Stadtrat der Stadt Zürich, sondern direkt die Behörde des Kantons. Dennoch steht ein Stadtrat der Stadt Zürich der wöchentlich durchgeführten Schulpräsidenten-Konferenz vor und leitet somit die Geschäfte der Schule mit.

Es gibt in der Stadt Zürich 106 Schuleinheiten. Eine Schuleinheit kann aus verschiedenen Standorten und verschiedenen Schulhäuser bestehen. Sie sind von sehr unterschiedlicher Grösse, wobei die Grössten im Bereich von 300 Schülerinnen und Schüler liegen. Die ganze Schulgemeinde umfasst ungefähr 26'000 Schülerinnen und Schüler und beschäftigt ca. 5'000 Mitarbeitende (Lehrpersonal, Hauswarte, Betreuungspersonal).

2. Die Fachstelle für Gewaltprävention im Schul- und Sportdepartement der Stadt Zürich

Die Fachstelle für Gewaltprävention ist eine interdisziplinäre Fachstelle für die Volksschule der Stadt Zürich. Sie vereint die Disziplinen der Pädagogik, der Sozialarbeit, der Psychologie und der Administration. Total arbeiten acht Mitarbeitende gemeinsam unter einem Dach.

Die Stadt Zürich setzt seit dem August 2001 auf diese Art der Arbeit. Den Anfang machte dabei der Troubleshooter für Krisen im Schulbereich, dessen Tätigkeit vom heutigen Fachstellenleiter ausgeübt wurde. Aufgrund neuer Aufgabenbereiche und dem Erfolg dieser Arbeit entwickelte sich die Funktion des Troubleshooters in eine Fachstelle, welche heute die Bereiche der Intervention, der Prävention und der Projektarbeit im Themenbereich Gewalt abdeckt.

Die Fachstelle ist sehr gut mit weiteren Stellen wie Polizei, Soziales oder anderen gesamtstädtischen Fachstellen vernetzt und arbeitet somit sehr intensiv im gesamtstädtischen Umfeld mit. Sie besitzt einen Auftrag für sämtliche sieben Schulkreise und ist direkt dem Vorsteher des Schul- und Sportdepartements unterstellt.

III. Mobbing/Cyberbullying in der Schule

Wenn wir über Cyberbullying sprechen, müssen wir unweigerlich zuerst über Mobbing sprechen. Es hat sich in der Praxis gezeigt, dass Mobbing von Schülerinnen und Schülern, die einen Zugang zum Internet besitzen (in der Oberstufe bereits 98% aller Schüler), auch in den Cyberbereich weitergetragen wird. Somit wird die Cyberwelt zur einer realen Welt und funktioniert auch nach realen Gesetzmässigkeiten.

1. Reale Mobbingvorfälle

Die Fachstelle für Gewaltprävention unterstützt Lehrpersonen und Schulklassen in schwierigen Schulsituationen. Dazu können die Verantwortlichen über unser *Intake* an ein Mitglied des Interventionsteams gelangen. Das Team besteht aus drei Mitarbeitenden, die mit Hilfe von Klasseninterventionen, Coaching oder auch Beratungen auftretende Probleme in den Schulen bearbeiten.

Seit Beginn dieser Arbeit im Jahr 2001 haben sich über 1300 Fälle angehäuft. Untenstehend ersehen Sie die Statistik ab dem Schuljahr 2006/2007. Daraus lässt sich ablesen, dass sich die Anzahl der Fälle im Bereich von ungefähr 150 Fällen pro Jahr eingependelt hat.

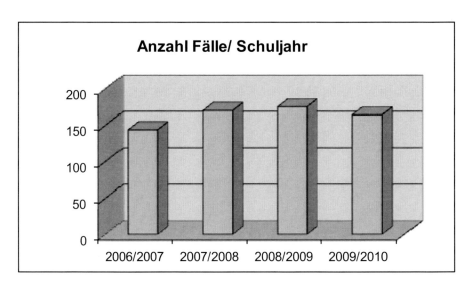

Die zweite Grafik legt die Art der Fälle im gleichen Zeitraum dar. Es zeigt sich, dass der Bereich „Mobbing/Plagen" klar an der Spitze liegt, zumal der Bereich „Schwierige Klassenführungen" in der Regel ein Multiproblembereich ist, in welchem meistens auf irgendeine Art Mobbing oder das Verwandte Bullying vorkommt.

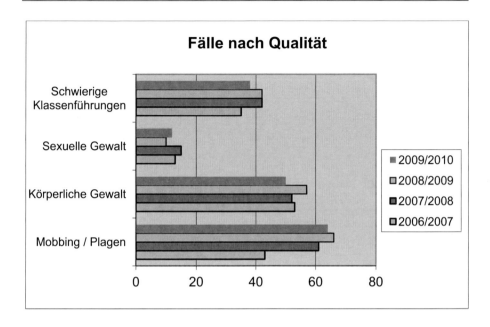

Somit können wir festhalten, dass die meisten Interventionsfälle eine Mobbingart beinhalten, wobei wir verschiedene Arten von Mobbing kennen, welche im nächsten Kapitel nochmals genauer besprochen werden. Aufgrund unserer Erfahrung wissen wir, dass die meisten Mobbingfälle lösbar sind, das heisst, wenn sie erkennt werden, wir auch Mittel und Wege finden, sie zu beseitigen.

2. Arten von Mobbing in Schulen

Im Bereich von Mobbing an der Schule kennen wir vier verschiedene Arten, wobei alle vier Arten bei den Opfern ein Trauma hinterlassen können und somit qualitativ keine Unterschiede mit sich bringen.

Die erste Art ist das Mobbing innerhalb von Klassen. Das heisst die Klasse oder einige Schülerinnen oder Schüler aus dieser Klasse treffen eine Vereinbarung ein gewähltes Opfer über längere Zeit zu plagen und zu mobben. Meistens liegt hier irgendein Konflikt in der Vergangenheit vor oder das Opfer besitzt irgendeine Eigenschaft, welches es in einen speziellen Fokus rückt. Die Arten wie gemobbt wird, können sehr kreativ sein. Das geht von Nichtbeachten und „Hinter dem Rücken schlecht reden" bis zu eigentlichen physischen Plageattacken. Wichtig ist hier, dass das Mobbing als eine Art Geheimspiel funktioniert, welches vor der Erwachsenenwelt versteckt werden muss. Ein Aufdecken kann somit schon der erste Teil der Bearbeitung sein.

Die zweite Art von Mobbing ist das Mobbing gegenüber Lehrpersonen, das ein grosses Tabuthema ist. Schlagzeilen wie „Die Horrorklasse vom Schulhaus X" oder ähnlich gelangen immer wieder in den Fokus unserer Gesellschaft. Dabei geht es meistens um Klassen, die einen Lehrer nach dem anderen „verheizen". Die Klasse wird von Mal zu Mal stärker und nimmt sich regelrecht vor, den nächsten Lehrer oder auch den Aushilfelehrer so zu plagen, dass er von selber geht. Ein Phänomen, welches schon länger existiert, von den Verantwortlichen jedoch oftmals nicht angesprochen wird.

Um nochmals ein weiteres Tabuthema anzusprechen, gehen wir zur dritten Art von Mobbing: das Mobbing von Lehrpersonen gegenüber Schülerinnen und Schülern. Auch diese Art kommt in der Schule vor. Dabei nutzen die Lehrpersonen oftmals ihre strukturelle Macht um ungeliebte oder von ihnen als mühsam empfundene Schülerinnen oder Schüler zu plagen. Ab- oder Aufstufung, Nichtpromovieren oder ähnliches wird dabei zum Mobbinginstrument.

Zu guter Letzt kommen wir zur vierten Art: das Mobbing im Schulhausteam unter Lehrpersonen. Das ist eigentlich die älteste bekannte Art des Mobbings, da das Thema Mobbing primär aus der Arbeitswelt bekannt wurde. Je mehr Schulhausteams zusammenarbeiten müssen, desto mehr spielen die Beziehungen und das soziale Klima im Team eine entscheidende Rolle. Auch hier kann es zu Mobbingfällen kommen, es gibt sogar schon Fälle von Stalking, welche eine anverwandte Art des Mobbings ist.

3. Begriff und Vorkommen des Cyberbullyings

Grundsätzlich bezeichnen wir jedes Mobbing oder auch jedes Bullying, welches mit Hilfe von neuen Medien (Internet, Social-Networks, Handys) durchgeführt wird, als Cyberbullying. Wir unterscheiden also im Cyberbereich nicht, ob es ein Mobbing oder ein Bullying ist, sondern verwenden hier die in der Schweiz gebräuchliche Bezeichnung. Das Netz ist für unsere

Schülerinnen und Schüler ein reales Kommunikationsmittel. Somit ist auch das Mobbing im Netz real und nicht virtuell.

Und nochmals: Die meisten Mobber oder Mobberinnen, die Zugang zur Cyberwelt haben, benützen diese um ihre Mobbingattacken weiterzuführen. Hier einige Beispiele:

- Beleidigungen und Drohungen an der Facebook-Pinnwand
- Erstellen eines gefälschten Facebook-Profils
- Versteckte Handyfilmaufnahmen, welche auf YouTube geladen werden
- Anti-Lehrer-Homepages

4. Medienkompetenz unserer Schülerinnen und Schüler

Die Schülerinnen und Schüler unserer Volksschule sind eindeutig der Kategorie „Digital-Native" das heisst den nach 1980 Geborenen zuzuordnen. Sie gehören damit zur sog. Net- oder Cybergeneration.

Somit kann es vorkommen, dass die Schülerinnen und Schüler viel mehr Medienkompetenz als die Klassenlehrperson besitzen. Sie bedienen die Geräte viel intuitiver, was den modernen Betriebssystemen entgegenkommt. Allerdings unterliegen sie einer anderen Einstellung zu Daten. Hier bemerken wir in zahlreichen Gesprächen immer wieder, dass diese Generation die persönlichen Daten viel freizügiger zu Verfügung stellt als Frühere.

Allerdings gibt es immer wieder auch Annahmen und Mythen, welche zu gewissen Irritationen führen können. Auf die Frage, wie lange ein Bild im Internet verbleibt, hören wir oftmals die Antwort: „Bis ich es wieder lösche". Dass aber in der Zwischenzeit zahlreiche Kopien oder Duplikate angefertigt werden können, wird selten beachtet. Diese Erkenntnis wächst erst mit zunehmendem Alter und kann ein wichtiger Faktor in einem gezielten Medienkompetenztraining sein.

IV. Bearbeitungsmöglichkeiten in der Schule

Wenn in einer Schule Handlungsbedarf im Bereich Cyberbullying entsteht, können wir auf zwei Arten reagieren. Entweder wir bearbeiten den Fall mit Hilfe einer Intervention oder wir gestalten mit dem Schulhaus oder der Klasse ein präventives Setting und gehen dabei vorbeugend auf den Fall zu.

Entscheidend dafür, welche Variante gewählt wird, ist eigentlich das Vorkommnis, welches die Fachstelle in den Fall integriert. Besteht ein akuter Fall, kann nur mit Hilfe der Intervention agiert werden.

In der Regel wird bei uns ein Fall über das *Intake* aufgenommen. Dabei findet bereits ein erstes Analysegespräch statt und je nach Bedarf erfolgt eine Überweisung an den verantwortlichen Mitarbeiter.

1. Interventionen

Wir haben die Erfahrung gemacht, dass Interventionen bei Cyberbullying immer in der realen Welt zu erfolgen haben. Der Versuch, auf Pinnwänden oder in Chatrooms einem aktiven Mobbing entgegenzutreten, ist äusserst schwierig und hat bei uns zu keinem Erfolg geführt. So gesehen, reagieren wir bei einem Cyberbullyingfall genau gleich wie bei einem normalen Mobbingfall. Der Unterschied zeigt sich nur in der Art und Weise wie das Mobbing ausgeführt wurde und ist somit für die Bearbeitung in der Klasse ein Faktum.

Grundsätzlich arbeiten wir im Bereich der Interventionen immer nach der Regel:

1. Analyse
2. Zielvereinbarung
3. Methoden- oder Werkzeugwahl
4. Evaluation der Intervention

Unsere Haltung zeigt, dass wir nicht einfach standardmässig eine Intervention durchführen können, sondern dass wir verpflichtet sind, jeden einzelnen Fall neu zu überdenken und eine neue Lösung nur für diesen Fall zu entwickeln. Nur wenn es uns gelingt, auf diese Art die beste und dennoch einfachste Lösung zu entwickeln, gelingt es uns, das Mobbing gut zu bearbeiten.

Die Frage der strafrechtlichen Anzeige stellt sich je nach Art und Weise der Mobbingattacken. Bei klaren Beleidigungen oder gar Drohungen empfehlen wir, eine Anzeige bei der Polizei zu erstatten. Dabei gilt der Grundsatz: Der Cyberbereich ist ein realer und somit kein strafffreier Raum.

2. Prävention

Neue Medien sind für unsere Schülerinnen und Schüler zu einem wichtigen Sozialisationsfaktor geworden. So wird die Möglichkeit der Identitätsfindung mit Informationen aus dem Netz angereichert, es wird sich mit Freundinnen und Freunden ausgetauscht und wenn ich eine gezielte Frage habe, diskutiere ich dies in einem dafür geeigneten Forum.

Der Umgang mit dieser Art und Weise ist Realität und bedingt, dass wir auf der einen Seite auch über mögliche Schwierigkeiten, die im Netz auftauchen können, informieren und auf der anderen Seite unseren Kindern und Jugendlichen dabei helfen, sich die Kompetenzen anzueignen, die sie im Umgang mit den neuen Medien benötigen. Dabei meine ich nicht nur Bedienungskompetenzen, sondern vor allem die Kompetenz im Einschätzen der Informationen und der Angebote, die im Netz dargelegt werden.

Somit ergibt sich für die Prävention ein Handlungsbedarf. Es ist jedoch unbedingt zu beachten, dass die Prävention auch in der realen Welt ihre Wirkung entfaltet. Nochmals, für unsere Kinder ist das Netz real und nicht in einer diffusen Wolke, wie dies von einigen, vor allem älteren Erwachsenen dargestellt wird.

Es benötigt für die Prävention zusätzlich eine Art Trendscouting, um neue Entwicklungen frühzeitig zu erkennen und die Präventionsarbeit darauf abzustützen. Hier gibt es meiner Meinung nach für die Prävention die grösste Herausforderung. Schulterschlüsse mit der Wirtschaft und somit der technischen Entwicklung müssen in Zukunft geschlossen werden, ansonsten wird die Prävention immer wieder von neuen Herausforderungen in Frage gestellt.

Auch hier gilt genau gleich wie im Bereich der Intervention: eine gute Prävention stützt sich auf eine klare Analyse. Nur wenn klar und bewusst ist, wieso ich eine Massnahme in die Wege leite und somit auch die Zielgruppe und die Methode geklärt ist, wird meine Präventionsmassnahme eine Wirkung erzielen. Ansonsten können die Bemühungen ziemlich schnell verpuffen.

Hier einige Beispiele oder Möglichkeiten:

- Sozialkompetenztraining, z.B. PFADE
- Medienkompetenztrainings, z.B. Mit dem Hilfsmittel Medienkompass
- Ressourcenorientierte Projekte und Angebote, z.B. Handyfilm erstellen
- Projekte und Angebote der Suchtprävention
- Aufklärungs- bzw. Sensibilisierungskampagnen in der Öffentlichkeit, z.B. Kampagne Schaugenau!

V. Fazit

Als Fazit in der Thematik des Cyberbullyings sind somit folgende Aspekte festzuhalten:

- Die Schule stellt ihren Schülerinnen und Schülern die neuen Medien zu Verfügung und trägt aus diesem Grund eine Verantwortung.
- Cyberbullying ist eine kreative Weiterentwicklung von Mobbing oder Bullying in der realen Welt.
- Die Bearbeitung von Cyberbullying im Interventions- sowie im Präventionsbereich muss in der realen Welt erfolgen. Dabei helfen die bekannten Anti-Mobbing- und Anti-Bullying-Werkzeuge.
- Intervention und Prävention muss immer aufgrund einer klaren Analyse erfolgen.
- Die Cyberwelt ist für unsere Schülerinnen und Schüler eine reale Welt und somit direkte Wirklichkeit.

Die Arbeit in diesem Bereich ist eine junge Disziplin, welche stets neuen Entwicklungen unterliegt. Umso mehr benötigt sie unsere ganze Aufmerksamkeit.

Publikationsliste
letzte erschienene Bände bei Schulthess Juristische Medien AG, Zürich

Stand Januar 2012

Band 108 **Visionen Europas in Zeiten der Wirtschaftskrise**
Referate zu Fragen der Zukunft Europas 2009
ANDREAS KELLERHALS (Hrsg.), mit Beiträgen von Luigi Luca Cavalli-Sforza, Marco Färber, Sandra Fredman, Rita Fuhrer, Jean-Daniel Gerber, Wiktor Juschtschenko, Stjepan Mesić, Klaus Tschütscher, Eveline Widmer-Schlumpf, Walter Wittmann, 2010 – CHF 59.–

Band 109 **Kartellrecht und Immaterialgüterrecht**
Ihr Verhältnis und die einseitige Einführung regionaler Erschöpfung im Patentrecht
FELIX SCHRANER, 2010 – CHF 84.–

Band 110 **Korruption in Staat und Wirtschaft**
4. Zürcher Tagung zum Wirtschaftsstrafrecht
JÜRG-BEAT ACKERMANN / WOLFGANG WOHLERS (Hrsg.), mit Beiträgen von Florian P. Baumann, Ursula Cassani, Peter Cosandey, Gunhild Godenzi, Thomas C. Knierim, Andreas D. Länzlinger, Mark Pieth, Reto Zemp, 2010 – CHF 74.–

Band 111 **3. Zürcher Präventionsforum – Videoüberwachung als Prävention?**
CHRISTIAN SCHWARZENEGGER / ROLF NÄGELI (Hrsg.), mit Beiträgen von Manfred Bornewasser, Anton Dörig, Alexandre Flückiger, Peter Keller, Michael Laux, Carmen Lingg, Alois Stutzer, Michael Zehnder, 2010 – CHF 74.–

Band 112 **Sanierung und Insolvenz von Unternehmen**
THOMAS SPRECHER (Hrsg.), mit Beiträgen von Lukas Imark, Adrian von Kaenel, Markus R. Neuhaus, Urs Pulver, Jürg Roth, Urs Schenker, Bertrand G. Schott, Thomas Sprecher, Brigitte Umbach-Spahn, Felix Ziltener, 2011 – CHF 83.–

Band 113 **Mergers & Acquisitions XIII**
RUDOLF TSCHÄNI (Hrsg.), mit Beiträgen von Albert von Däniken, Daniel Daeniker, Harold Frey, Hans U. Liniger, Marcel Meinhardt, Katja Roth Pellanda, Urs Schenker, Rudolf Tschäni, Markus Vischer, Rolf Watter, Sascha Wigdorovits, 2010 – CHF 76.–

Band 114 **Europa unter Druck – Identität und Solidarität auf dem Prüfstand**
Referate zu Fragen der Zukunft Europas 2010
ANDREAS KELLERHALS (Hrsg.), mit Beiträgen von Regine Aeppli, Christoph Brutschin, Philippe Echenard, Marco Färber, Silvana Koch-Mehrin, Daniel Küng, Sabine Leutheusser-Schnarrenberger, Gérard Philipps, Ruprecht Polenz, Michael Reiterer, Jean-Pierre Roth, Ernst Stocker, Jean-Claude Trichet, Günter Verheugen, Eveline Widmer-Schlumpf, 2011 – CHF 65.–

Band 115 **Kapitalmarkttransaktionen VI**
THOMAS U. REUTTER / THOMAS WERLEN (Hrsg.), mit Beiträgen von Hansjürg Appenzeller, Noël Bieri, Nicolas Keller, Matthias Nänni, Markus Pfenniger, Urs Pulver, Daniel Raun, Thomas U. Reutter, Matthias Wolf, 2011 – CHF 88.–

Band 116 **A Selective Comparison of EC and Swiss Competition Law, with Specific Consideration to Setting Fines in Antitrust Cases**
SILVAN HAUSER, 2011 – CHF 63.–

Band 117 **Vermögensverwaltung IV**
PETER R. ISLER / ROMEO CERUTTI (Hrsg.), mit Beiträgen von Oliver Bartholet, Max Cotting, Daniel Fischer, Urs Zulauf, 2012 – CHF 62.–

Band 118 **Private Equity**
Verträge und Rechtsfragen bei Venture Capital Investments
(auf Grundlage der SECA-Musterverträge)
DIETER GERICKE (Hrsg.), mit Beiträgen von Martin Frey, Dieter Gericke, Beat Kühni, Ulysses von Salis, Michael Trippel, Christian Wenger, Daniel A. Wuersch, 2011 – CHF 89.–

Band 119 **4. Zürcher Präventionsforum – Illegale und schädliche Inhalte im Internet und in den neuen Medien – Prävention und Jugendschutz**
CHRISTIAN SCHWARZENEGGER / ROLF NÄGELI (Hrsg.), mit Beiträgen von Michael Busch, Gian Ege, Marco Gercke, Petra Grimm, Patrik Gruber, Sandra Muggli, Rolf Nägeli, Christian Schwarzenegger, Ronja Tschümperlin, Thomas Vollmer, Roland Zurkirchen, 2012 – CHF 74.–

Band 120 **Konkurs und Strafrecht: Strafrechtliche Risiken vor, in und nach der Generalexekution**
5. Zürcher Tagung zum Wirtschaftsstrafrecht
JÜRG-BEAT ACKERMANN / WOLFGANG WOHLERS (Hrsg.), mit Beiträgen von Felix Bommer, Markus Boog, Andreas Donatsch, Marc Jean-Richard-dit-Bressel, Barbara Lips, Martin Schaad, Marc Thommen, Brigitte Umbach-Spahn, Wolfgang Wohlers, 2011 – CHF 75.–

Band 121 **Produktsicherheit in der EU und in der Schweiz**
ANDREAS HEINEMANN / TOBIAS JAAG / ANDREAS KELLERHALS / ROLF H. WEBER (Hrsg.), Theodor Bühler, Christa Tobler, 2011 – CHF 98.–

Band 122 **Aktuelle Fragen zum Mietrecht**
BEAT ROHRER (Hrsg.) mit Beiträgen von Hans Bättig, Urban Hulliger, Zinon Koumbarakis, Tobias Kunz, Beat Rohrer, Martin Sohm, Matthias Tschudi, Armin Zucker, 2012 – CHF 72.–

Band 123 **Sanierung und Insolvenz von Unternehmen II**
THOMAS SPRECHER (Hrsg.), mit Beiträgen von Daniel Hunkeler, Ueli Kieser, Franco Lorandi, Mark A. Reutter, Ulysses von Salis, Reto Schiltknecht, Thomas Sprecher, Markus D. Vischer, 2012 – CHF 75.–

Band 127 **Regulatory Issues in the Carbon Market**
The Linkage of the Emission Trading Scheme of Switzerland with the Emission Trading Scheme of the European Union
JACQUELINE JAKOB-GALLMANN, 2011 – CHF 72.–

Ausserdem erschienen:

Bilaterale Verträge I & II – Schweiz – EU – Ein Handbuch
DANIEL THÜRER / ROLF H. WEBER / WOLFGANG PORTMANN / ANDREAS KELLERHALS (Hrsg.), mit Beiträgen von: Tobias Baumgartner, Giovanni Biaggini, Frédéric Berthoud, Theodor Bühler, Adelheid Bürgi-Schmelz / Gabriel Gamez, Regula Dettling-Ott, Katharina Eggenberger, Astrid Epiney / Annekathrin Meier / Andrea Egbuna-Joss, Alice Göttler / Nina Grolimund, Dieter W. Grossen / Claire de Coulon, Tobias Jaag / Magda Zihlmann, Thomas Jaussi / Roland Schweighauser / Olivier Gehriger / Sibylle Blättler, Roland A. Müller, Hans Nater / Michael Tuchschmid, Wolfgang Portmann, Richard Senti, Andreas Kellerhals / Roger Zäch, Daniel Thürer / Carolin Hillemanns, Dirk Trüten / Florian Hanslik, Catrin Walser, Verna Weber, Rolf H. Weber, Rolf H. Weber / Max Friedli, Wolfgang Wohlers, 2007 – CHF 278.–